Xpert.press

Die Reihe Xpert.press vermittelt Professionals in den Bereichen Softwareentwicklung, Internettechnologie und IT-Management aktuell und kompetent relevantes Fachwissen über Technologien und Produkte zur Entwicklung und Anwendung moderner Informationstechnologien.

Mehr Informationen zu dieser Reihe auf http://www.springer.com/series/4393

Wolfgang W. Osterhage

IT-Kompendium

Die effiziente Gestaltung von Anwendungsplattformen

Springer Vieweg

Wolfgang W. Osterhage
Wachtberg-Niederbachem
Deutschland

ISSN 1439-5428
Xpert.press
ISBN 978-3-662-52704-7   ISBN 978-3-662-52705-4   (eBook)
https://doi.org/10.1007/978-3-662-52705-4

Die Deutsche Nationalbibliothek verzeichnet diese Publikation in der Deutschen Nationalbibliografie; detaillierte bibliografische Daten sind im Internet über http://dnb.d-nb.de abrufbar.

Springer Vieweg

Gedruckt auf säurefreiem und chlorfrei gebleichtem Papier

Springer Vieweg ist Teil von Springer Nature
Die eingetragene Gesellschaft ist Springer-Verlag GmbH Deutschland
Die Anschrift der Gesellschaft ist: Heidelberger Platz 3, 14197 Berlin, Germany

Vorwort

Das Buch gibt einen umfassenden Überblick über den State of the Art der Informationstechnologie. Informationstechnologie hat mit Intelligenz bzw. intelligenten Systemen zu tun – künstlicher Intelligenz (KI). Zunächst wird ganz allgemein die Frage gestellt, wie man denn Intelligenz definieren kann. Dabei kommen zwei Ansätze zur Sprache: die klassische KI und künstliche neuronale Netze – letztere dem menschlichen Gehirn nachempfunden.

In dem dann folgenden Abschnitt geht es beispielhaft um intelligente Anwendungen unterschiedlicher Komplexitätsgrade. An dieser Stelle seien genannt ERP, CRM und Smart Energy, aber auch die Domäne der Telematik.

Intelligente Anwendungen benötigen Substrate, auf denen sie ausgeführt werden können. Ein weiterer Abschnitt stellt in systematischer Manier Grundsätze von Systemarchitekturen vor, gefolgt von der Entwicklung der dazu benötigten Datenhaltungskonzepte. Systeme und Anwendungen unterliegen Qualitätsstandards. Wie diese sicher gestellt werden können, wird ausführlich dargelegt.

Moderne Anwendungslandschaften sind ohne Netzwerktechnologie nicht mehr denkbar. Es werden die wichtigsten Kommunikationsstandards wie WLAN, Bluetooth sowie die besonderen Features der Mobilfunktechnologie vorgestellt.

Performance spielt bei komplexen Anwendungen eine weitere wichtige Rolle. Die Grundlagen der Performance-Theorie sowie deren Umsetzung in die Praxis werden diskutiert.

Alle bis dahin erörterten Teilaspekte der IT-Technologie sind Gegenstand von Sicherheitsüberlegungen, wobei ein besonderer Schwerpunkt auf Gefährdungen in Kommunikationsnetzen gelegt wird. Und schließlich geht es um die Verfügbarkeit von IT-Ressourcen. Deren Sicherstellung kann nur durch eine ausgefeilte Notfallmanagementstrategie gewährleistet werden.

Mein Dank gilt der Springer-Redaktion, insbesondere Herrn Engesser und Frau Glaunsinger, sowie dem Realisierungsteam für ihre geduldige Unterstützung dieses Vorhabens.

Im August 2017   Dr. Wolfgang Osterhage

Inhaltsverzeichnis

Abkürzungsverzeichnis

AAI	Authentication Algorithm Identification
ACL	Asychronous Connectionless Link
AES	Advanced Encryption Standard
ANSI	American National Standard Institute
ASCII	American Standard Code for Information Exchange
AUC	Authentication Center
BCM	Business Continuity Management
BDA	Bluetooth Device Address
BES	BlackBerry Enterprise Server
BIA	Business Impact Analysis
BLE	Bluetooth Low Energy
BSC	Base Station Controller
BSI	Bundesamt für Sicherheit in der Informationstechnik
BSS	Basic Service Set
BTS	Base Transceiver Station
Cal	Calendar
CD	Compact Disk
CODASYL	Conference on Data Systems Languages
CPU	Central Processing Unit
CRC	Cyclic Redundancy Check
CRM	Customer Relationship Management
CSMA	Carrier Sense Multiple Access
CSMA/CA	Carrier Sense Multiple Access with Collision Avoidance
dBm	Decibel Milliwatt
DBMS	Data Base Management System
DHCP	Dynamic Host Configuration Protocol
DIN	Deutsche Industrie Norm
DoS	Denial of Service
DSL	Digital Subscriber Line
DSSS	Direct Sequence Spread Spectrum

DUN	Dialup Network Profile
DVD	Digital Versatile Disc
E/A	Ein-/Ausgabe
EAP	Extensive Authentication Protocol
EDR	Enhanced Data Rate
EIR	Equipment Identity Register
EMS	Enhanced Message Service
EPK	Ereignisgesteuerte Prozesskette
ERP	Enterprise Ressource Planning
ESS	Extendet Service Set
ETSI	European Telecommunications Standardisation Institution
EU	European Union
FCC	Federal Communications Commission
FHSS	Frequency Hopping Spread Spectrum
FIR	Fast Serial IR
FTP	File Transfer Profile
GAP	Generic Access Profile
GHz	Gigahertz
GPRS	General Packet Radio Service
GPS	Global Positioning System
GSM	Global System for Mobile Communications
GUI	General User Interface
HAT	Hauptaufwandstreiber
HID	Human Interface Device Profile
HR	High Rate
HR/DSSS	High Rate/Direct Sequence Spread Spectrum
HS	High Speed
HSCSD	High Speed Circuit Switched Data
HSDPA	High Speed Downlink Packet Access
HSP	Head Set Profile
Hz	Hertz
I/O	Input/Output
IBSS	Independent BSS
ICV	Integrity Check Value
ID	Identifier
IEEE	Institute of Electrical and Electronic Engineers
IMSI	International Mobile Subscriber Identity
IP	Internet Protocol
IR	Infrared
IrDA	Infrared Data Association
IrOBEX	Ir Object Exchange
ISAM	Index Sequential Access Method
ISDN	Integrated Services Digital Network

ISM	Industrial, Scientific, Medical
ISO	International Organisation for Standardisation
IT	Information Technology
ITIL	IT Infrastructure Library
IV	Initialisierungsvektor
Kbit/s	Kilobits per second
kHz	Kilohertz
km	Kilometer
KVP	Kontinuierlicher Verbesserungsprozess
L2CAP	Logical Link Control and Adaption Protocol
LAN	Local Area Network
LLC	Logical Link Control
LOS	Line of Sight
m	Meter
MAC	Medium Access Control
MAN	Metropolitan Area Network
MBit/s	Megabits per second
MDS	Mobile Data Service
MHz	Megahertz
MIMO	Multiple Input Multiple Output
MMS	Multimedia Message Service
MPDU	MAC Protocol Data Units
MPL	Multi Programming Level
MSC	Mobile Switching Center
mW	Milliwatt
NAT	Network Address Translation Protocol
NDM	Normal Disconnect Mode
NRM	Normal Response Mode
OBEX	Object Exchange Protocol
OFDM	Orthogonal Frequency Division Multiplexing
OS	Operating System
OSI	Open Systems Interconnection Model
PC	Personal Computer
PDA	Personal Digital Assistent
PDCA	Plan Do Check Act
PHY	Physical Layer
PIM	Personal Information Manager
PIN	Personal Identification Number
PMS	Project Management System
PPP	Point-to-Point Protocol
PPPoE	Point to Point Protocol over Ethernet
QAM	Quadrature Amplitude Modulation
RADIUS	Remote Authentication Dial In User Service

RAID	Redundant Arrays of Independent Disks
RC4	Rivest Cipher No. 4
RDBMS	Relational Data Base Management System
RFCOMM	Radio Frequency Communication
RIM	Research In Motion
ROM	Random Access Memory
RPF	Relative Performance Factor
RSN	Robust Security Network
SAP	SIM Accessy Profile
SCO	Synchronous Connection Oriented
SDMA	Spatial Division Multiple Access
SDP	Service Discovery Protocol
SIG	Special Interest Group
SIM	Subscriber Identity Module
SIR	Serial IR
SMS	Short Message Service
SNRM	Set Normal Response Mode
SPAM	Spiced Pork And Meat
SQL	Structured Query Language
SSID	Server Set Identifier
SSL	Secure Sockets Layer
TCS	Telephony Control Protocol Specification
TKIP	Temporal Key Integrity Protocol
TPC	Transmit Power Control
UMTS	Universal Mobile Telecommunications System
USB	Universal Serial Bus
VLR	Visitor Location Register
VoIP	Voice over IP
VPN	Virtual Private Network
WAE	Wireless Application Environment
WAN	Wide Area Network
WAP	Wireless Application Protocol
WECA	Wireless Ethernet Compatibility Alliance
WEP	Wired Equivalent Privacy
Wi-Fi	Wireless Fidelity
WIMAX	World Wide Interoperability for Microwave Access
WLAN	Wireless Local Area Network
WMAN	Wireless Metropolitan Network
WPA	Wi-Fi Protected Access
WPS	Wireless Provisioning Service
XID	Exchange Identification
XOR	eXclusive OR

Was ist Intelligenz?   1

1.1   Einleitung

Fragen Sie einen Philosophen, was Intelligenz sei, so erhalten sie so viele Antworten, wie es Philosophen gibt. Das gleiche Ergebnis erhalten Sie, wenn Sie Psychologen oder Biologen oder Mathematiker oder Informationswissenschaftler befragen. Jeder Mensch hat so seine eigene Vorstellung zu dem Thema. Das hängt mit seinen eigenen Fähigkeiten, mit den Menschen, die ihm begegnet sind, und mit seinen sonstigen Erfahrungen zusammen, die bis in die Schulzeit zurückliegen. Aber wenn wir über künstliche Intelligenz (KI) reden wollen, dann müssen wir uns ein gewisses Zielbild machen, sonst schießen wir möglicherweise an diesem Ziel vorbei.

Über was wollen wir reden, wenn wir Intelligenz im Zusammenhang mit KI betrachten? Meinen wir jene quantifizierte Intelligenz, die bei der Vergabe eines Intelligenzquotienten (IQ) der Bezugsrahmen ist oder etwa gar die sogenannte „emotionale Intelligenz", die man Personen zuschreiben könnte, die beim echten IQ-Test schlecht abschneiden würden?

Wenn man die Literatur liest, die sich mit der künstlichen Intelligenz befasst, so fällt einem sofort auf, wie hoch gegriffen diese Ansätze sind: Ohne Zwischenschritte wagt man sich direkt an die Domäne der menschlichen Intelligenz heran. Dabei handelt es sich aber um die höchste Ausprägungsstufe von Intelligenz. Aber man geht noch weiter – offensichtlich würde man sich nicht damit begnügen, einen dummen Menschen zu emulieren, sondern selbstverständlich gleich einen „intelligenten", sprich „hochintelligenten" – mindestens im Besitz der äquivalenten Intelligenz des Forschers, der sich mit diesem Thema beschäftigt.

Andererseits gibt es Wissenschaftszweige, die sich mit anderen Intelligenzen auseinandersetzen – zum Beispiel der von Affen oder Hunden – natürlich immer im Vergleich mit Menschen. Es ist jedoch noch nicht gelungen, die Intelligenz irgendeines Säugetieres künstlich nachzubilden, geschweige denn eines Menschen.

© Springer-Verlag GmbH Deutschland 2017
W.W. Osterhage, *IT-Kompendium*, Xpert.press,
https://doi.org/10.1007/978-3-662-52705-4_1

Abb. 1.1 Signalverarbeitung

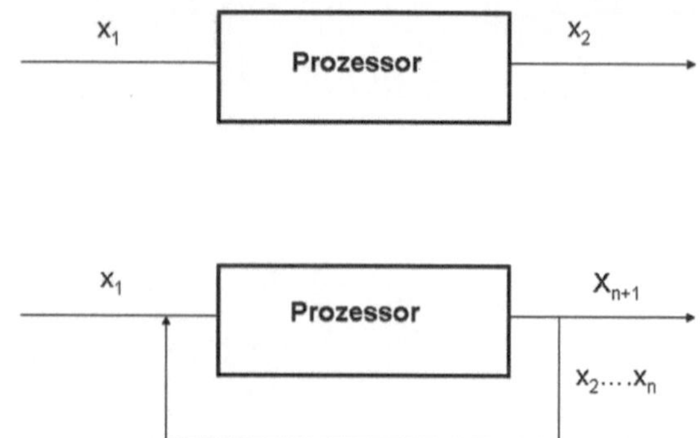

Es gibt also – zusammengefasst – biologische Intelligenz. Das ist aber immer noch natürliche und keine künstliche Intelligenz. Wenn man also von künstlicher Intelligenz spricht, ist eben die künstliche – im Gegensatz zur natürlichen – gemeint. Und die mag im Endergebnis eben anders aussehen und wirken, als ihre natürlichen Vorbilder. Vielleicht wäre das ein bescheideneres Ziel.

Um weiter zu kommen, kommen wir ohne eine Definition nicht aus. Behauptung 1:

▶   „Ein intelligentes System ist ein lernfähiges System."

Nehmen wir ein Beispiel aus der Regelungstechnik oder meinetwegen aus der Kybernetik. In Abb. 1.1 oben sehen wir ein Signal, das eine Informationsstrecke durchläuft, einen Prozessor durchquert und mit einem neuen Wert, dem es aufgesetzt bekommt, den Prozessor wieder verlässt und irgendwohin weiterläuft. Dieses System ist nicht intelligent, da es einfach eine Information mitnimmt, die ihm von außen aufgegeben wird.

Eine andere Situation entsteht, wenn das System in der Lage ist, das neue Signal auf die ursprüngliche Eingangsstrecke zurückzukoppeln wie in der Abb. 1.1 unten, mit dem Eingangssignal einen Vergleichswert zu bilden, der in den Prozessor gefüttert wird – solange, bis eine vorgegebene Bedingung erfüllt ist, um dann mit diesem neuen Wert den Prozessor wieder zu verlassen. Das System hat über den Abgleich selbstständig gelernt. Behauptung 2:

▶   „Rückkopplungssysteme sind lernfähig und damit intelligent."

In diesem Sinne gehört der Temperaturregler an einem Heizkörper zu einem intelligenten System. Er misst die Temperatur des Außenfeldes, gibt diese Information zurück und regelt auf diese Weise über einen Mechanismus den Durchfluss des warmen Wassers.

1.2   Der Turing-Test

Der Turing-Test ist nach dem britischen Mathematiker Alan Mathison Turing benannt, der dieses Verfahren im Jahre 1950 in Vorschlag brachte. In diesem Verfahren soll die Äquivalenz zwischen menschlichem Denken und den Fähigkeiten einer Maschine festgestellt werden. In diesem Sinne stand der Test am Anfang der KI-Forschung, die sich von da an mit dem gesamten Komplex der denkenden Maschine befasste.

Der Test funktioniert in etwa folgendermaßen: Es sind drei Gesprächspartner erforderlich: ein menschlicher Fragesteller und zwei weitere Gesprächspartner, die über eine maschinelle Schnittstelle – etwa eine Tastatur – kommunizieren. Der Fragesteller hat weder Hör- noch Sichtkontakt zu den beiden Gesprächspartnern. Einer der beiden Gesprächspartner ist ein Computer, der andere ein Mensch. Der Mensch hat die Aufgabe, dem Fragesteller klarzumachen, dass er tatsächlich ein Mensch ist, der Computer ist so programmiert, dass er das Gleiche versucht. Der Fragesteller stellt beiden zunächst dieselben Fragen. Von seinem Urteil hängt es letztendlich ab, ob er unterscheiden kann, welcher von seinen Gesprächspartnern der Mensch und welcher der Computer ist. Ist er dazu nach einer längeren Kommunikation nicht in der Lage, hat der Computer den Test bestanden. Somit wäre bewiesen, dass der Computer in der Lage ist, wie ein Mensch zu denken.

Im Rahmen dieser Überlegungen ist eine ganze Reihe von Programmen mit dem Ziel geschrieben worden, diesen Test zu bestehen. Ein bekanntes Beispiel aus der frühen Zeit ist das Programm ELIZA, das von dem Informatiker Joseph Weizenbaum im Jahre 1966 auf einem IBM-Computer am Massachusetts Institute of Technology entwickelt wurde.

Obwohl ELIZA den Turing-Test nie bestanden hat, sind Versuchspersonen während einer anfänglichen Phase der Auffassung gewesen, dass sie mit einem Menschen kommunizieren würden. In Wirklichkeit ging das Programm jedoch nicht tatsächlich auf die Fragen der Versuchspersonen ein, obwohl der Dialog sich in natürlicher Sprache abwickelte.

Die Funktionsweise des Programms basierte auf einer in der klientenzentrierten Psychotherapie etablierten Methode, der sogenannten „non-directive method" nach Carl Rogers. Den Versuchspersonen werden dabei verschiedene Gesprächspartner vorgestellt, die die Rolle eines Psychotherapeuten spielen. Das hat den Vorteil, dass man von einem Psychotherapeuten nicht zu erwarten braucht, dass er inhaltlich mit allen möglichen Problemen der Welt bewandert zu sein braucht. Bei längeren Dialogen jedoch kommt es zu Wiederholungen, über die eine Testperson schließlich doch herausfindet, dass sie nicht mit einem realen Menschen kommuniziert. Der Hauptalgorithmus basiert auf dem Trick, Aussagen des menschlichen Gesprächspartners aufzunehmen und die Aussagen in Form einer Frage zurückzuspielen. Beispiel:

Testperson: „Ich habe ein Problem mit meinem Auto."
ELIZA: „Warum, sagen Sie, haben Sie ein Problem mit Ihrem Auto?".

Des Weiteren besitzt das Programm einen Thesaurus, in dem bestimmte Begriffe übergeordneten Schlüsselbegriffen zugeordnet sind, z. B. „Sohn" zu „Familie":

Testperson: „Mein Sohn hat ein Problem in der Schule."
ELIZA: „Berichten Sie mir etwas über Ihre Familie."

Grundsätzlich lässt sich über ELIZA sagen, dass das Programm inhaltlich nichts von dem versteht, was im Dialog angesprochen wird, obwohl initial ein solcher Eindruck bei den

Probanden auftritt. Obwohl ELIZA im Rahmen der KI-Forschung nicht weiter verfolgt wurde, wird die Grundphilosophie heute noch in den Chatterbots weiterhin angewendet.

1.3 Künstliche Intelligenz

Seit vielen Jahren beschäftigen sich Universitätsinstitute und die dominierenden IT- und Kommunikationsunternehmen wie Google oder Apple und andere mit der Entwicklung und Anwendung von KI. Die Ziele sind unterschiedlich, konvergieren aber auch zum Teil. Einerseits wird versucht, – anwendungsunabhängig – in der Natur vorkommende intelligente Systeme zu simulieren bzw. nachzubilden; andererseits will man die dabei gewonnenen Erkenntnisse in praktischen Anwendungen unterbringen. Letzteres hat Auswirkungen auf den Alltag vieler Menschen, die sich darauf einlassen wollen.

KI ist also dabei, sich von einem elitären Interessensgebiet einiger weniger Spezialisten zu einem populären Anwendungsbereich im gesellschaftlichen Leben zu wandeln. Die Frage ist nicht mehr: Ist ein System intelligent? Sondern: Wie intelligent ist ein System?

KI ist kein monolithisches Fachgebiet, sondern zerfällt mittlerweile – wie in anderen Wissenschaften auch – in Spezialgebiete, die natürlich wechselseitig voneinander profitieren, oder deren Ergebnisse zu übergeordneten Systemen zusammengefügt werden können. Dazu gehören u. a.:

- Robotik
- Mustererkennungssysteme
- Automatisierung
- Problemlösungsalgorithmen
- Sprachverarbeitung
- Expertensysteme

All diese Disziplinen haben als Voraussetzung die Beschäftigung mit realen kognitiven Vorgängen, d. h. bevor eine technische Umsetzung begonnen werden kann, müssen (menschliche) Verhaltensweisen selbst zuerst verstanden werden. Das bedingt Schnittstellen zu

- Psychologie,
- Verhaltensforschung,
- Neurologie,
- Physiologie u. a., sicherlich auch zur
- Philosophie.

Jeder User, der sich einmal mit Spracherkennungsprogrammen befasst oder sein Smartphone dazu gebracht hat, seine Kommandos zu verstehen, weiß, wie viel Aufwand zunächst in diese Systeme hineingesteckt werden muss, damit sie diese akustischen

Muster erlernen. Trotzdem kann nach einem erfolgreichen Training aus den Reaktionen des Geräts nicht geschlossen werden, dass dieses Gerät den Inhalt des Gesprochenen auch versteht. Die Ebene des Verstehens selbst ist in der KI-Forschung noch nicht erreicht, obwohl es Forscher gibt, die meinen, man müsste nur immer weiter von der Maschinensprache aufwärts Schicht auf Schicht legen, bis eines Tages ab einer bestimmten Verdichtungsebene tatsächliche, verstehende und damit selbst agierende Intelligenz entstünde.

▶ Der Schlüssel zur künstlichen Intelligenz liegt im Verstehen real existierender biologischer Intelligenz.

1.3.1 Entwicklungsgeschichte der künstlichen Intelligenz

Seit über 60 Jahren gibt es eine KI-Forschung und -lehre an den Universitäten. Fairerweise müsste man sagen, das Thema KI wurde schon mit dem ersten Computer angestoßen. Schließlich ging es darum, ein Instrument zu schaffen und zu verfeinern, das im Sinne der Postulate aus Abschn. 1.1 Intelligenz besitzt. Allerdings kam es recht bald zu unterschiedlichen Definitionen von KI entsprechend der divergierenden Forschungsansätze.

Die erste und für viele nach wie vor implizit gültige Messlatte war und ist die Intelligenz von Menschen. Und auch dieses Kriterium war zunächst auf Dinge beschränkt, von denen mathematisch-naturwissenschaftlich geprägte Menschen meinten, sie erforderten eine besondere Intelligenz: z. B. mathematische Probleme lösen und – ganz besonders – Schach spielen. Ein Schach spielender Computer galt und gilt nach wie vor als außergewöhnlich intelligent. Zu Beginn der KI-Forschung beschränkten sich also die Intelligenzmerkmale auf logisches und mathematisches Denken.

Der heutige Ansatz ist von dieser eher seltenen Leistungsfähigkeit abgekommen. Bei KI geht es nicht um die Emulation von Genies, sondern um die Realisierung von intelligenten Fähigkeiten, wie sie von ganz gewöhnlichen Leuten angewendet werden:

- Sprechen
- Lernen
- Verstehen
- Eigene Erfahrungen erklären können
- Schlussfolgerungen aufzustellen

Selbst ein Mensch, der von anderen für dumm gehalten wird, ist ein unglaublich intelligentes Wesen im Vergleich zu anderen Lebewesen und insbesondere im Vergleich zu jedem Computer.

Trotzdem war eines der ersten Ziele früher KI-Forschung, einem Computer das Schachspiel beizubringen. Man brachte also einem System die Regeln des Spiels durch entsprechende Programmierlogiken bei und entwickelte Algorithmen, die die Maschine befähigten, eigene Züge und die des Gegners vorauszuberechnen. Gleichzeitig gab es

Optimierungsalgorithmen, die die jeweils beste Zugkombination aus einer bestimmten Situation heraus berechnen konnten. Auf diese Weise erzielte man erstaunliche Ergebnisse.

Trotz oder gerade wegen dieser Erfolge stellte man sich eines Tages die Frage, ob der Rechner damit tatsächlich ein intelligentes Wesen geworden war. Die Schachspielkunst von Computern basierte doch im Wesentlichen auf Performance-Aspekte: die Schnelligkeit der logischen Operationen – nicht auf ein intrinsisch erworbenes Wissen. Ein Computer weiß z. B. gar nicht, was ein Schachspiel ist. Schach spielen zu können, ist nicht die Basis für Intelligenz. Intelligenz ist im Gegenteil vielmehr Voraussetzung dafür, überhaupt Schach spielen zu können. Außerdem ist nicht erwiesen, ob die programmierten Algorithmen tatsächlich denen entsprechen, die ein Schachmeister anwendet, um mit seiner Strategie zum Ziel zu kommen.

Inzwischen hat man begriffen, dass man den Hauptansatz in der KI-Forschung verändern muss. Es geht nicht um die Optimierung sich ständig wiederholender ausgeklügelter Logiken, sondern darum, jene oben bereits erwähnten Fähigkeiten (Verstehen, Lernen, Schlussfolgern) besser zu verstehen und darauf Systeme zu entwickeln, die diesen näher kommen. Bedauerlicherweise bezieht sich aber nach wie vor KI auf den Menschen und lässt intelligentes Verhalten bei anderen Lebewesen außen vor (wie wir weiter unten sehen werden, Abschn. 1.4, schließt die Entwicklung künstlicher neuronaler Netze auch andere Formen von Intelligenz ein).

Dieser Paradigmenwechsel hat dazu geführt, dass man Hilfe bei anderen Disziplinen gesucht hat, die sich vorrangig aus anderen Gründen mit der menschlichen Intelligenz befassen, wie bereits eingangs erwähnt (Philosophie, Psychologie, Physiologie etc.). Letztendlich sind zwei unterschiedliche Grundansätze geblieben:

- der technologische und
- der Theorie orientierte Grundsatz.

Wie schon der Name sagt, folgt der technologische Ansatz der frühen Richtung der KI-Forschung, nämlich ausgesuchte Fähigkeiten, wie das Schachspielen, solange zu optimieren, bis man einen Computer gefunden hat, der einen Menschen schlagen kann. Das hat man mittlerweile geschafft. Es handelt sich also darum, bestehende Technologien zu verbessern. In dem Sinne des Rückkopplungspostulats aus Abschn. 1.1 sind solche Systeme tatsächlich intelligent. Nimmt man die Messlatte „Mensch", um die es ja geht, sind solche Systeme weit davon entfernt. Der Rechner weiß nach wie vor nicht, was ein Schachspiel ist. Er weiß noch nicht einmal, dass er ein Rechner ist.

Es gibt noch ein weiteres Kriterium bei der Bewertung von künstlicher Intelligenz: deren Auswirkungen auf das tägliche Leben der Menschen! Ein Schachcomputer beeinflusst höchstens das Leben einer ausgesuchten Anzahl von Großmeistern. Die intelligenten Systeme, die mittlerweile unsere Kommunikationsfähigkeiten steuern, üben inzwischen einen Einfluss auf das tägliche Verhalten von Menschen aus, wie man es vor einer halben Generation (heute: 2017) niemals für möglich gehalten hätte.

1.3.2   Wofür steht KI?

KI ist ein Label, der zunächst eine gewisse Mystifikation mit sich trägt. Jemand, z. B. ein produktorientierter Forscher, stellt sich eine komplexe Aufgabe, von der er annimmt, dass zu deren Lösung eine gewisse (menschliche) Intelligenz erforderlich sei. Er löst diese Aufgabe mithilfe der passenden technischen Mittel, die ihm am Ende dann doch wieder durchschaubar und damit relativ einfach erscheinen. Das Mystische ist verschwunden und damit zunächst auch einmal das Label „KI" – zumindest für diesen Fall.

Auf diese Weise ist KI im Laufe seiner Entwicklungsgeschichte immer wieder neu definiert worden. Das macht es so schwierig, sich darauf zu einigen, was KI denn eigentlich bedeutet. Die Kenntnis über das Funktionieren des menschlichen Verstandes nimmt stetig zu, die Modelle verfeinern sich. Gleichzeitig entwickeln sich auch die technischen Möglichkeiten in den Informationswissenschaften weiter. Die Voraussetzungen für KI-Forschung sind heute ungleich anders als in den fünfziger oder sechziger Jahren, als man damit begann. In diesem Sinne könnte man künstliche Intelligenz auch anders definieren:

▶   Eine Maschine besitzt dann eine künstliche Intelligenz, wenn sie in der Lage ist, sich selbst zu verändern.

1.3.3   Pragmatischer Ansatz

Angenommen, man kann tatsächlich einen Computer erschaffen, der in der Lage wäre, täuschen zu können. Dann wäre er von einem Menschen nicht mehr zu unterscheiden (bis auf seine äußere Form). Er wäre damit intelligent. Aber er unterscheidet sich damit auch nicht von denjenigen Menschen, die anderen ebenfalls vormachten, sie wären intelligent: Wissenschaftler, Politiker, Rechtsanwälte, Künstler, Mediziner und anderen Spezialisten, von denen wir alle glauben, sie wären intelligent. Das wirft uns auf die Frage zurück: Wann bezeichnen wir einen Menschen als intelligent?

Wenn wir wiederum abstrahieren von der Unterscheidung Mensch und Maschine, stehen wir wieder ganz am Anfang: Was ist Intelligenz? Wir können es uns wieder so einfach machen wie in Abschn. 1.1:

▶   „Ein intelligentes System ist ein lernfähiges System."

Und das gilt für jedes Wesen, wenn man denn einen Rechner eine Wesenhaftigkeit zugestehen möchte. Wir können es uns aber auch schwierig machen, indem wir versuchen, die wichtigsten Fragen der Psychologie, Neurowissenschaft, der Anthropologie u. Ä. zu beantworten (ein Versuch, zu dem es bisher kein allgemein akzeptiertes Ergebnis gibt). Im Alltag trifft man auf genügend Leute, die sich ziemlich sicher sind, ob ein Gegenüber intelligent ist oder nicht. Die KI-Forschung hat zu diesem Problemkomplex genauso wenig Endgültiges wie die gesamte Philosophie gefunden.

1.3.4   Programmierte Intelligenz

Ein Computer kann nichts anderes als Programme ausführen. Und das wird sich auch in Zukunft nicht ändern, auch wenn leistungsfähigere Prozessoren, größere Speicher und neue Architekturen entwickelt werden. Wir reden also nicht über die Intelligenz eines Computers, sondern über die Intelligenz von Programmen. Und da ist sicherlich viel Neues zu erwarten.

Natürlich kann man einwenden, dass auch Menschen bzw. das menschliche Gehirn nichts anderes machen als Programme auszuführen. Ein Mensch bringt seine „Hardware" mit, wenn er auf die Welt kommt (die sich im „Wachsen" auch noch erweitern kann) und wird programmiert durch Erfahrungen und Begegnungen im Laufe seines Lebens. Könnte man all das, was einem durchschnittlichen Menschen auf diese Weise einprogrammiert würde, in ein Computerprogramm umsetzen, hätte man tatsächlich ein ebenbürtig intelligentes Gerät.

Aber auch hierbei muss man differenzieren. Es gibt intelligente Fachleute für Literaturwissenschaft, die aber nicht in der Lage sind, Fragen zur Funktionsweise von Flugzeugen zu beantworten. Würde man einen solchen Fachmann – ohne dass man sein Spezialgebiet kennen würde – zuerst mit einer Frage nach Triebwerkstechnologie konfrontieren, müsste er sagen, dass er darüber nichts weiß. Auch alle weiteren Fragen zur Flugzeugtechnologie könnte er nicht beantworten. Man würde diesem Menschen aber nicht absprechen, dass er intelligent ist. Stellt man die gleichen Fragen an einen entsprechend programmierten Computer, und dieser würde zehn Mal hintereinander antworten: „Weiß ich nicht", würde man ihn möglicherweise als unintelligent klassifizieren.

Es ist wie bei den Menschen. Auch bei Computern gibt es programmierte Intelligenz für Spezialaufgaben:

- Übersetzungsmaschinen
- Roboter zum Rasenmähen
- Expertensysteme für den Anlagenbau
- Bilderkennungsprogramme etc.

Kommen wir zurück zum Turing-Test. Die Bewertungskriterien dieses Tests sind ziemlich eindimensional: Es geht immer darum, die Antworten, die ein System gibt, mit denen, die ein Mensch geben würde, zu vergleichen. Und Antworten sind nichts anders als Output. Dabei bleibt völlig unberücksichtigt, wie jemand oder ein System überhaupt zu diesen Antworten gekommen ist. Die Intelligenz offenbart sich möglicherweise im Output, ist aber zurückzuführen auf die Methoden und Algorithmen, die zu einem bestimmten Output führen. Und diese logische Schlusskette ist letztendlich nicht machbar, wenn das Problem, das zu bearbeiten ist, nicht verstanden wird. Intelligenz hat mit Verstehen zu tun.

Das würde bedeuten, ein erweiterter Turing-Test müsste so aufgebaut sein, dass die internen Mechanismen bewertet würden. Das ist bisher nicht vorhanden, da man im

Grunde genommen den Apparat sezieren müsste, um in sein Inneres vorzudringen. Beim Menschen schließt sich das ohnehin aus. Hinzu kommt noch, dass das menschliche Gehirn nicht in eine Speichereinheit und einen Prozessor zerlegt werden kann, da beide Aufgaben von demselben Apparat wahrgenommen werden. Man hat z. B. bei Katzen versucht, bestimmte kognitive Eigenschaften einem dezidierten Gehirnareal zuzuordnen. Dann hat man die Katze operiert und den Teil des Gehirns entfernt, von dem man glaubte, dass diese bestimmten Fähigkeiten dort lokalisiert wären. Erstaunlicherweise hatte die Katze dennoch diese Fähigkeiten nicht vollständig verloren, sondern ein anderer Teil des Gehirns hatte dann diese Aufgaben übernommen. Und auch weitere Amputationen haben nicht dazu geführt, diese Fähigkeiten vollständig auszulöschen.

Also: Wie können wir Intelligenz beurteilen? Im täglichen Leben begegnen wir ja laufend anderen Menschen, von denen wir voraussetzen, dass es sich um intelligente Wesen handelt. Wir unterziehen diese Menschen nicht einem speziellen Intelligenztest, sondern erwarten, dass sie uns und wir sie verstehen. Das funktioniert häufig, aber nicht immer. Im letzteren Fall würden wir dennoch unser Gegenüber nicht unbedingt als unintelligent einstufen. Für bestimmte Fähigkeiten kann man natürlich Intelligenztests zur Anwendung bringen:

- Bei Flugzeugpiloten
- Bei Führerscheinprüfungen
- In Quizsendungen etc.

In der Schule und an Universitäten finden solche Bewertungen ja ständig statt. Würde man einen Computer entsprechend programmieren, würde auch er diese Tests bestehen – aber andere wiederum nicht. Er bliebe immer ein Spezialist. Das wirft uns zurück auf die Methoden, wie Intelligenz zu bestimmen ist. Im Grunde genommen wissen wir bis jetzt noch nicht, welche Fragen wir eigentlich stellen sollen.

1.3.5 Output

Wir sind also zurück geworfen auf die einzig verfügbare Methode, Intelligenz zu erkennen und zu bewerten: auf den Output eines lebendigen Wesens oder einer Maschine. Etwas anderes steht uns nicht zur Verfügung. Und bei der Bewertung selbst tun wir nichts anderes, als diesen Output mit uns selbst zu vergleichen. Je näher der Output unserem eigenen in einer vergleichbaren Situation kommt, desto „intelligenter" ist das Gegenüber. Nur wenn wir Ähnlichkeiten entdecken, nehmen wir Intelligenz an. Diese Übung machten wir schon lange, bevor die KI-Diskussion losgetreten wurde – z. B. bei der Bewertung von Verhalten von Tieren, aber auch bei der Beurteilung archäologischer Artefakte. So auch beim Output moderner Maschinen. Ob die Maschine dabei versteht, was sie produziert, können wir zunächst nicht beurteilen, nur dass sie über ihr Rückkopplungsverhalten intelligent reagiert.

1.4 Künstliche neuronale Netze

1.4.1 Einleitung

Künstliche neuronale Netze (KNN) sind Versuche, biologische neuronale Netze zu emulieren. Dabei stützt man sich auf die Funktionsweise und die Architektur des Gehirns eines lebenden Organismus – vorzugsweise des Menschen. Allerdings muss in diesem Zusammenhang zugestanden werden, dass die Funktionsweise des menschlichen Gehirns selbst bisher nur rudimentär verstanden ist.

Grundbaustein ist das künstliche Neuron basierend auf den Vorstellungen vom natürlichen Neuron (s. Abb. 1.2).

1.4.2 Das Modell für künstliche neuronale Netzwerke

Im Gegensatz zu den ursprünglichen KI-Ansätzen geht der KNN-Ansatz über ein rein algorithmisches Agieren bei intelligenten Systemen hinaus. Wie bereits erwähnt, nimmt man sich das Funktionieren des menschlichen Gehirns as Modell, um Lernfähigkeiten und Abstraktionen zu ermöglichen. Um diesen Ansatz fortzuführen, sind völlig andere Konstrukte erforderlich als die klassischen programmtechnischen. Hier geht es um Architekturen.

Es handelt sich also in erster Linie wieder darum, die Mechanismen des menschlichen Gehirns selbst besser zu kennen. Dabei sind Fortschritte auf der neuronalen Ebene gemacht worden, aber nach wie vor fehlt ein Gesamtmodell, das alle Facetten des menschlichen Gehirns zu erklären vermag. Wir befinden uns also nach wie vor auf dem Pfad einer groben Näherung an die Biochemie und die Elektrochemie menschlicher neuronaler Verschaltungen. Dennoch zeigen die Ergebnisse künstlicher neuronaler Netze, dass die

Abb. 1.2 Biologisches neuronales Netzwerk

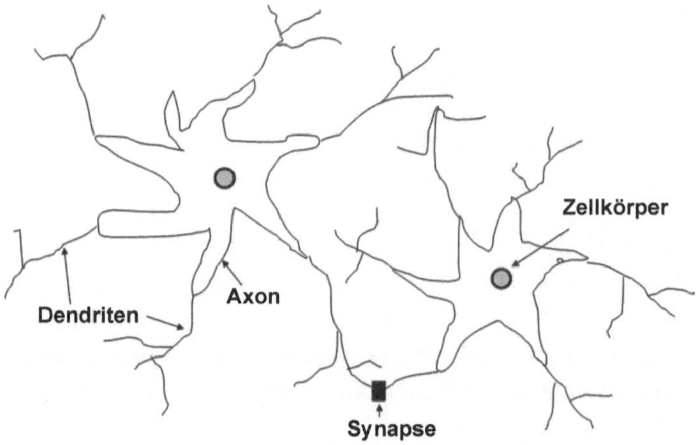

Wissenschaft auf einem Weg ist, der Erfolg versprechend ist. In manchen Details – das zeigen bestimmte Anwendungen – ist es gelungen, konkrete Fähigkeiten der biologischer neuronalen Netze zu emulieren.

Das künstliche Neuron wurde erfunden, um die einfachsten Charakteristika eines biologischen Neurons nachzustellen. Einfach gesprochen: Eine Anzahl von Inputs wirkt auf ein Neuron, die jeweils wiederum Outputs anderer Neuronen sind. Jeder Input besitzt ein bestimmtes Gewicht in Analogie zur Stärke der synaptischen Verbindungen. Über alle gewichteten Inputs wird die Summe gebildet, um den Aktivierungsgrad des Neurons zu ermitteln.

Obwohl ein einzelnes Neuron einfache Mustererkennungsfunktionen durchführen kann, besteht die Stärke von neuronalen Rechenwerken durch deren Einbindung in Netzwerke. Das einfachste Netzwerk, in einer einzelnen Schicht arrangiert, wird in Abb. 1.3 dargestellt. Man beachte, dass die runden Knoten auf der linken Seite nur dazu dienen, Input zu verteilen. Sie führen keine Rechenschritte aus und gelten somit nicht als eigene Schicht. In der Darstellung sind sie Kreise, um sie von den rechnenden Neuronen zu unterscheiden, die als Quadrate dargestellt sind. Jedes Element des Inputs X ist verbunden zu jedem künstlichen Neuron durch ein eigenes Gewicht. Frühe neuronale Netze waren nicht komplizierter als dieses. Jedes Neuron erzeugt als Output eine gewichtete Summe aller Inputs zu diesem Netzwerk.

Der Lerneffekt in künstlichen neuronalen Netzwerken besteht darin, dass sie z. B. auf Mustererkennung trainiert werden können. Dieser Lerneffekt schlägt sich nieder in der Zunahme des synaptischen Gewichts, je häufiger eine Verbindung genutzt wird – ganz ähnlich wie im menschlichen Gehirn eine schnelle Wiedererkennung dann stattfindet, wenn die synaptischen Bahnen durch häufige Nutzung stärker als andere gewachsen sind. Man kann das auch mit dem Datencache bei klassischen Computern vergleichen.

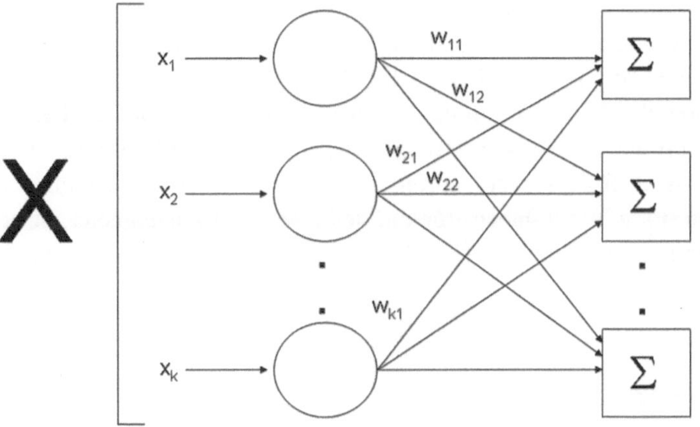

Abb. 1.3 Künstliches neuronales Netzwerk (nach: Wassermann:„Neural Computing", Van Norstrand Reinhold, New York, 1989)

1.4.3   Anwendungsbereiche

Die Anwendungsbereiche von künstlichen neuronalen Netzen sind vielfältig. Dazu gehören zum Beispiel:

- Umwandlung von Text in Sprache
- Erkennen handschriftlicher Notizen
- Komprimierung von Bildern
- Mustererkennung
- EEG-Analyse
- Radar-Signalverarbeitung
- Marktanalysen
- Analysen von Börsenentwicklungen

Man hat vorgeschlagen, diese Technologien zum Gefechtsfeldmanagement und zum Babysitting einzusetzen. Langweilige, sich wiederholende oder gefährliche Aufgaben können von diesen Maschinen ausgeführt werden. Das Funktionieren der meisten Netze basiert auf dem Backpropagation-Algorithmus. Dieser Algorithmus läuft folgendermaßen ab:

- Es wird ein Eingabemuster (Input) erstellt und in das Netz gefüttert.
- Der Output des Netzes wird mit einem vorher festgelegten, erwünschten Output abgeglichen. Die Differenz zwischen gewünschtem und tatsächlichem Output wird als Fehler des Netzes klassifiziert.
- Der Fehler wird nun als Feedback an die Eingabeschicht des Netzes „zurück propagiert". Gleichzeitig werden die Gewichte der Neuronenverbindungen in Abhängigkeit vom Fehler angepasst. Auf diese Weise und durch häufige Iterationen nähert man sich mehr und mehr dem gewünschten Output an und trainiert so das Netz.

Künstliche neuronale Netze bieten sich also für Anwendungen an, die solche menschlichen Intelligenzvorgänge emulieren, die ohne großen Aufwand funktionieren bzw. für die konventionelle Programmierung zu aufwendig wäre. Bedeutet dieser Ansatz, dass künstliche neuronale Netze KI ersetzen? Wohl nicht. Sowohl KI, wie unter Abschn. 1.3 besprochen, als auch künstliche neuronale Netze können sich in komplexen Anwendungen ergänzen. Es gibt Aufgaben, für die der eine Ansatz geeigneter ist als der jeweils andere. Stößt einer an seine Grenzen, kann die andere Methode diese Aufgabe übernehmen und umgekehrt.

1.4.4   Zuverlässigkeit

Neben banalen oder harmlosen Anwendungen, wie das Komprimieren von Bildern, ist auch daran gedacht, künstliche neuronale Netze dort einzusetzen, wo es für den Menschen gefährlich ist oder wo ein Versagen dieser Netze zu einer Gefahr werden kann. Deshalb stellt sich die Frage nach der Zuverlässigkeit.

Die Funktionsweise künstlicher neuronaler Netze bedingt, dass deren Output – ähnlich wie beim menschlichen Gehirn – immer mit einer gewissen Unvorhersagbarkeit behaftet ist. Das liegt zum Teil auch daran, dass man nicht genau weiß, wie neuronale Netze – ob künstlich oder biologisch – tatsächlich zu ihren Ergebnissen kommen. Die internen Abbildungen in solchen Netzen sind analytisch kaum nachzuvollziehen. Denkt man sich Anwendungen, in denen viele solcher Netze zusammen geschaltet werden, so steht fest, dass ein Test, der alle Möglichkeiten berücksichtigt, zu 100 % nicht durchführbar ist. Deshalb muss es bei Schätzungen über die Performance bleiben. Das ist nicht immer hinnehmbar. In militärischen Frühwarnsystemen könnte das fatale Folgen haben.

1.4.5 Mehrschichtige neuronale Netzwerke

Es gibt zwei Wege, die Rechenleistung von künstlichen neuronalen Netzwerken zu erhöhen:

- Zusammenschaltung vieler einzelner Einschicht-Netzwerke
- Einsatz von Mehrschicht-Netzwerken.

Mehrschicht-Netzwerke (s. Abb. 1.4) besitzen Fähigkeiten, die über diejenigen von Einschicht-Lösungen hinausgehen. Hierbei geht man noch einen Schritt weiter, die Architektur des menschlichen Gehirns zu emulieren. Der Aufbau erfolgt durch das Übereinanderlegen von Einschicht-Netzwerken, deren Output wiederum als Input zur nächsten Schicht dient usw.

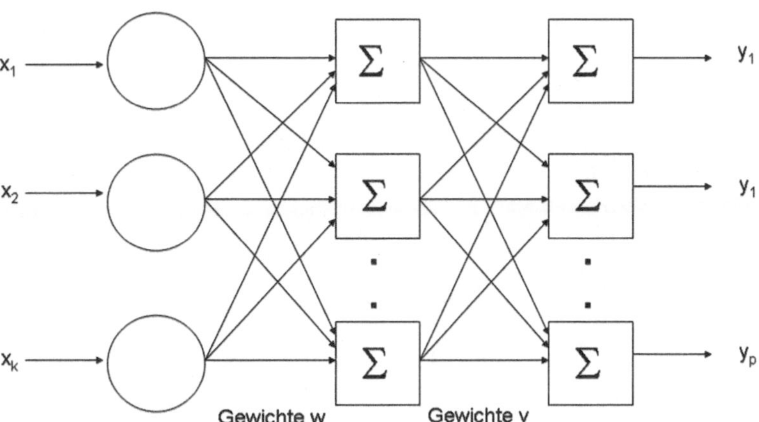

Abb. 1.4 Zweischichtiges neuronales Netzwerk (nach: Wassermann:„Neural Computing", Van Norstrand Reinhold, New York, 1989)

2.1 Einleitung

Wir unterscheiden auf der einen Seite
- die private Nutzung – und zwar unter den Aspekten
  - Standardsoftware
  - Open Source
  - Home-Office

und auf der anderen Seite
- komplexe Anwendungen, wobei hier beispielhaft eingegangen wird auf:
  - ERP
  - CRM
  - Smart Energy
  - Telematik

2.2 Private Nutzung

Im Zusammenhang mit der Nutzung von IT-Systemen soll zunächst beispielhaft das Spektrum möglicher privater Anwendungen aufgezeigt werden. Wir unterteilen dann wiederum die privaten Anwendungen in solche, die rein lokal funktionieren, und solche, die eine Netzwerkanbindung benötigen. Wir werden kurz auf Betriebssysteme eingehen, Standardsoftware und solche, die zugekauft werden oder Open Source sind. Beim Thema Home-Office hebt sich die Trennung zwischen privater und professioneller Nutzung zum Teil wieder auf.

© Springer-Verlag GmbH Deutschland 2017
W.W. Osterhage, *IT-Kompendium*, Xpert.press,
https://doi.org/10.1007/978-3-662-52705-4_2

2.2.1 Das Spektrum privater Anwendungen

Abgesehen von Liebhaberprogrammen, die ein ganz bestimmtes Hobby bedienen, gibt es eine Reihe von Anwendungen, die vielen Menschen dienlich sind. Zu unterscheiden sind private und halbprivate Anwendungen. Unter halbprivaten Anwendungen versteht man die Nutzung eines Computers für berufliche bzw. freiberufliche Zwecke außerhalb eines rein betrieblichen oder behördlichen Umfeldes. Die Übergänge sind dabei fließend. Wenn ein Pfarrer seine Predigt auf einem Laptop schreibt, ist das in dem Augenblick halbprivat, weil er ja das Ergebnis seiner Arbeit anderen Menschen mitteilen wird und das teilweise zu seinem Broterwerb gehört. In derselben Umgebung schreibt er möglicherweise Kochrezepte nur für seinen Eigenbedarf auf. Technisch sind dabei keine Unterschiede auszumachen. Ähnliches gilt für einen Wissenschaftler, der seine Vorlesungen dort niederschreibt und auf demselben Gerät Gedichte verfasst. Beim Thema Home-Office, das weiter unten noch einmal angesprochen werden wird, sieht das komplizierter aus.

Die Nutzung des Rechners selbst, und wie sie vonstatten geht, hängt zum einen davon ab, ob es sich um reine lokale Nutzung handelt, oder ob ein Zugang zu Netzwerken, inklusive des Internets, erforderlich ist.

Beliebte Anwendungen im privaten Bereich sind:

- Erstellung von Schriftsätzen
- Abspeichern und Verwalten von Bildern und Dokumenten
- Recherchieren nach interessanten und aktuellen Themen und Personen
- Ausführen von Computerspielen
- Online-Zeitschriften lesen
- Electronic Banking
- Tickets buchen, Reservierungen vornehmen
- Einkaufen
- E-Mails schreiben
- Kalenderfunktionen
- Musik oder Filme herunterladen und verwalten
- Beiträge zu Zeitschriften verfassen
- Protokolle von Sitzungen schreiben
- Ahnenforschung betreiben
- Programme herunterladen
- Dokumente drucken
- Grafiken erstellen
- Skypen

2.2.1.1 Standardsoftware

Häufig werden die mit dem Betriebssystem mitgelieferten Anwendungsprogramme mit dem Betriebssystem als solchem verwechselt. Dabei handelt es sich hierbei lediglich um Tools, die ursprünglich hauptsächlich zur Unterstützung der Büroarbeit entwickelt wurden und durch ihre komfortable Bedienungsweise sehr schnell einen hohen Marktanteil gewinnen konnten. Die große Mehrzahl der Nutzer arbeitet unter dem Betriebssystem Windows von Microsoft, ein geringerer Anteil unter LINUX und eher Grafikinteressierte unter den von Apple angebotenen Betriebssystemvarianten.

So schön, wie diese Werkzeuge funktionieren, so sehr hat auch deren Stand-alone-Nutzung die Welt verändert. Vorträge ohne Powerpoint haben Seltenheitswert. Daraus hat sich eine ganze Kommunikationskultur entwickelt. Man kann Anleitungen kaufen, die das Layout vorgeben (zusätzlich zu den Hilfen von Microsoft selbst); oben steht die Storyline, in der Mitte die Ergebnisse – möglichst grafisch und wenig Text – unten die sogenannten „salient points".

2.2.1.2   Open Source und andere Anwendungen

Neben den Standardprogrammen, die mit dem Betriebssystem mitgeliefert werden, gibt es noch eine unzählige Anzahl von Software, die jeder für seine persönlichen Belange kaufen oder herunterladen kann:

- Virenscanner
- OpenOffice
- ZIP-Programme zur Verdichtung von Dateien
- PDF Creator
- Acrobat Reader
- Google Earth
- Compiler bestimmter Programmiersprachen
- Performance-Optimierer
- Plot-Programme
- Bestimmte Treiber (Maus, Lautsprecher, Video, Mikrofon etc.)
- Unterhaltungssoftware

Manche davon sind Freeware, für andere muss man bezahlen. Auf diese Weise prägt sich bei vielen Nutzern im Laufe der Zeit eine ziemlich heterogene Landschaft aus.

2.2.1.3   Home-Office

Eine Art Zwitterstellung zwischen professioneller und privater Nutzung nimmt das Home-Office ein. Man befindet sich nicht im Büro des Arbeitgebers, sondern zuhause, arbeitet möglicherweise sogar an seinem privaten Rechner, der aber mit dem Netzwerk, dem Intranet, des Arbeitgebers verbunden ist. Es gibt viele Möglichkeiten, von zuhause aus auf das Netz des Arbeitgebers zuzugreifen. In den meisten Fällen sorgt dessen Administration für die nötigen Sicherheitschecks.

Häufig kommen in diesen Fällen CITRIX- oder CITRIX-ähnliche Technologien zur Anwendung, die über Virtualisierungsmechanismen dem Home-Computer suggerieren, er wäre als Client mit der Serverlandschaft der entsprechenden Organisation verbunden. Währenddessen verbleibt der Benutzer innerhalb dieses eingekapselten Modus und kann – je nach Berechtigung – auf entsprechende Laufwerke und E-Mail-Dienste zugreifen. Ein Wechsel zwischen seinen lokalen Fähigkeiten und der CITRIX-Anwendung unter direkter Mitnahme von Daten ist allerdings meistens nicht möglich.

Zugriffsicherheit erfolgt z. B. durch ein Schlüsselsystem (KeyFoB) unter Zuhilfenahme eines Tokens, auf dessen Display ein kontinuierlich (im Minutentakt) sich ändernder Zahlencode erscheint. In Kombination mit einem persönlichen festen Schlüssel wird der Zugang über einen Login zum Hostsystem ermöglicht.

2.3   Komplexe Anwendungen

2.3.1   ERP

Was bedeutet ERP? Die Antwort ist einfach: ERP steht für „Enterprise Resource Planning", übersetzt: „Unternehmensressourcenplanung". Der Begriff greift jedoch sowohl im Englischen als auch im Deutschen zu kurz, denn es geht um mehr als nur Planung. Einbezogen in die zu betrachtenden Prozesse sind auch Verwaltung (Management) und Steuerung von Ressourcen. Außerdem sind ERP-Prinzipien nicht nur auf Unternehmen, sondern auf Organisationen ganz allgemein anwendbar. Ein weiterer gedanklicher Kurzschluss liegt darin begründet, dass ERP synonym für ein Softwarepaket bzw. ein Ensemble von Software gehandelt wird. ERP ist aber in erster Linie ein organisatorisches Konzept, auf dem Prozesse – meistens Geschäftsprozesse – aufgebaut sind, die dann in großen Teilen eine Stützung durch die gleichnamigen ERP-IT-Systeme erfahren können.

Was nun sind Unternehmensressourcen? Zur Beantwortung dieser Frage hilft ein geschichtlicher Rückblick. Über die klassisch-manuelle Planung und Steuerung von Arbeitsvorgängen in Produktionsbetrieben inklusive Vor- und Nachlaufstrecken hinaus, wie sie im Rahmen der Natur der Sache von jeher, seit es Produktion von Gütern gibt, mit unterschiedlicher Finesse und Eleganz betrieben werden mussten, traten in den sechziger Jahren des zwanzigsten Jahrhunderts im angelsächsischen Raum erstmals die sogenannten MRP-Systeme auf. MRP steht für „Material Requirement Planning". Wie die Bezeichnung schon andeutet, handelte es sich bei den infrage stehende Ressourcen um die zeitliche Beplanung von Produktionsmaterialien: Rohmaterial, Zukaufteile, Halbfertigwaren, Baugruppen etc.

Etwa zehn Jahre später – in den 1970er-Jahren – entwickelte Oliver Wright die Philosophie weiter zu MRP II, wobei MRP hier jetzt für „Manufacturing Resource Planning" steht. Und Produktionsressourcen (Manufacturing Resources) sind eben mehr als nur Materialien. Um eine Produktion zum Laufen zu bringen und zu erhalten, müssen zusätzlich zu den Materialien Menschen und Maschinen bereitgestellt werden, die in MRP-II-Systemen ebenfalls beplant werden.

Die nächste Stufe dann fand sich in den PPS-Systemen. PPS steht für Produktionsplanung und -steuerung. Wie die Bezeichnung schon sagt, wird der reine Planungsaspekt jetzt durch Steuerungsfunktionalitäten ergänzt, d. h., durch die Erfassung von Rückmeldedaten aus den Produktionsbereichen wird der Abarbeitungsstatus transparent, und gezielte Eingriffe zur Optimierung der Produktionsprozesse werden ermöglicht. Ein Teil der zusätzlichen Funktionen wird über Betriebsdatenerfassung (BDE), Maschinendatenerfassung (MDE) und Leitstände erreicht.

Der heutige Stand nochmaliger Erweiterung der Gesamtphilosophie schlägt sich in den ERP-Systemen nieder, die um den ursprünglichen PPS-Kern die Vor- und Nachlaufstrecken integriert haben: Vertrieb, Einkauf, Finanzsysteme sowie Schnittstellen zu anderen technischen und Managementsystemen. Von Bedeutung hierbei ist, dass durch das konsolidierte Datenvolumen all dieser Module eine Datenbasis entsteht, die in der Lage ist, bei geeigneter Aufbereitung übergeordnete Managemententscheidungen realistisch zu unterstützen. Insofern entsteht Transparenz über die gesamten betrieblichen Abläufe z. B. eines produzierenden Unternehmens von der strategischen Planung bis zur Qualitätssicherung mit entsprechenden Rationalisierungspotenzialen und einer hohen Flexibilität, den Markt zu bedienen.

2.3.1.1   Welche Ziele hat ERP?

Ganz allgemein kann man sagen, dass ERP-Systeme die Aufgabe haben, existente oder zu entwickelnde Prozesse in einem Unternehmen zu unterstützen und im Zuge einer Rationalisierung von Arbeitsabläufen zu optimieren. Das gilt natürlich für jedes andere IT-System auch. Das Augenmerk von ERP liegt schwerpunktmäßig auf den Aspekten

- Verfügbarkeit von Ressourcen,
- Liefertreue zum Kunden,
- Flexibilität bei der Bedienung des Marktes und
- Verringerung der Durchlaufzeiten und Senkung der Kosten.

Im Folgenden werden wir kurz auf diese einzelnen Zielsetzungen der ERP-Philosophie eingehen.

2.3.1.2   Verfügbarkeit

Wie in der Historie bereits angedeutet, war ursprünglich die Verfügbarkeit von Material das erste Anliegen von ERP. Das hat sich dann später auf jegliche Ressource ausgedehnt. Bleiben wir beim Material, so bezieht ERP heute natürlich auch die Verfügbarkeit von Fertigprodukten zur raschen Bedienung des Marktes mit ein. Auch der Vertrieb will von einer quasi unbegrenzten Verfügbarkeit seines Angebotes im Rahmen des Geschäfts seines Unternehmens ausgehen dürfen. Für all diese Belange gibt es mehr oder weniger kostenaufwendige Lösungen:

- Bevorratung
- Effiziente Planung

In den 1980er-Jahren erschien ein Mann auf der Beschaffungsbühne Deutschlands, der für immer die Bevorratungsstrategien in diesem Land revolutionieren sollte: José Ignacio

López de Arriortúa, seines Zeichens Einkaufsvorstand bei VW. Obwohl er es nicht erfand, setzte Lopez konsequent das Just-in-time-Prinzip durch, das später über die Automobilindustrie hinaus in der gesamten produzierenden Wirtschaft mehr oder weniger konsequent umgesetzt wurde.

Bevorratung zur Absicherung von Verfügbarkeiten ist teuer, weil in den Materialien Werte gebunden werden, die ansonsten – anders angelegt – Zinsen bringen würden. Deshalb gilt es, die beiden gegensätzlichen Stoßrichtungen „Bevorratung" und „Bestandsminimierung" in Einklang zu bringen. Das Just-in-time-Prinzip sieht vor, Materialien erst dann vor Ort zu haben, wenn sie tatsächlich benötigt werden – z. B. im Produktionsprozess oder bei der Verpackung. Zum einen bedeutet dieses punktgenaue Anlieferung (mit allen damit verbundenen Risiken durch mögliche Störungen beim Transport), zum anderen Verlagerung des Bestandsrisikos auf die Zulieferer. Letztere verschieben ihr Risiko dann weiter die Zulieferstrecke nach hinten entlang, bis es beim letzten landet.

Just in time ist ohne komplexe IT-Systemunterstützung nicht denkbar. Gemeinsam mit den sonstigen Produktionsressourcen Mensch und Maschine, Werkzeugen, Vorrichtungen und Hilfs- und Betriebsstoffen werden Zulieferungen so eingetaktet, dass eine weitgehende Pufferung durch Läger entfällt, soweit das möglich ist (es gibt teure und seltene Materialien oder Teile, bei denen just in time nicht funktioniert).

2.3.1.3 Liefertreue

Eines der ersten Uranliegen der ERP-Vorläufersysteme war das Einhalten der einem Kunden (vertraglich) zugesagten Liefertermine von Produkten bezogen auf Menge und Qualität. Das hängt eng mit der Optimierung von Durchlaufzeiten zusammen (s. u.). Liefertreue kann von zwei Seiten beleuchtet werden:

- Eigene Außenwirkung
- Auswirkungen von Zulieferereffizienz auf den internen Produktionsprozess

Der erste Punkt versteht sich von selbst. Dem im Kundenauftrag fest zugesagten Liefertermin geht eine iterative Terminfindung voraus, die mit dem Kundenwunschtermin beginnt und über Vor- und Rückwärtsterminierungsalgorithmen schließlich zu einem beiderseits verbindlichen Endtermin führt. Den gilt es zu halten – trotz aller möglichen und tatsächlichen Störungen, die ihn im Laufe der Realisierung infrage stellen werden. Liefertreue ist ein Wettbewerbsfaktor in einer Zeit, in der praktisch an jedem Ort der Welt alles hergestellt werden kann. Ein ständiger Bruch der Liefertreue führt zum Verlust von Marktanteilen.

Die Kehrseite der Medaille zeigt sich am empfangenden Ende: ERP-Systeme enthalten die Funktionalität der Lieferantenbewertung, bei denen ein Element die Liefertreue von Zulieferern ist. In Kombination mit anderen Faktoren lässt sich im Laufe der Zeit über die Lieferantenbewertung ableiten, ob ein Unternehmen sich noch bei dem einen oder anderen Lieferanten aufgehoben fühlen kann oder ob ein Wechsel angesagt ist.

2.3.1.4 Flexibilität

Das Stichwort lautet „Losgröße 1". Im Zuge technologischer Entwicklungen sind Möglichkeiten entstanden, Sonderwünsche von Kunden zu vertretbaren Kosten als Varianten herzustellen. Das trifft insbesondere auf die Automobilindustrie zu. Nicht nur spezielle Farbgebungen, sondern die gesamte Kombination der Innenausstattung lässt sich individuell konfigurieren. Auch diese Entwicklung wäre ohne ERP-Unterstützung nicht denkbar gewesen.

Flexibilität erschöpft sich aber nicht nur in der Variantenvielfalt, sondern bezieht sich ebenso auf die Terminleiste. Früher bedeutete die Unterbrechung eines laufenden Produktionsprozesses für irgendwelche Sonderwünsche („Geschäftsführerauftrag") eine massive Störung. Heute kann man mit solchen Anforderungen leichter umgehen, da durch die gegebene Transparenz über Ressourcen, Auftragreihenfolge und deren Abarbeitung schnell reagiert werden kann und ein Umsteuern einfacher ist.

2.3.1.5 Durchlaufzeiten

Wenn von Durchlaufzeiten die Rede ist, meinen möglicherweise verschiedene Menschen Unterschiedliches (s. Abb. 2.1).

Mitunter werden lediglich die Produktionszeiten betrachtet. Diese gliedern sich dann wieder auf in Maschinenrüstzeiten, Bereitstellungszeiten, innerbetrieblicher Transport, Pufferzeiten, Liegezeiten etc. Der Vertriebler sieht den ganzen End-to-end-Prozess vom Kundenauftragseingang (mitunter sogar von der Angebotsbearbeitung oder vom Erstkontakt her) bis zur Ablieferung beim Kunden. Der Controller geht noch weiter bis zum Zahlungseingang. Die Zeiten für Entwicklung, Nullserie und Erstserie entfallen bei Standardprodukten. Gehen Fertigware oder Halbfertigware zwischendurch in das Lager, streckt sich die Durchlaufzeit entsprechend. Nicht dargestellt sind Wiederbeschaffungszeiten für Zulieferteile.

Man sieht also, dass Durchlaufzeit nicht gleich Durchlaufzeit zu sein braucht. Im Sinne von ERP ist es jedoch Ziel, alle Durchlaufzeitanteile zu minimieren, um zum einen Kosten zu sparen und zum anderen Kunden zufriedenzustellen.

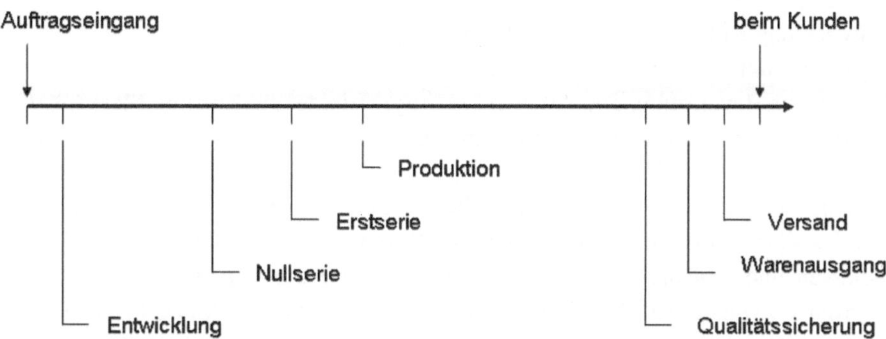

Abb. 2.1 Durchlaufzeiten (Beispiel)

2.3.1.6   Kosten

Eigentlich müsste es heißen: „Kosten und Gewinne". Aus den obigen Absätzen wird deutlich, dass es immer zwei Aspekte bei den entsprechenden Zielen gibt:

- Reduzierung der im operativen Geschäft anfallenden Kosten
- Behauptung am Markt durch Kundenorientierung

Bei der Verfügbarkeit geht es z. B. zum einen um die Verhinderung von Unterbrechungen im Produktionsprozess wegen fehlender Teile, zum anderen um die sofortige Bedienung des Marktes durch Fertigprodukte. Es werden Kosten verhindert und Marktanteile gehalten bzw. hinzugewonnen.

Ähnlich sieht es bei der Liefertreue aus. Es geht um die Lieferung qualitativ hochwertiger Ware in der vereinbarten Menge zum beauftragten Termin – also in erster Linie um die Bedienung des Kunden, aber auch um Kostenvermeidung durch z. B. Konventionalstrafen oder – im Falle von Mindermengen – Nachlieferungen mit entsprechenden Prozesskosten.

Flexibilität ist ein weiteres Kriterium, um erfolgreich am Markt reagieren zu können. Ohne intelligente ERP-Stützung wäre diese nur über einen hohen Einsatz von Material und Produktionsressourcen zu erreichen – also hohen internen Kosten mit Konsequenzen für den Marktpreis und einem damit einhergehenden Nachteil für den Wettbewerb.

Durchlaufzeiten zielen in erster Linie auf interne Kostenminimierung, andererseits aber durch schnelle Bedienung am Markt ebenfalls auf Wettbewerbsvorteile.

Damit wären die wesentlichen Ziele nicht nur des Einsatzes von ERP-Systemen, sondern der ERP-Philosophie überhaupt angerissen.

2.3.1.7   Der End-to-end-Prozess

Kommen wir noch einmal zurück auf die Abb. 2.1 aus dem Abschnitt „Durchlaufzeiten" in den Zielen von ERP. Hier haben wir schon die wesentlichen Komponenten auf der Zeitachse aufgetragen. Allerdings handelt es sich dabei noch nicht um eine eigentliche Prozessdarstellung. Die findet man grob gerastert in Abb. 2.2.

Es fällt sofort auf, dass die Darstellung in mehrerer Hinsicht inkonsistent ist:

- Entwicklung ist kein typischer ERP-Subprozess.
- Unter Produktion verbergen sich zahlreiche Teilprozesse.
- Das Thema Bevorratung gliedert sich in Fertigprodukte und sonstige Materialien.
- Es fehlen sämtliche Planungs- und Dispositionsebenen.

Insgesamt ist es schwierig, das Thema ERP in einem einzigen End-to-end Prozess zu fassen. Bei einem solchen Versuch führen die Kompromisse stets dazu, dass Teilprozesse ausgelassen und Abläufe zu stark vereinfacht werden müssen. Außerdem hängen die Schwerpunkte von der Art des Unternehmens ab, mit dem es am Markt agiert. Ein reines Handelsunternehmen kann auf den ganzen Ast „Produktion" verzichten. Gängige Visualisierungen der ERP-Hauptfunktionalitäten verzichten deshalb auf die Prozessdarstellung

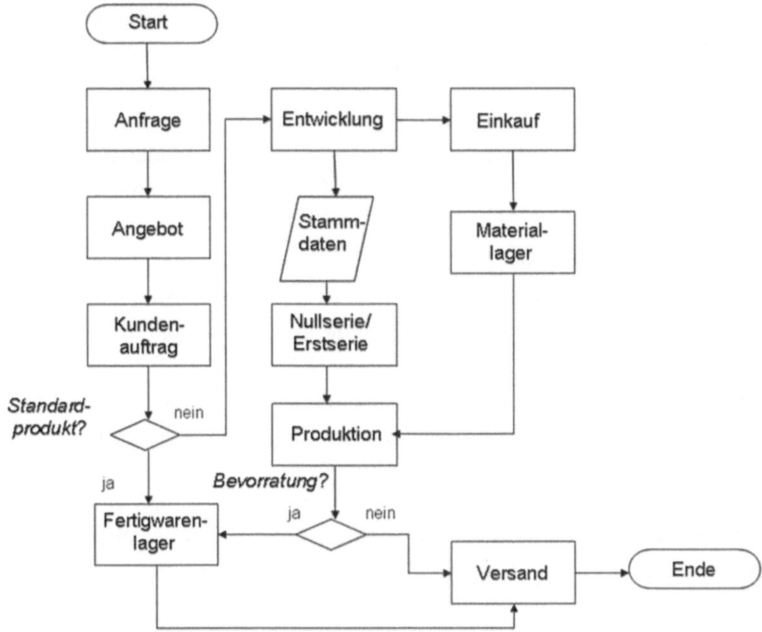

Abb. 2.2 End-to-end Prozess

und versuchen, die wichtigsten Blöcke in Verbindung zu sehen. Am Ende dieses Abschnitts
wird das noch einmal abgebildet.

Doch zunächst wollen wir einen kurzen Blick auf die Hauptelemente von ERP-Systemen werfen:

- Kundenauftragsbearbeitung
- Bestandsführung
- Einkauf
- Rechnungsprüfung
- Fertigungssteuerung
- Disposition
- Dazu einige wichtige Schnittstellen

2.3.1.8 Kundenauftragsbearbeitung

Kundenauftragsbearbeitung ist – strenggenommen – der End-to-end-Prozess überhaupt:
von der Anfrage bis zur Auslieferung. Und dazwischen dann – falls erforderlich – Pro-
duktentwicklung, Fertigung etc. mit allen Nebenprozessen wie Einkauf, Materialwirt-
schaft etc. Beim reinen Handelsgeschäft entfallen diese Zwischenprozesse natürlich.

Aber auch das Vorfeld lässt sich noch erweitern. Ein Vertriebsmitarbeiter sieht vor der
Anfrage möglicherweise noch die ganze Marketingtätigkeit – wie Werbung, Ansprache

auf Messen etc. –, bevor es überhaupt zu einer Anfrage kommt. Hier befinden wir uns an der Schnittstelle zum CRM (Customer Relationship Managment), und es kommt auf die richtige Abgrenzung an.

Kundenauftragsbearbeitung besitzt aber ebenfalls eine Schnittstelle zur übergeordneten Unternehmens- und Produktplanung. Das betrifft auf jeden Fall auch Angebote und möglicherweise sogar Anfragen für einen eventuellen Prognosealgorithmus.

2.3.1.9   Bestandsführung

Bestandsführung ist das große Querschnittssegment oder der Supportprozess, von dem alle anderen abhängen. Sowohl im Handelsgeschäft, in der Einzelfertigung als auch beim Anlagenbau greifen alle anderen Prozesse auf dieses Segment zu: Vertriebsfunktionen, die den Bestand an Fertigwaren im Blick haben, Einkauf und Disposition für die (Wieder-) Beschaffung von Rohmaterial, Teilen oder Komponenten, schließlich Produktionsplanung und Steuerung sowie Produktion selbst.

Für all diese Vorgänge sind funktional dieselben Tätigkeiten von Bedeutung: die Bestandsführung selbst mit der Bestandsbewertung, die Warenbewegungen Einlagerung und Auslagerung und der Wareneingang. Schließlich gehört die Inventur auch noch dazu.

2.3.1.10   Einkauf

Grundsätzlich ist zu unterscheiden zwischen (strategischem) Einkauf und Beschaffung. Strategische Einkaufsaktivitäten beinhalten Einkaufsmarketing – die Suche nach geeigneten Lieferanten – sowie der Abschluss von Rahmenverträgen, auf deren Basis später die Beschaffung für konkrete Lieferungen angestoßen wird. Es ist wichtig, dass – insbesondere bei Neuprodukten – der Einkauf so früh wie möglich konsultiert und in die Planung einbezogen wird – möglichst schon in der Entwicklungsphase.

Planerisch fließen die Wiederbeschaffungszeiten in den zeitlichen Vorlauf zur Produktion ein, sind also Teil der gesamten Durchlaufzeit.

Eine weitere Aufgabe des Einkaufs ist die Bewertung von Lieferanten. Hier spielen mehrere Faktoren eine Rolle:

- Terminliche Liefertreue
- Mengenmäßige Liefertreue
- Qualität der Ware
- Preisfindung

Abrufe, Teilabrufe und Bestellungen sind Teile des Beschaffungsvorgangs, die durch den Dispositionsprozess ausgelöst werden.

2.3.1.11   Rechnungsprüfung

Die Rechnungsprüfung ist ein weiterer Seitenarm im Gesamtprozess. Aus logistischer Sicht liegt er nicht auf dem kritischen Pfad, wohl aber, was den Cashflow betrifft. Da sie am Ende der Einkaufsaktivitäten anzusiedeln ist, ist sie Teil des ERP und wird nicht – wie die anderen Finanzsysteme – als Schnittstelle behandelt. Die Rechnungsprüfung findet in mehreren Schritten statt: formale und inhaltliche Richtigkeit.

2.3.1.12 Fertigungssteuerung

Fertigungssteuerung setzt sich mit der Logistik des tatsächlichen Produktionsablaufs auseinander. Dazu gehört die Teilefertigung, aber auch die Montage von Komponenten. Die in der Planung vorliegenden Fertigungsaufträge werden konkret in eine zeitliche Reihenfolge gebracht. Entsprechend den Möglichkeiten des Produktes und der Betriebsmittel kann das systemisch durch mehr oder weniger rigide Algorithmen oder durch individuelle Entscheidungen der Bereichsverantwortlichen (Meister) geschehen (Feinplanung).

Der Bearbeitungsstatus wird über die Rückmeldungen von Betriebs- und Maschinendaten verfolgt. Im Falle von Störungen, z. B. bei Fehlteilen oder Werkzeugbruch, werden Maßnahmen mit dem Ziel ergriffen, den vorgegebenen Liefertermin dennoch zu halten. Unterstützt wird die Steuerung neben den Kern-ERP-Funktionalitäten durch den Einsatz von Leitständen, in denen alle wesentlichen Informationen zusammenlaufen.

2.3.1.13 Disposition

Manche sehen die Disposition sogar als das zentrale Element in der gesamten Prozesskette der ERP-Systematik an – wenn auch nicht im zeitlichen Ablauf, so aber doch in ihrer Bedeutung für das Geschehen, das durch ihre Ergebnisse ausgelöst wird. Zumindest sehen viele Disponenten das so. Disponiert wird auf allen Stufen:

- Endprodukte
- Komponenten
- Halbfertigwaren
- Einzelteile

Disponiert wird sowohl für die interne Fertigung als auch für Zukaufteile, Hilfs- und Betriebsstoffe, Beistellungen etc. Die Disposition setzt die Vorgaben aus den übergeordneten Planungs- und Rahmenvertragsdaten um in konkrete Bestellungen bzw. Abrufe – sowohl was die eigene Produktion als auch was die Beschaffungsseite anbetrifft. Insofern ist die Disposition tatsächlich ein kritisches Glied innerhalb der Betriebslogistik. Ihre Exaktheit ist verantwortlich für ein reibungsloses Geschehen für interne Materialverfügbarkeit wie auch für die Liefertreue. Fehldispositionen müssen in der Regel durch aufwendige Steuerungsmaßnahmen auf den unteren Ebenen korrigiert werden.

2.3.1.14 Schnittstellen

Hier kommt der Schnittstellendiamant (Abb. 2.3) ins Spiel. Zugegebenermaßen könnte er noch viele weitere Facetten aufweisen, wenn man zusätzliche Subsysteme hinzunimmt. Auch wird bei manchen Ausprägungen von ERP-Systemen nicht immer einheitlich zwischen Schnittstellen zu eigenständigen Systemen und Integration ins ERP selbst unterschieden. Einige Systeme bieten Standardschnittstellen und die entsprechenden

Abb. 2.3 ERP-Schnittellen

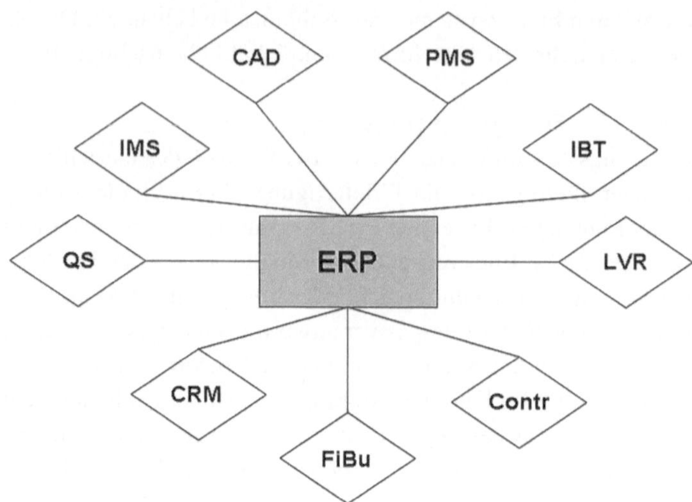

Partnersysteme gleich mit an, andere legen lediglich ihre ERP-Schnittstellen offen, sodass Anbindungen separat programmiert werden müssen. Wieder andere tun weder das eine noch das andere.

Hier die Bedeutung der in der Abbildung sichtbaren Partnersysteme:

- CAD (Computer Aided Design) – Entwicklungstool; liefert Stammdaten für Arbeitspläne.
- IMS (Instandhaltungsmanagementsystem) – hat Einfluss auf die Verfügbarkeit von Maschinen, Werkzeugen und Vorrichtungen.
- FiBu (Finanzbuchhaltung) – bei vielen ERP-Anbietern integrativer Bestandteil des Systems.
- Contr (Controlling) – bei einigen ERP-Anbietern integrativer Bestandteil des Systems.
- LVR (Lagervorrechner) – Lagerplatzverwaltungssystem mit Schnittstelle zur Bestandsführung.
- QS (Qualitätsmanagementsystem) – neben unabhängigen Funktionen (Qualitätsprozess) hat es Einfluss auf die Verfügbarkeit von Teilen, Komponenten und Fertigwaren nach End- bzw. Zwischenkontrolle; auch Teil der Wareneingangsprüfung von Zulieferteilen.
- PMS (Projektmanagementsystem) – kann als Entwicklungstool eingesetzt werden oder für Montagen im Anlagenbau; seine Durchlaufzeiten beeinflussen die Gesamtdurchlaufzeit im ERP.
- CRM (Customer Relationship Management) – Kundenbindungsprogramm mit zusätzlichen Informationen für das Vertriebsmodul im ERP.
- IBT (innerbetrieblicher Transport) – Weitergabe von Teilen, Halbfertigwaren und Endprodukten entweder an weiterverarbeitende Stellen oder an Läger; Zeiten müssen im Arbeitsplan berücksichtigt werden.

2.3.2 CRM

Informationen sind Wirtschaftsfaktoren geworden – Wirtschaftsfaktoren, die am Ende des Industriezeitalters und am Beginn des Wissenszeitalters zu stehen scheinen. So jedenfalls sehen es einige Trendforscher. Unbestreitbar ist, dass die Kommunikationsindustrie bis vor Kurzem der einzige Sektor mit signifikantem Wachstum war.

Das Geschäft mit der Information lässt sich auf zwei Ebenen betrachten:

- Information als Ware
- Instrumente zur Beherrschung und Weitergabe von Kommunikation

Beide hängen voneinander ab, bedienen aber differenzierte Domänen innerhalb eines Wirtschaftszweigs.

Vor den Zeiten des Internets wurde schon die Stirn gerunzelt, wenn es um den Handel mit klassischen Adressdateien ging. Dieser Kampf ist lange verloren, wie alle bestätigen können, die Werbepost, Faxe oder Spammails ins Haus geschickt bekommen. Handel mit Informationen jedweder Art, seien sie nun personenbezogen oder historisch oder über das Wetter und den Straßenverkehr, ist nicht mehr aus dem Alltagsleben wegzudenken. Eigentlich jedoch nur eine weitere Überspitzung klassischen Informationsmanagements. Früher musste man sich halt Bücher und Fachzeitschriften kaufen, Wetterberichte anhören oder im Telefonbuch nachschlagen. Also prinzipiell nichts Neues.

Der Handel mit echten oder falschen Informationen und deren Verarbeitung ist somit ein mächtiger Wirtschaftszweig geworden, der praktisch alle und alles betrifft.

2.3.2.1 E-Commerce

Wir wollen uns bei dem Thema E-Commerce, d. h. elektronische Geschäftsabwicklung, beschränken auf das Segment B2C (business to customer) – also Direktkundenabwicklung. Weitere Einschränkung: auf Anwendungen, die sich mit dem Kauf von Waren über das Medium Internet durch Privatpersonen beziehen. Beispiele: Bücher, CDs oder Ersteigerungen.

Diese Anwendungen hinterlassen eine Fülle von auswertbaren Informationen, die den Verkaufsorganisationen wichtige Puzzlestücke bei der Wahrheitssuche über den Kunden vermitteln. Das große Thema heißt: Web Mining. Informationsquelle ist die Webpage des Geschäftspartners.

Dabei handelt es sich um ein Instrument der Informationsfindung erster Ebene. Je nach Art der gewünschten Information kommt es zur Anwendung. Am einfachsten und eher konventionell sind diejenigen Informationen zu erhalten, die eine wie auch immer geartete Nutzer- oder Kundeninformation ermöglichen, um diese Kunden bei einem späteren Besuch wiederzuerkennen.

Da ist zum einen die elektronische Signatur über logischen Benutzernamen oder Hardwareadresse etc. Das ist das Rudimentärste, dessen man bedarf, um einen späteren Zugriff wiederzuerkennen. Aber natürlich sind die Business-Partner an einer feineren

ID-Präzisierung interessiert. Deshalb fordern sie solche Kennwerte auch vor einer geplanten Transaktion ab: Vor- und Zuname (damit meistens implizit auch das Geschlecht), Alter, Adresse, E-Mail-Ausstattung (lässt andere Rückschlüsse zu), Fax- und Telefonnummern.

In die Nähe von Verhaltens- bzw. Statusinformationen kommt man schon bei der Angabe der Zahlungsart: Name des Kreditinstituts und besonders, ob eine Kreditkarte vorhanden ist und wenn ja, welche Art von Kreditkarte.

Diese eher statischen Informationen sind jedoch nur schwach aussagekräftig. Interessanter wird es erst bei den dynamischen. Hier spielt die Klick-Stream-Analysis eine herausragende Rolle: Die Bildschirmpräsentation einer Webpage ist normalerweise gefüllt mit Elementen, die jedes für sich durch ein eigenes Programm erstellt werden: Produktdarstellungen, Identifikationsmasken, Werbebanner aller Art etc. Jedes Mal, wenn Sie den Cursor auf ein solches Element aufsetzen und anklicken, hinterlassen Sie eine Signatur, die eine Reihe von wichtigen Elementen enthält: IT-technische Identifikation, Uhrzeit, Datum etc. – es entsteht ein Cookie. Diese Cookies können von der Internetanwendung abgefangen werden, bzw. sie werden auf der Festplatte Ihres PCs gespeichert. Durch Nachverfolgung dieser Anklickpunkte lässt sich auch zeitversetzt über intelligente Auswerteprogramme der gesamte Weg Ihres Mauscursors auf der infrage kommenden Webpage verfolgen.

Diese Informationen sind naturgemäß äußerst aufschlussreich: Welchen Menüpfad habe ich genommen? Was hat mich zuerst interessiert? Wo bin ich wiederholt hingegangen? Wo habe ich abgebrochen? Wann habe ich korrigiert? – Diese Informationen, gekoppelt mit den ID-Daten, ermöglichen eine erste Typisierung des Anwenders. Zu guter Letzt werden ihm oder ihr dann natürlich noch die gekauften Waren und ihre Preise zugeordnet bzw. die Waren, für die man sich näher interessiert hat. Ein erstes Profil bildet sich heraus.

Diese Technologie existiert und kommt routinemäßig zum Einsatz. Abgelegt werden die Daten im sogenannten Web-Warehouse des Anbieters für kontinuierliche Analysen.

Vor einigen Jahren gab es z. B. in der Zeitungsbranche diesen sogenannten Reader-Scan, mit dem an Probanden untersucht wurde, wann Leser bei der Lektüre eines Artikels aussteigen. Heute kann man im Web mithilfe moderner Tools sehen, wie sich ein Leser auf einer Seite bewegt, wie lange er in einem Artikel verweilt, wie oft dieser trotz unvollendeter Lektüre dann doch vom User geteilt wird. „Chartbeat" heißt so ein Tool, das einem Seitenbesitzer auf das Pixel genau anzeigt, wie weit ein Leser im Artikel heruntergescrollt hat.

Verglichen wurde, nach wie viel Textlänge die Leser aufhörten und dann den Artikel in Sozialen Netzwerken teilten. Und das Ergebnis ist dann doch ernüchternd für Schreiber. Warum steigen Leser online so früh aus? Glauben sie schon zu wissen, was noch kommt, oder interessiert es nicht? Der Autor steckt Mühe in all seine Worte, all seine Sätze. Weil er sich für ein Thema begeistert und diese Begeisterung an den Leser weitergeben will. Stattdessen wurde folgendes herausgefunden: Je länger Menschen sich am Rechner auf etwas konzentrieren müssen, um so leichter sind sie vor Abschluss abzulenken. Mit zunehmendem Einsatz von Sozialen Netzwerken hat sich das Problem mit der Aufmerksamkeit offenbar noch verschlimmert.

Bei einer Untersuchung auf Twitter kam heraus, dass viele Nutzer Artikel retweeten oder empfehlen, obwohl sie davon keine einzige Zeile gelesen haben: Bei 2,7 Millionen analysierten Tweets hatten 16 % davon mehr Retweets erhalten als zuvor auf die beinhalteten

Links geklickt wurde. Das heißt dann also, dass die Überschrift heute so wichtig ist wie noch nie. Denn sie bringt offenbar nahezu allein Leser dazu, den Artikel zu teilen.

Ganz so intelligent scheinen solche Analysesysteme jedoch noch nicht zu sein. Wenn man also einmal bei Amazon ein Kochbuch über Gichtdiäten bestellt, werden dem Nutzer eine Zeit lang immer wieder Bücher über esoterische Lebensgestaltung aufgedrängt. Es könnten auch Kochbücher sein oder Gesundheitslexika, aber der Amazon-Algorithmus kann bei der Profilerstellung auch mal danebenliegen.

Diese Schwächen bleiben nicht verborgen, und so entwickeln sich übergeordnete Strategien, bei denen das Web-Warehouse nur einen Teilaspekt abdeckt, um der Wahrheit über den Kunden – seinem Profil – immer näher zu kommen.

2.3.2.2   Alle Register (CRM)

Die Grande Total Strategy – en vogue als Beratungs- und Reorganisationsgegenstand in größeren und mittleren Unternehmen und dort in den Marketing- und Vertriebsabteilungen – heißt CRM: Customer Relationship Management – oder anders: Kundenbindungsprogramm. Damit ist das Ziel benannt: Bindung von Kunden an das gleiche Unternehmen für eine lange Zeit – möglichst für immer. Und um dahin zu kommen, muss man ihn immer besser kennen, sich dem Profil des Kunden immer weiter annähern.

Abb. 2.4 gibt ein Überblick über die Instrumente.

Web-Warehousing ist Teil des übergeordneten Data-Warehousing: die Sammlung aller computergespeicherten Daten zu einem bestimmten Geschäftsgebiet oder zu einem bestimmten Kunden, beispielsweise Rechnungsdaten, Zahlungsmoral und was man noch so im allgemeinen Geschäftsverkehr herausfindet.

Text Mining ist etwas relativ Neues. Hierbei werden Fließtexte, die man über oder von dem Kunden bekommt, durch intelligente Software nach bestimmten Stichwortkategorien ausgewertet. Der Fundus, auf den hier zurückgegriffen wird, findet sich in den Mitschriftskripten der Callcenter! Insbesondere im Beschwerdemanagement. Wenn jemand eine Hotline anruft, weil er sein Mobiltelefon nicht bedienen kann oder eine Reklamation wegen Falschlieferung ansteht: Immer und überall sind die Callcenteragents gehalten, den Vorgang zu protokollieren und abzuspeichern – in erster Linie, um später eine Referenz darüber zu haben, ob Dinge erledigt werden. Erst sekundär bieten sich solche Texte als Quelle für die Vervollständigung eines Kundenprofils an. Neuerdings werden diese Gespräche nach einer Einverständniserklärung des Kunden auch direkt elektronisch aufgezeichnet.

- Data-Warehousing
- Web-Warehousing
- Klick-Stream-Analysis
- Adressdateien
- Text-Mining
- Reader-Scan
- Multi-Channel-Analysis

Abb. 2.4 CRM-Instrumente

Interessant für gezielte Marketingstrategien mit geringer Streuung und damit kostengünstig sind Zusatzinformationen, die etwas über den Lebensstil von Zielpersonen aussagen. Dazu dienen Einkommenskategorien, Wohnlage etc. Zum einen kann man Adresslisten kaufen, die nach Wohnlagen, Alters- und Einkommensgruppen ventiliert sind. Zum anderen können solche Segmente herangezogen werden, den Kunden einzuordnen, wenn man seine Adresse kennt.

Es gibt also eine Vielzahl von technischen und auch traditionellen Informationsquellen, die man auf komplexe Weise kombinieren kann, um den Fokus auf Kunden zu setzen und sich so vom ganz Allgemeinen dem Interessenten im Besonderen zu nähern. Das Zusammenführen und Bearbeiten solcher Quellen und deren strategische Auswertung fällt unter den Begriff „Multi-Channel-Analysis".

Hier noch einmal eine kurze Zusammenfassung der IT-gestützten wichtigsten CRM-Komponenten, die in komplexe Anwendungen einfließen:

- Marketingkampagnen:
  - Planung
  - Durchführung
  - Kontrolle
- Vertriebsprozess analog zum korrespondierenden ERP-Prozess:
  - Lead- und Opportunity-Management
  - Contact-Management
- After-Sales-Service-Management
  - Callcenter
  - Serviceportal
- Einbindung von Sozialen Netzwerken
- Data-Mining
- Scoring-Modelle
- Change-Management
- Analysen
  - Kundensegmentierung und -klassifizierung
  - Zielgruppenanalysen
  - Cross-Selling-Analysen
  - Kündigungsanalysen
  - Kundenwertanalysen
  - Auswertung von Internetnutzungsdaten

2.3.3 Smart Energy

Im Zuge der Smart-Energy-Bestrebungen erhofft sich der Staat, durch eine intelligente Steuerung des Energieverbrauchs weniger Umwandlungskapazitäten zu benötigen trotz steigenden Verbrauchs. Die intelligenten Systeme, die eine Integration von Energieströmen mit Informationsströmen bedeuten, benötigen dazu jedoch die Preisgabe privater, teilweise intimer Informationen in nie dagewesenem Ausmaß – mit allen möglichen Konsequenzen durch missbräuchliche Verwendung.

Dazu ist der Einsatz von Smart Metern erforderlich. Smart Metering ist das englische Wort für „intelligente Messung". Diese Smart Meter, die die herkömmlichen Zähler ersetzen, ermöglichen eine bidirektionale Kommunikation zwischen Verbraucher und Lieferant. Sie sind seit einiger Zeit in Deutschland für alle Neubauten mittlerweile vorgeschrieben. Auf der einen Seite ermöglichen sie, wenn die technischen Voraussetzungen umgesetzt sind, die Weitergabe von Informationen wie zum Beispiel aktuelle Verbrauchswerte – und zwar gerätebezogen – an den Stromlieferanten und umgekehrt, zeitnah aktualisierte Tarife zu empfangen.

Zu den Informationen, die aus einem sogenannten Smarthome an den Versorger geschickt werden, gehören beispielsweise:

- Einsatzzeiten und Verbrauch von elektrischen Großgeräten (Waschmaschine, Trockner)
- Aufstehzeiten von Familienmitgliedern (Energieverbrauch beim Duschen)
- Einschalten von Kleingeräten (Kaffeemaschine, Toaster)
- Nutzungszeiten von Computern und elektronischen Unterhaltungsmedien
- Heizverhalten etc.

Werden Elektroautos in die Energiekreisläufe eingebunden, lassen sich Informationen über Fahrtzeiten, Fahrtziele (Elektrotankstelle, Buchungen der Verbräuche auf persönliche Kreditkarten) ermitteln.

Damit wäre das Smart Grid bzw. die Smart Energy umgesetzt. Weitere Voraussetzungen sind:

- Prognose- Algorithmen für Erzeugungs- und Verbrauchsmengen
- Algorithmen zur Vereinbarung und Steuerung von Verbrauchsmengen zwischen Lieferant und Verbraucher
- Entsprechende Kommunikationseinrichtungen (Smart Panel etc.)
- Vertragswerke, die diese Kommunikation regeln

2.4 Telematik

2.4.1 Big Data

Der Begriff „Big Data" ist zurzeit nicht eindeutig definiert, da er einerseits für bestimmte Technologien (Hardware, Datenbanken) steht, andererseits eine Philosophie des Umgangs mit gewaltigen Informationsmengen benennt. Auf jeden Fall geht es um große Datenmengen, deren Volumen, Zusammenführung und Verarbeitung sich den herkömmlichen Methoden der Datenverarbeitung entziehen.

Die Daten, um die es hier geht, sind – personenbezogen – alle Daten, die irgendwie und irgendwo generiert werden: aus Behörden, Unternehmen, Überwachungssystemen, dem medizinischen Bereich, Veröffentlichungen etc. Der private Bereich ist dabei möglichst mit eingeschlossen. Die gesammelten Daten sind von Interesse für beispielsweise CRM-Analysen, aber auch für polizeiliche oder strafrechtliche Ermittlungen.

Es gibt viele Gründe, warum sich das weltweite Datenvolumen in den letzten Jahren so dramatisch vergrößert hat und es ständig noch tut – was Personen bezogene Informationen angeht:

- Aufzeichnungen von Telefonverbindungen
- Cookies
- Finanztransaktionen
- Energieverbräuche (Smart Grid)
- Laboranalysen im Gesundheitswesen

Daneben existiert eine Fülle technischer, wirtschaftlicher und wissenschaftlicher Daten. Die interessierten Stakeholder in diesem Spiel sind:

- Marketingabteilungen in Wirtschaftsunternehmen
- Börsenaufsicht
- Energiesektor
- Krankenversicherungen
- Kfz-Versicherungen
- Telekommunikationsunternehmen
- Geheimdienste
- Polizei

In den Informations- und Sozialwissenschaften werden mittlerweile Stimmen laut, die behaupten, konsistente, umfassende Theorien könnten sich dadurch erübrigen, dass man nur riesige Datenmengen in unterschiedlichen Dimensionen analysieren müsste, um schlüssige Ergebnisse zu erzielen. Demgegenüber steht die Tatsache, dass die Datensammlung lediglich technische Gesichtspunkte berücksichtigt, denen keine apriorischen Modelle zugrunde liegen. Das bedeutet, dass die Menge von Daten noch nichts über deren Qualität aussagt. Insbesondere scheinen bei der Verwendung von Big Data auch ethische Gesichtspunkte keine Rolle zu spielen. Es geht lediglich um Verfügbarkeit.

2.4.2 Einsatzbereiche

Das Sammeln aller erdenklichen Daten, deren Speicherung in Datenbankmanagementsystemen (DBMS) und deren eventuelle analytische Verarbeitung hat aber zunächst noch nichts mit dem zu tun, was landläufig unter Telematik verstanden wird. Telematik verlangt zwei Dinge:

- die geplante Registrierung von Daten oder Messwerten ausgesuchter Kategorien und
- ein übergeordnetes Ziel, warum gerade diese Kategorie von Daten aufgenommen werden soll.

Demzufolge kann man die folgenden Einsatzbereiche in der Telematik unterscheiden (beispielhaft; die Liste ist nicht vollständig):

- In der Logistik: zur Optimierung von ERP- und CRM-Systemen (E-Commerce, Bestandsmanagement, Prozessmanagement beim Interneteinkauf)
- In Buchungssystemen: Autovermietung, Hotels, Fahrkartenbestellungen bei der Deutschen Bahn oder Verkehrsverbünden, Ticketreservierungen für Konzerte etc.
- In Überwachungssystemen zur Verkehrskontrolle (Staumanagement, Mautsysteme)
- In Automobilen (s. dazu den Abschnitt über Kfz-Versicherungen weiter unten)
- In der Medizin (s. dazu den Abschnitt über Krankenversicherungen weiter unten)
- Bei Geldgeschäften: Kreditkartenverkehr, Online-Banking
- In der Energiewirtschaft: Smart Grid, Smart Energy
- In bestimmten Arbeitsbereichen: Home-Office, Arbeitskleidung, die mit bestimmten Sensoren ausgestattet ist (Beispiel: Feuerwehranzüge, Helmkameras)
- In Sicherheitseinrichtungen: Überwachungskameras, Scanner, Zutrittskontrollsysteme
- Pre-Crime-Analytics (s. dazu den zugehörigen Abschnitt weiter unten)

Für all die genannten Einsatzbereiche sind Technologien zur Erfassung der erforderlichen Informationen entwickelt worden, von denen wir im Folgenden einige vorstellen werden.

2.4.3   Wearables und Technologien

Um überhaupt die angesprochenen Ziele und Anwendungen in der Telematik zu realisieren, müssen die Daten, die infrage kommen, ja zunächst eingefangen werden. Dazu bedient man sich unterschiedlicher Technologien:

- Fest eingebaute Blackbox

Diese kann z. B. bereits in neuen Kraftfahrzeugen eingebaut sein oder bei Bedarf nachgerüstet werden. Die Blackbox zeichnet die wichtigsten Fahrzeugdaten mithilfe spezieller Sensoren auf. Diese Daten werden dann einer vertraglich vereinbarten Servicewerkstatt übermittelt, damit diese bereits vor einer fälligen Wartung eventuell benötigte Verschleißteile bestellen und bereithalten kann. Außerdem besteht die Möglichkeit der Ferndiagnose.

Der Gesetzgeber sieht vor, ab dem 01.04.2018 jedes neu zugelassene Fahrzeug mit einer Blackbox auszurüsten, um das System eCall mittels Crash Recorder nutzen zu können. Im Falle eines schweren Verkehrsunfalls würde automatisch ein Notruf unter der Nummer 112 abgesetzt. Folgende Informationen würden mindestens übermittelt:

- GPS-Koordinaten
- Zeitpunkt
- Fahrtrichtung
- Fahrzeug-ID

Zu den Daten, die optional im Falle eines Unfalls übermittelt werden können, gehören die Anzahl von Personen im Fahrzeug, die horizontale und vertikale Fahrzeuglage etc.

Weitere Nutzungsgebiete sind die nachrüstbaren On-Board-Units, wie sie z. B. für Toll Collect für die Abrechnung von Lkw-Verkehr auf Autobahnen eingesetzt werden.

Derzeit gibt es vier verschiedene Technologien zur Erfassung und Übermittlung der riesigen Datenmengen: OEM, nachrüstbare OBU-Systeme, nachrüstbare Dongle und nachrüstbare hybride Lösungen sowie die Wearable-Technologie als originäre hybride Lösung (Health-Tracker: Fitnessarmband + Smartphone).

- Dongle
  Hierbei handelt es sich um einen Stecker, der z. B. in den Zigarettenanzünder eines Autos eingeführt werden kann. Grundsätzlich kann ein solches Gerät die gleichen Daten aufzeichnen wie jede andere On-Board-Unit auch.
- Hybride Lösungen
  Unter hybriden Lösungen versteht man das Zusammenwirken zwischen einer On-Board-Unit und einem Smartphone. Dabei kann das Smartphone zunächst als reines Anzeigegerät für die über die Blackbox gesammelten Daten dienen, andererseits auch als Übermittlungsgerät dieser Daten an einen externen Empfänger, z. B. eine Versicherungsgesellschaft. Die Übertragung von Blackboxdaten auf das Smartphone kann über eine Bluetooth-Schnittstelle geschehen.
- Wearables
  Wearables – zu Deutsch etwa „tragbare Dinge" – sind alle Geräte oder technischen Elemente, die eben ohne größeren Extraaufwand getragen werden können. Dazu gehören:
  - Smartphones
  - Intelligente Brillen („Google-Brille")
  - Intelligente Armbänder
  - Kleidung, die mit bestimmten Sensoren oder Kameras ausgerüstet ist

Solche Geräte und Techniken ermöglichen es, z. B. gesundheitsspezifische Informationen aufzuzeichnen oder weiterzugeben:

- Wie viel Schritte ist jemand am Tag gelaufen?
- Pulsfrequenz
- Körpertemperatur etc.

2.4.4 Telematik in den Kfz-Versicherungen

Schon seit etlichen Jahren werden Telematikanwendungen im Rahmen von Kfz-Versicherungen in vielen Ländern genutzt (Großbritannien, Italien, Österreich, USA). Beispiele sind die sogenannten UBI-Tarife. UBI steht für „Usage Based Insurance". Wie der Name schon sagt, basieren die vereinbarten Tarife auf der Art der Nutzung von den versicherten Fahrzeugen. In diesem Zusammenhang unterscheidet man zwei Tarifkategorien:

- PAYD: Pay As You Drive
- PHYD: Pay How You Drive

PAYD ist ein Tarif, der die Nutzungshäufigkeit des Fahrzeugs zur Grundlage hat – also im Wesentlichen die Anzahl gefahrener Kilometer. In Deutschland werden diese Tarife mittlerweile von allen großen Versicherungsgesellschaften angeboten.

PHYD nimmt neben der Nutzungshäufigkeit den Fahrstil des Nutzers ins Visier. Die Anwendung insbesondere dieser Tarifart zielt auf eine Reduzierung von Unfall- und Schadenshäufigkeiten. Statistiken scheinen diese Annahme zu bestätigen.

Kraftfahrzeuge, die heute auf dem Markt angeboten werden, verfügen über etwa 1000 Sensoren, die die unterschiedlichsten technischen Daten messen. Die dazu erforderliche Rechenleistung ist erst durch eine weitgehende Miniaturisierung von Steuereinheiten mit entsprechender MIPS-Verarbeitung möglich geworden. Teilweise wird die Erfassung von bestimmten Daten durch EU- oder nationale Gesetzgebung für Neufahrzeuge aller Art (Pkw, Nutzfahrzeuge, Busse) vorgeschrieben.

Zu den wichtigsten Daten, die bei der Anwendung der genannten Tarifkategorien eine Rolle spielen, gehören:

- Position (über GPS)
- Gefahrene Kilometer (inklusive Dauer und Zeitstempel)
- Streckenverlauf (inklusive Stopps, Leerlaufzeiten), Streckenart (Stadt, Landstraße, Autobahn)
- Geschwindigkeits- und Beschleunigungsprofil (inklusive Kurvenbeschleunigung), Durchschnittsgeschwindigkeit (unter Zuhilfenahme von anderen Streckeninformationen lassen sich auch Verstöße gegen Geschwindigkeitsbegrenzungen ermitteln)
- Bremsverhalten
- Kraftstoffverbrauch/Kohlendioxidausstoß

Solche und ähnliche Daten werden der betreffenden Versicherungsgesellschaft übermittelt und mit den bereits vorhandenen statischen Informationen über den Fahrzeughalter kombiniert. Zu den letzteren gehören:

- Schadensstatistik
- Bonität

- Alter
- Adresse
- Geschlecht
- Nationalität
- Führerscheindatum

Hinzugezogen werden außerdem Fahrzeug-spezifische Daten, wie:

- Marke
- Leistung
- Leergewicht
- Ausstattung (ABS, Airbag, ESP, RDKS etc.)
- Erstzulassung

Intelligente Algorithmen führen die dynamischen, gemessenen Daten mit den statischen Informationen zusammen und berechnen daraus individuelle Prämien auf Basis eines kalkulierten Scores, der auf einer Skala zwischen 0 und 100 liegen kann, wobei 0 der schlechteste und 100 der beste Wert ist. Aufgrund dieses Scores lassen sich jetzt entsprechende Prämien festlegen. In der Vergangenheit spielten lediglich die folgenden Informationen bei der Prämienberechnung eine Rolle:

- Marke und Typ
- Fahrzeugalter
- Fahrleistung pro Jahr
- Unfallfreiheit

PHYD wurde von PTV AG entwickelt, vom Land Nordrhein-Westfalen freigegeben und 2013 erstmalig von der S-Direkt angeboten. Weitere größere Versicherungsunternehmen folgten.

Im Rahmen der PHYD-Datenermittlung boten sich bald neben den versicherungsrelevanten Anwendungen weitere Möglichkeiten an. Hier ist insbesondere der eCall zu nennen – eine Funktion, die im Falle eines Unfalls den Vorfall an eine zentrale Leitstelle per Notruf 112 meldet. eCall kann ebenfalls genutzt werden, um einen Pannendienst zu benachrichtigen. PHYD-Daten ermöglichen zudem die Ortung eines verlorenen oder gestohlenen Fahrzeugs.

2.4.5   Telematik in der Krankenversicherung

Nach der neuesten Gesetzeslage kann gegenwärtig die Telematik auch im Gesundheitswesen umfangreich genutzt werden, während in der Vergangenheit eine sogenannte Telemedizin nur ausnahmsweise zugelassen war. Mittlerweile existieren folgende Möglichkeiten:

- Telemonitoring
- Telediagnostik
- Telekonsil.

Das kann dadurch geschehen, dass die Vitaldaten von Patienten auf das Webportal eines Arztes übertragen werden.

Allerdings sind entsprechende „Telematik"-Tarife schon seit mehreren Jahren bekannt. Dabei handelt es sich teilweise um:

- Rückerstattungen
- Bonusleistungen
- Spartarife
- Rabatte

Über freiwillige Weiterleitung von persönlichen Gesundheitsdaten an die Krankenkassen sollen Versicherte zu einem gesunden Lebenswandel angehalten werden. Das kann z. B. durch das Sammeln von Daten geschehen, die im Rahmen von Fitnessprogrammen anfallen:

- Laufen
- Joggen
- Trekking
- Führen eines Ernährungstagebuchs:
    - Kalorienaufnahme
    - Schlafdauer
    - Pulsraten etc.

Eine andere Möglichkeit ist das Sammeln und Weitergeben von Daten über sogenannte Health-Tracker – entweder nach wie vor über Fitness-Apps oder automatisch z. B. über spezielle Armbänder. Aufgenommen werden dabei u. a. folgende Daten:

- Position (per GPS)
- Gelaufene Zeitdauer
- Strecke (bei Nutzung eines Fahrrades)
- Gezählte Schritte beim Treppensteigen
- Pulsrate
- Blutdruck
- Körpertemperatur

Diese Informationen können dann mit bereits vorhandenen statischen Daten kombiniert werden:

- Gewicht
- Körpergröße
- Alter
- Krankheitsgeschichte
- Dauermedikamente
- Befunde über chronische Erkrankungen etc.

Die gesammelten Informationen werden neben den sonstigen Versicherungsinformationen in einem sogenannten Gesundheitskonto gespeichert.

Um die Versicherten anzuhalten, sich diesen Prozessen anzuschließen, haben die Krankenkassen bestimmte Incentives entwickelt. Dazu gehören:

- Zuschüsse bei Health-Trackern
- Geldwerte Vorteile
- Gutscheine
- Rabatte
- Sonstige Geschenke

Neben diesen Telematikanwendungen, die von etablierten Krankenkassen gefördert werden, steht es jeder Person frei, sich in das reichhaltige Angebot von Gesundheitsplattformen aller möglichen Anbieter einzuklinken:

- Microsoft Health
- Google Fit
- Telekom Healthcare
- Apple Health u. a.

Diese und andere Anbieter stellen Funktionen zur Verfügung (Apps), die u. a. nachfolgende Möglichkeiten bieten:

- Medikamentennebenwirkungscheck
- Medikamenteneinnahmedokumentation
- Anstöße (Trigger) zum Fitnessprogramm

Dabei entstehen nebenbei Fallakten, die autonom neben den offiziell bei den Kassen oder Hausärzten geführt werden – aber mit letzteren nicht unbedingt konsistent sein müssen. Wer Lust hat, kann seine gesamten Gesundheits- bzw. Krankheitsinformation auch in Sozialen Netzen „teilen".

Zurzeit bewegt man sich in Deutschland in einer Grauzone, was die Legitimität von tarifrelevanten Vorteilsvergaben durch Krankenkassen im Gegenzug zur Weiterleitung all dieser Patienteninformationen betrifft. Ein Problem ist das augenscheinliche Fehlen einer zertifizierten Qualitätssicherung bei der Sammlung und Verarbeitung dieser Daten.

Die Versicherten geben die Informationen ja in unkontrollierter Form weiter, d. h., es ist z. B. nicht bekannt, in welchem Umfeld unter welchen Bedingungen die Daten gemessen wurden. Die instrumentellen Geräte, mit denen die Messungen erfolgen (Health-Tracker), sind als „medizinische Geräte" nicht zugelassen. Daneben sind allerdings andere gesundheitsfördernde Maßnahmen als bonusrelevante Incentives erlaubt:

- Besuche von Fitnessstudios
- Bestimmte Wellnessurlaube (werden von einigen Kassen selbst angeboten)
- Wellnessreisen (auch diese werden von einigen Kassen angeboten)

Es scheint aber, als würde die Telematik im Gesundheitswesen mit den hier geschilderten Ausprägungen nicht mehr aufzuhalten sein. Der Sammlung von Vitalparametern von Versicherten und Patienten sind wohl keine Grenzen zu setzen.

2.4.6 Telematik in der Verbrechensbekämpfung: Pre-Crime-Analytics

Es gibt einen Film von Steven Spielberg mit Tom Cruise in der Hauptrolle: „Minority-Report", der ab dem Jahre 2002 zu sehen war. In diesem Film geht es um Polizeimethoden, die darauf hinausführen, Verbrechen und damit Verbrecher bereits vor der Tat zu identifizieren und deren Taten zu verhindern. Das wird in dem Film durch den Einsatz von lebenden Medien erreicht. Anders dagegen das Projekt FAST (Future Attribute Screening Technology) des US-Heimatschutzministeriums. Hier soll mit technischen Mitteln Ähnliches erreicht werden.

FAST soll in der Lage sein, aufgrund bestimmter Kriterien Verdachtsmomente zu identifizieren, die bei Personen eine Absicht, kriminelle Akte zu begehen, erkennen lassen. Diese Kriterien bzw. Daten gliedern sich in zwei Kategorien: statische (wie z. B. ermittelbar aus den Angaben in Pässen und Ausweisen, also Alter, Geschlecht, Nationalität, Herkunft etc.) und dynamische, die sich aus direkten und sekundären Verhaltensäußerungen ergeben: Atem- und Herzschlagsfrequenz, Hauttemperatur etc.

Eingesetzt werden soll FAST bei Großveranstaltungen und natürlich in Flughäfen – überall dort, wo viele Menschen zusammenkommen und wo sich empfindliche Infrastruktur befindet. Prinzipiell liegt dem System eine ähnliche Philosophie wie dem Lügendetektor zugrunde: Es geht um die Sammlung und Interpretation angeblich nicht steuerbarer unbewusster Körpersignale, die Rückschlüsse auf Intentionen einer Person zulassen würden. Der Unterschied zum Lügendetektor besteht darin, dass erstens die Person, die ins Visier genommen wird, nicht fest mit dem Aufzeichnungsgerät verdrahtet ist – also gar nicht weiß, dass ihre Daten registriert werden –, und zweitens diese Analyse nicht nach einer Tat, sondern bereits vorher stattfindet. Außerdem geht es nicht mehr um Wahrheit oder Unwahrheit, sondern um Intentionen auf die Zukunft hinaus.

Unterm Strich bedeutet das, dass entweder an ausgewiesenen Kontrollstellen (z. B. bei Check-in-Kontrollen) oder aus der Ferne neben den üblichen Erkennungsmerkmalen Daten aus den persönlichen Papieren der Betroffenen oder durch Prüfung von Legitimationen anhand von Eintrittskarten oder Sonderausweisen alle möglichen anderen Zusatzinformationen abgegriffen werden: Puls- und Lidschlag, Stimmlage, Geruch etc. Für all das gibt es Sensoren, die diese Informationen an Analyseprogramme weitergeben, die dann eine statistische Aussage über mögliche geplante kriminelle Handlungen, bezogen auf diese eine Person, machen. Es ist zu befürchten, dass bei erfolgreichem Einsatz solcher System entsprechende Vorhaben entstehen, sie – ähnlich wie die allgegenwärtigen Videokameras – an allen möglichen Stellen einzusetzen – z. B. in Supermärkten oder Einkaufszonen.

2.4.7 FutureICT

FutureICT ist an sich keine spezifische Telematikanwendung, kann aber unter anderem auch auf in Telematikanwendungen gewonnene Daten zurückgreifen. Die EU hat zwei wissenschaftliche Großprojekte ausgeschrieben mit einem milliardenschweren Etat über 10 Jahre, die sich in großem Maßstab mit der Verwendung von Big Data befassen sollen. Eines davon ist das Forschungsprojekt FuturICT der ETH Zürich. FuturICT läuft auch unter solchen Synonymen wie Wissensbeschleuniger, Welterklärungsmaschine oder Erdsimulator.

Ziel dieses Vorhabens ist, durch Sammlung und Auswertung ungeheuerer Datenmengen aus der vernetzten Welt Erkenntnisse zu ziehen, die weltweite Krisen vermeiden sollen (Finanzkrisen, Versorgungsengpässe, Auswirkungen von Naturkatastrophen, Epidemien etc.). Dafür müssen entsprechende Algorithmen entwickelt werden, die aus der Schwarmintelligenz zu komplexen gesellschaftlichen Interaktionen führen. Dazu soll eine lebende Erdplattform („living earth platform") erstellt werden, um Entscheidungsfindungen der Politik zu unterstützen.

2.4.8 Fazit

Telematikanwendungen stecken teilweise noch in den Kinderschuhen, die Technologien sind jedoch vorhanden und werden in vielen Bereichen bereits eingesetzt. Im Zusammenhang auch mit dem sich entwickelnden „Internet der Dinge" ist davon auszugehen, dass Telematik in vielen Lebensbereichen zum Einsatz kommen und das Zusammenleben der Menschen zukünftig in einer wiederum neuen Qualität beeinflussen wird.

Systemarchitekturen

3.1 Einleitung

Klassisch wird bei der Betrachtung von Systemarchitekturen getrennt zwischen Hardware-Komponenten und Anwendungen. Die Praxis lehrt jedoch, dass beide Aspekte eigentlich untrennbar miteinander verwoben sind und Änderungen in der Parametrisierung des einen mit an Sicherheit grenzender Wahrscheinlichkeit Effekte auf der anderen Seite nach sich ziehen wird, aus mindestens zwei Gründen jedoch eine Abschichtung des Gesamtbildes durch eine solche Separatbetrachtung erleichtert wird:

- Auftrennung von Einzelkomponenten entsprechend ihrer funktionalen Auslegung
- Identifizierung von möglichen Problemfeldern z. B. bei der Konfiguration und Performance-Optimierungen (s. Kap. 7)

Eine vermengte Gesamtbetrachtung der Systemkomplexität erschwert ungemein das Herausarbeiten von kritischen Einzelaspekten. In diesem Kapitel werden wir also die reine Systemseite betrachten.

3.2 Parameter

Die Systemparameter teilen sich selbst noch einmal auf in

- Hardwareparameter und
- Betriebssystemparameter.

Auch hier haben wir wiederum Verflechtungen, da beide sich bedingen. Beide Elemente machen aus, was man Systemarchitektur nennt, sollten aber – wenn möglich – getrennt

© Springer-Verlag GmbH Deutschland 2017

W.W. Osterhage, *IT-Kompendium*, Xpert.press,

https://doi.org/10.1007/978-3-662-52705-4_3

betrachtet werden. Das Spektrum möglicher Betriebssystemparameter ist natürlich abhängig vom Hardwarehersteller. Auf der anderen Seite ist eine fast unendliche Kombinatorik von Betriebseinstellungen denkbar für eine gegebene Hardwarekonfiguration desselben Herstellers – nur begrenzt durch die Realitäten der laufenden Anwendungen, wobei wir wieder bei den oben genannten Randbedingungen wären. Umgekehrt kann dieselbe Version eines Betriebssystems auf unterschiedlichen Hardwareumgebungen zuhause sein. Wir werden zunächst auf die Hardware selbst eingehen.

3.2.1 Hardwareparameter

3.2.1.1 Allgemeine Hinweise

Eigentlich müsste es besser heißen: System- beziehungsweise Hardwarekomponenten. Zu denen, die losgelöst vom Gesamtsystem betrachtet werden können, gehören (Abb. 3.1):

- CPU
- Hauptspeicher
- Plattenspeicher
- Ein-/Ausgabe-Kanäle (input/output, I/O).

Selbstverständlich gehören zur Hardware noch viele andere Elemente, wie Endgeräte, Modems und andere Kommunikationskomponenten, die aber für unsere Betrachtungen hier nicht gesondert abgehandelt werden sollen. Wir werden die oben genannten Komponenten in der angegebenen Reihenfolge behandeln. Auch zwischen diesen Komponenten gibt es Beziehungen, die jeweils auch aufgezeigt werden.

Abb. 3.1 Systemobjekte

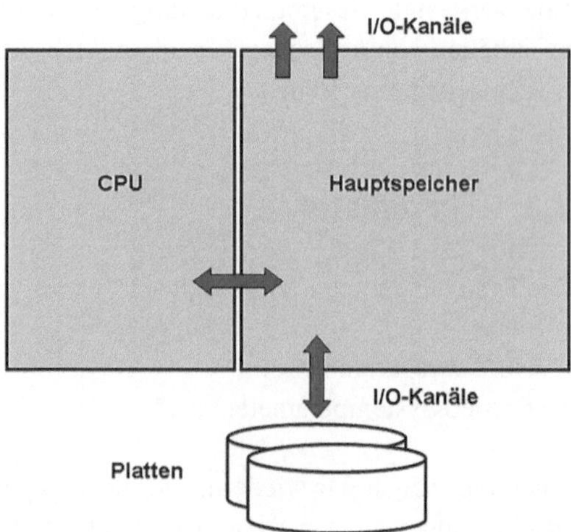

3.2.2 CPU

CPU steht für „Central Processor Unit". Die Leistung einer CPU wird angegeben in mips: „million instructions per second". Dabei handelt es sich um eine reine Papiergröße, die etwas über nutzbare Leistung aussagt ohne Overheads und Task-Verarbeitung, ohne Eingabe-/Ausgabe-Vorgänge oder Warteschlangenmanagement für nicht verfügbare andere Ressourcen, inklusive „Virtual Memory Management".

Ein wichtiger Richtwert z. B. für das Leistungsverhalten einer CPU ist die sogenannte Systemzeit. Sie setzt sich aus folgenden Anteilen zusammen: Zeiten zur

- Steuerung des Timesharing mehrere gleichzeitiger Prozesse
- Steuerung von Ein- und Ausgaben
- Steuerung des Swappings von Hauptspeicherbeladungen

Aus der Erfahrung kann man für die Systemzeit folgende Richtwerte für die CPU festlegen:

- Systemzeit insgesamt: 10-20 %
- Timesharing: 5–10 %
- Ein- und Ausgaben: 2–6 %
- Swapping: 1–2 %

CPU-Leistung wird ein kritischer Faktor für Anwendungen, die stark CPU-gebunden sind: wissenschaftliche und technische Anwendungen mit langen Sequenzen mathematischer Berechnungen.

Eine Messgröße kann dabei der „Relative Performance Factor (RPF)" (Tab. 3.1) sein. Dieser Wert macht eine Aussage über die Leistungsfähigkeit einer CPU – und zwar unter möglichst realen Produktionsbedingungen. Zu seiner Ermittlung werden sowohl Online-Anwendungen als auch Batch-Verarbeitung hinzugezogen. Bei ersteren wird die Transaktionsrate als Maß, bei letzterer die Verarbeitung von Jobs pro Zeiteinheit verwendet. Je nach Austarierung der Anwendungslandschaft werden diese Maße gewichtet, z. B. 20 % für Batch, 80 % für Online. Mit einer einzigen Zahl kann man allerdings keine schlüssigen Aussagen über das CPU-Verhalten insgesamt machen. In der Regel ist die Anwendungslandschaft dazu zu komplex. Weitere Einflussfaktoren sind durch die Serverarchitekturen gegeben. All diese Überlegungen machen natürlich nur Sinn, wenn CPU-Performance und Hauptspeichergröße sich von vornherein in einem vernünftigen Verhältnis zueinander befinden.

Eine CPU kann sich in folgenden Zuständen befinden:

Tab. 3.1 RPF-Ermittlung

CPU	RPF-Batch	RPF-Online	RPF-gewichtet

- User busy
- Overhead-Verarbeitung
- Im Wartezustand
- Idle.

„User busy" bezieht sich auf das Ausführen von Anwendungstasks; Overhead-Verarbeitung deutet darauf hin, dass sich die CPU mit sich selbst beschäftigt, z. B. indem sie durch die Warteschlangen geht oder Prioritäten neu verteilt. Wartezustand weist darauf hin, dass eine benötigte Ressource nicht verfügbar ist, und „idle" heißt, dass zurzeit keine Anforderungen an die CPU vorliegen. Die Overheads kann man noch weiter spezifizieren:

- Memory-Management/Paging
- Process Interrupt Control
- Cache-Management

Ganz anders sieht das Problem in einer Multiprozessorumgebung aus (Tab. 3.2). Diese Umgebung konstituiert sich einmal aus den Verarbeitungsprozessoren, andererseits auch aus einer dazu im Verhältnis geringeren Anzahl von I/O-Prozessoren. Um diese Konfigurationen optimal auszunutzen, müssen die Anwendungen entsprechend geschrieben sein. Dazu gehört unter anderem Parallelverarbeitung ohne gegenseitige Interferenzen.

Davon zu unterscheiden sind Konfigurationen, die Prozessoren unter dem Gesichtspunkt der Ausfallsicherheit parallel betreiben, um eine kontinuierliche Verfügbarkeit von Systemen zu gewährleisten (Abb. 3.2).

Auf der Ebene der Tasks kann einer bestimmten Task immer nur ein Prozessor zugeordnet werden und umgekehrt. Dabei ist zu beachten, dass mit steigender Prozessorzahl die Anforderungen an die Synchronisation mit dem Hauptspeicher steigen, und dadurch zusätzliche Overheads erzeugt werden. Tab. 3.3 zeigt beispielhaft für Siemenssysteme unter BS2000 die Verbesserungsmöglichkeiten für die Verarbeitung unabhängiger Tasks durch Zuschaltung mehrere CPUs.

Tab. 3.2 Erhöhung Management-Overheads in Multiprozessorumgebung (nach Siemens: BS2000/OSD Performance-Handbuch Nov. 2009

Anzahl CPUs	Erhöhung CPU-Zeit (%)
2	5–10
4	10–15
6	15–20
8	20–30
10	25–35
12	30–40
15	35–45

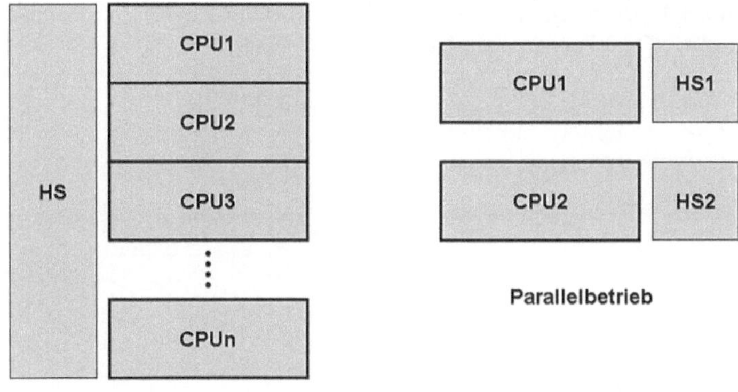

Abb. 3.2 CPU-Betriebsarten

Tab. 3.3 Verbesserungseffekt durch CPU-Zuschaltung (nach Siemens: BS2000/OSD Performance-Handbuch Nov. 2009)

Anzahl CPUs	Faktor
2	1,7–1,9
4	3,3–3,6
6	4,6–5,2
8	5,8–6,6
10	6,8–7,8
12	7,8–8,8
15	8,8–9,9

Viele Hersteller geben Richtwerte bezüglich der optimalen Auslastung ihrer CPUs. Betrachtet werden im Weiteren lediglich Monoprozessoren. Bei Online-orientierten Systemen sollte die CPU-Auslastung durch die Hauptanwendungen 70 % nicht übersteigen. Darüber hinaus kann es zu Problemen beim Management der Warteschlangen und den zugehörigen Wartezeiten kommen. Naturgemäß gehen die möglichen Auslastungszahlen in Multiprozessorumgebungen über diesen Richtwert hinaus (Tab. 3.4).

Um die Tasks in der CPU zu steuern, werden bestimmte Routinen eingesetzt. Sie managen und überwachen. Folgende Parameter spielen beim Task-Management eine Rolle:

- Aktivierung
- Initiierung
- Multi-Programming-Level
- Priorität

Tab. 3.4 Auslastung in Abhängigkeit der Anzahl CPUs (nach Siemens: BS2000/OSD Performance-Handbuch Nov. 2009)

Auslastung (%)	Anzahl CPUs
75	2
80	4
85	6
90	8

- Multiprogramming-Level (MPL) pro Kategorie
- Betriebsmittelauslastung (CPU, Hauptspeicher, Paging-Aktivität)
- Systemdienste (CPU-Zeit, Anzahl Ein-/Ausgaben)
- Zuteilung der Berechtigung zur Hauptspeichernutzung
- Zuteilung des Betriebsmittels CPU
- Zustand „active, ready"
- Deinitiierung
- Betriebsmittelentzug bei Wartezeiten
- Zustand „active, not ready"
- Verdrängung

Da die CPU von vielen Tasks gleichzeitig genutzt wird, ist die Auslastung ein wichtiges Kriterium für Wartezeiten. Die durchschnittliche Bedienzeit durch die CPU ist allerdings klein im Verhältnis zu den Ein- und Ausgabezeiten. Das bedeutet, dass das Antwortzeitverhalten wesentlich von Ein-/Ausgabevorgängen, insbesondere durch das Lesen und Schreiben auf Speichermedien, beeinflusst wird. Dadurch kommen die bereits genannten 70 % Auslastung zustande. Einige Hersteller erlauben zudem eine manuelle Prioritätenvergabe, sodass auch ursprünglich niedrig priorisierte Tasks aus den Warteschlangen heraus zum Zuge kommen können. Eine 100 %ige Auslastung ist ein idealer Wert, der in der Praxis nicht erreicht wird.

Prioritäten beziehen sich auf den Zugriff auf CPU-Ressourcen, I/Os sind dabei nicht berücksichtigt. Im Normalfall sind Prioritäten so vergeben, dass Online-Taks grundsätzlich höher priorisiert sind als Batches. Systemprogramme wiederum haben meistens eine höhere Priorität als die übrigen Online-Funktionen. Innerhalb der Programmverarbeitung berechnet das System dann selbst die Prioritäten nach einem Algorithmus, der Warteschlangenposition, Swap-Rate und andere Parameter einbezieht. Die Vergabe einer externen fixen Priorität ist möglich, sollte jedoch mit Vorsicht gehandhabt werden, da die Priorität sich danach nicht mehr dynamisch anpasst und je nach Einstellung zu Verdrängungen anderer Prozesse führen kann.

Eine wichtige Rolle beim Mechanismus der CPU-Verwaltung ist der Umgang mit Unterbrechungen. Offensichtlich finden beim Swapping Unterbrechungen von exekutierendem Code statt. Dadurch werden ein Programm oder ein Programmteil angehalten, das Code-Segment aus dem Hauptspeicher ausgeladen und die Task in eine Warteschlange verwiesen, aus der sie entsprechend ihrer Priorität (im Normalfall: Position in der Schlange) später wieder Ressourcen bekommt. Unterbrechungen können folgende Ursachen haben:

- Prioritärer Ressourcenzugriff durch das Betriebssystem
- Abschluss eines geschlossenen Programmteils
- Auftretende technische Fehler („exception")
- Längere Pause bei der Adressierung der Programmseite
- I/Os
- Fehlende Daten
- Status „idle" mit Timeout

3.2.3   Hauptspeicher

Ein wesentliches Merkmal für den Hauptspeicher ist seine nominelle Größe: die Anzahl von Zeichen, Bytes, die für eine zentrale Verarbeitung und die dazu erforderliche temporäre Speicherung zur Verfügung stehen. Der Hauptspeicher hat umzugehen mit (Abb. 3.3):

- Programmsegmenten
- Daten
- Cache-Partitionen
- Teilen vom Betriebssystem

Normalerweise ist ein Teil des Hauptspeichers ständig durch Grundfunktionen des Betriebssystems belegt: base memory mit einer fixen Prozentzahl des gesamten Speichers, z. B. 10 %. Weitere Anteile des Betriebssystems werden später je nach Bedarf nachgeladen. Ein gewichtiger Teil wird für die User-Prozesse benötigt. Deshalb ist z. B. bei

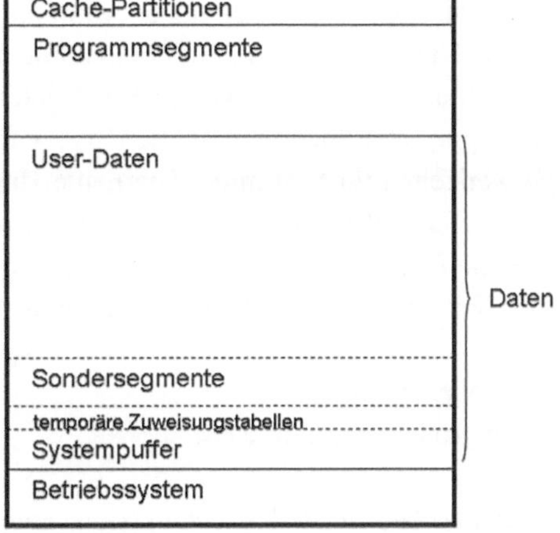

Abb. 3.3 Hauptspeicherbelegung

Betriebssystem-Updates, die zusätzliche Funktionalitäten beinhalten können, darauf zu achten, dass entsprechend neu und sparsam konfiguriert wird.

Cache-Partitionen werden für Speichersegmente benötigt, die Daten enthalten, auf denen wiederholt zugegriffen wird. Diese Partitionen sind konfigurierbar, können aber auch dynamisch zugewiesen werden. Im letzteren Fall stellt der Cache kein besonderes Problem dar, obwohl bei Engpässen Einschränkungen bezüglich des Cache-Anteils entstehen können, da dadurch die Daten jetzt wieder direkt von den Platten gelesen werden müssen. Auf der anderen Seite führt eine intensive Cache-Nutzung zu Interrupt und Adressen-Mapping. Dadurch entstehen zusätzliche CPU-Overheads.

Die Datenbelegung des Hauptspeichers speist sich aus folgenden Quellen:

- User-Daten
- Temporäre Zuweisungstabellen
- Sondersegmente
- Systempuffer

Die User-Daten beaufschlagen den einem spezifischen User zugewiesenen Adressraum, zum Beispiel für Sortiervorgänge. Sondersegmente werden beispielsweise für Nachrichtendateien oder Kommunikationspuffer benötigt und Systempuffer für bestimmte Systemtasks. Der Rest steht dann Programmsegmenten oder für das Paging zur Verfügung.

Ein wichtiger Faktor bei der Betrachtung von Hauptspeicherbelegung ist die Paging-Rate. Mit Paging-Rate ist die Anzahl von Vorgängen pro Zeiteinheit gemeint, die aktuell speicherresidente Code-Seiten (Pages), die momentan für die Ausführung eines Programms durch die CPU benötigt werden, temporär aus dem Speicher entfernen, durch andere ersetzen und die ursprünglichen Seiten später wieder hineinladen. Dieser Vorgang wird auch als Swapping bezeichnet.

Es gibt einige Algorithmen, die diejenigen Hauptspeichereinträge identifizieren, die dem Swapping unterliegen sollen. Normalerweise werden die Ressource-Warteschlangen bei jedem Systemzyklus innerhalb der Frequenz der Systemuhr abgefragt, um festzustellen, auf welche Segmente während des vorhergehenden Zyklus nicht zugegriffen wurde. Diese werden dann mit einem Flag als Overlay-Kandidaten versehen. Beim nächsten Zyklus werden die Overlay-Kandidaten nochmals geprüft und dann unter Umständen geswappt, falls Speicherplatz benötigt wird. Gibt es viele Overlay-Kandidaten und lange Verweilzeiten für bestimmte Segmente, die ohne Prozessunterbrechung geswappt werden können, entstehen nur minimale Memory Management Overheads.

Hohe Paging-Raten können kritisch für eine effiziente Nutzung der Ressource Hauptspeicher werden (Abb. 3.4). Gründe dafür können sein:

- Zu viele Prozesse
- Zu große Programme

Deshalb geben Hersteller auch maximal empfohlene Werte an. Memory Management für eine sauber laufende CPU sollte nicht mehr als wenige Prozent betragen. Ansonsten führen zu hohe

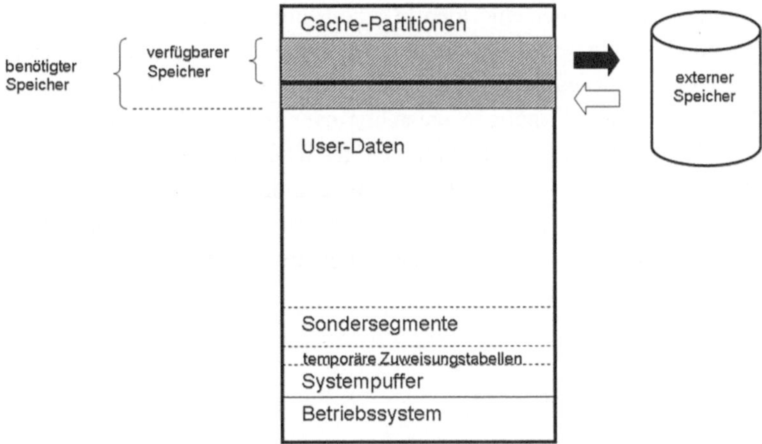

Abb. 3.4 Paging

Paging-Raten grundsätzlich zu schlechtem Antwortzeitverhalten, weil CPU-Ressourcen dafür benötigt werden. Hintergrund: in den beiden genannten Fällen versucht die CPU zunächst, die Hauptspeicherbelegung neu zu organisieren, indem ein zusammenhängender Adressraum gebildet wird (das führt zu erheblichen Overheads). Falls das nicht gelingt, gibt die CPU auf, d. h., es kommt zu Unterbrechungen von Prozessen mit niedriger Priorität. Geswappt wird in den virtuellen Speicher oder auf Paging-Bereiche der Festplatten. Konsequenzen:

- Entgangene CPU-Ressourcen für Memory-Management (Erhöhung der subjektiven Antwortzeiten)
- Unterbrochene User-Prozesse (Erhöhung der subjektiven Antwortzeiten)

Ähnlich wie bei der CPU gibt es auch für den Hauptspeicher Richtwerte. Auslastung bis 75 % gilt als unkritisch. Analog zur CPU gibt es ein Task-Management mit ganz ähnlichen Triggern über die Kontrollfunktionen der Hauptspeicherverwaltung mit Seitenverwaltungsalgorithmus:

- Aktivierung
- Deaktivierung
- Zwangsdeaktivierung
- Verdrängung

3.2.4 Platten

Normalerweise haben Benutzer und Administratoren nur begrenzten Einfluss auf die physische Lokalisierung von Dateien auf externen Speichermedien (Volumes). Dabei muss bedacht werden, dass sich auf physischen Volumes mehrere logische Volumes befinden können. Volumes werden über eine Identifikationsnummer adressiert. Die Zugriffszeiten auf Platten sind abhängig von der Zugriffstechnologie, der Verwaltung des Speicherplatzes, aber auch davon, ob es sich um Umgebungen mit mehreren Rechnern gleichzeitig handelt. Weitere Beeinträchtigungen entstehen eventuell durch parallele Plattenspiegelung, insbesondere im Zusammenhang mit dem RAID-Konzept. RAID (Redundant Arrays of Independent Disks) geht den umgekehrten Weg, indem es mehrere physische Volumes unter ein logisches gruppiert. Dadurch wird die erforderliche Datenredundanz erzeugt.

Hersteller liefern Module zur Geräteverwaltung aus, die unter anderem folgende Funktionalitäten beinhalten können:

- Monitoring der Plattenbelegung
- Reservierung von Plattenspeichern
- Konfiguration
- Überwachung der Zugriffsbereitschaft
- Partitionierung, um den Zugriff auf logisch zugehörige Tabellen zu optimieren

Aus all diesen Gründen ist es wichtig, im Vorfeld zu einer Neuinstallation planmäßig Speicherorte zu identifizieren, festzulegen, wo welche Daten liegen sollen, und ein entsprechendes Schema anzulegen, bevor diese Daten tatsächlich geladen werden.

Ein weiterer Aspekt betrifft die Fragmentierung von Informationen (Abb. 3.5). Es ist beleibe nicht so, dass alle Datensätze, die zu einer bestimmten Tabelle gehören, zusammenhängend auf einem Speichermedium angelegt sind – nicht einmal zu Anfang. Dateien und Datensätze werden fraktioniert, d. h. aufgespalten und nach internen Algorithmen

Abb. 3.5 Fragmentierung auf
einer Festplatte

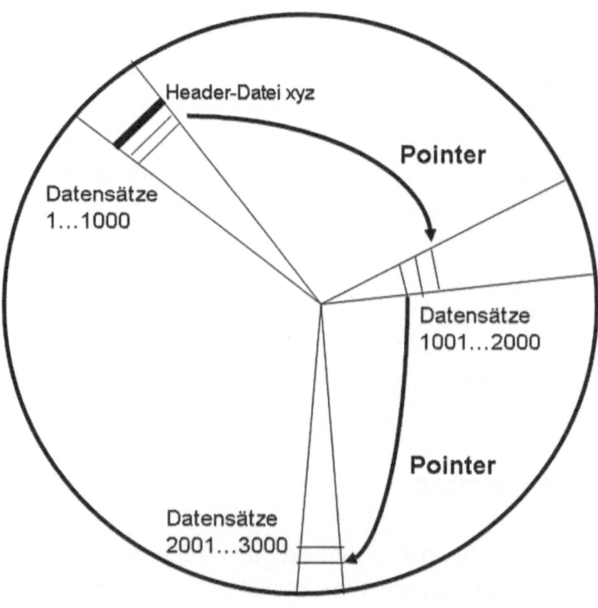

auf einer Platte verteilt – mit den zugehörigen Pointern, die auf die jeweiligen Folge-adressen verweisen. Im Laufe des Lebens einer Anwendung verschlimmert sich dieser Zustand dadurch, dass Tabellen durch Löschungen oder Hinzufügen von Datensätzen gepflegt werden. Dadurch entstehen einerseits Lücken auf dem Speichermedium, anderer-seits werden solche Lücken durch Neuanlagen wieder gefüllt. Diese Neuanlagen brauchen aber weder zu derselben Datei zu gehören, noch in irgendeiner logischen Reihenfolge zu stehen. Letztendlich verlängern sich die Suchprozesse bei Abfragen und damit die Ant-wortzeiten. Von Zeit zu Zeit sollte eine Defragmentierung vorgenommen werden. Sie führt dazu, dass Lücken aufgefüllt und zugehörige Daten zusammengeführt werden.

3.2.5 I/O

Neben den Plattenzugriffen selbst spielen bei Eingabe und Ausgabe die Anzahl und die Geschwindigkeit von Kommunikationskanälen und deren Controller eine wichtige Rolle. Diese werden ja auch für Endgeräte, Modems und andere Kommunikationshardware benötigt. Bei einer zu geringen Anzahl von I/O-Controllern entstehen Kommunikations-engpässe. Auf der anderen Seite aber kann eine vorgegebene CPU nur eine endliche Anzahl von Controllern verwalten.

Eng zusammen mit der Performance externer Laufwerke hängt somit die Leistung der Kommunikationskanäle. Ein- und Ausgabevorgänge werden bei einigen Herstellern über deren interne Datenmanagementsysteme gesteuert. Die Umsetzungszeit für Ein-/Ausga-be-Befehle dauert in der Regel eine Größenordnung länger als bei CPU-Befehlen.

Uns soll zunächst nur die Ein-/Ausgabe auf externe Speichermedien interessieren (Abb. 3.6). In den Programmen werden diese Aufrufe über Intrinsics bzw. I/O-Programmaufrufe realisiert (get, put etc.). SQL-Abfragen (read, write) werden bei ihrer Ausführung auf dazu äquivalente Ausführungsinstruktionen umgesetzt. Wesentlich bei der Ausführung solcher oder ähnlicher Abfragen ist die Struktur der dahinterliegenden Datenbanken. Suchoperationen dauern unter-schiedlich lange, je nach dem, ob es sich um sequenzielle Dateien, Index-sequenzielle Dateien oder relationale Datenbankmanagementsysteme handelt. Exekutionszeiten hängen außerdem von der Art des Zugriffs ab. Ein rein lesender Zugriff geht naturgemäß schneller als ein Update, bei dem zuerst gefunden, dann gelesen und dann geschrieben werden muss.

Wird eine Ein-/Ausgabe für die weitere Exekution eines Programms benötigt, so wird dieser Teil des Codes zunächst in einen Wartezustand versetzt, bis der Ein-/Ausgabevor-gang durchgeführt worden ist. Danach geht der Programmablauf weiter. Während des War-tezustands sitzt das Programm aus Sicht der CPU in einer entsprechenden Warteschlange, die über einen Prioritätenalgorithmus gesteuert wird. In dieser Schlange befinden sich auch Teile von anderen, konkurrierenden Programmen, sodass nach Durchführung der I/O nicht sofort sicher gestellt ist, dass der betroffene Programmteil unmittelbar weiter aus-geführt wird, sondern lediglich entsprechend der aktuellen internen Prioritäten. Erfolgt die Ein-/Ausgabe über bestimmte Kanäle bzw. Geräte, so finden sich dafür ebenfalls Warte-schleifen, da auch andere User auf diese Ressourcen Zugriff beanspruchen.

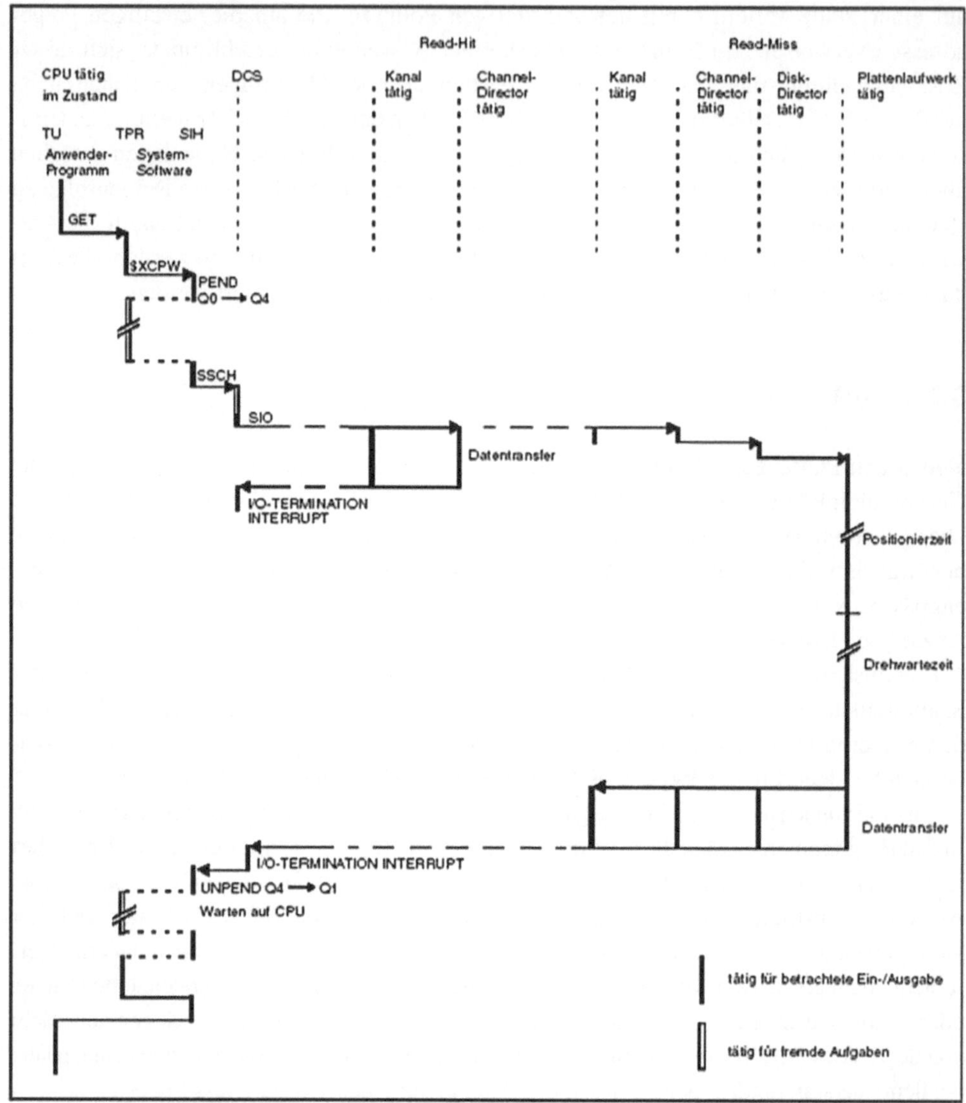

Abb. 3.6 Zeitlicher Ablauf einer Platten-Ein-/Ausgabe (nach Siemens: BS2000/OSD Performance-Handbuch Nov. 2009)

Bei Ein-/Ausgaben handelt es sich also um ein komplexes Geschehen, das über diverse Warteschlangen und Datenpuffer, in die die angeforderten Datensätze eingelesen werden, zusammenspielt.

Um Zugriffe schneller zu machen, gibt es den sogenannten Datencache (Abb. 3.7). Dabei handelt es sich um einen Puffer, der die zuletzt abgefragten Daten gespeichert behält, während der User oder das Programm sich mit anderen Dingen beschäftigt. Wird jetzt z. B. die letzte Abfrage aus irgendeinem Grunde wiederholt, so liegt diese Information

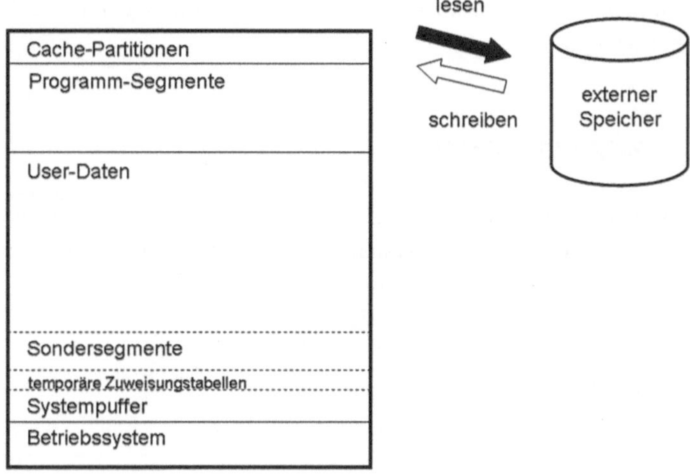

Abb. 3.7 Cache-Management

unmittelbar im Cache vor und wird sofort zur Verfügung gestellt. Außerdem erlaubt ein Datencache die Minimierung von Plattenzugriffen sowie das Bündeln von Schreiboperationen (Write-behind-Methode). Datencaches sind konfigurierbar. Deren Größe beeinflusst den Durchsatz. Ein Kompromiss muss zwischen Cache-Reservierung im Hauptspeicher, I/Os und CPU-Belastung wegen des dadurch beeinflussten Swappings gefunden werden.

I/O-Zeit ist außerdem abhängig von der Technologie des Systembuses und der Kanalstruktur für I/Os. Bei mehreren Festplatten gibt es Optimierungskompromisse zwischen einer Gesamttransferrate über alle Platten und individueller Transferraten einzelner Platten. Die Maximierung der Gesamttransferrate geht zu Lasten anderer, individueller Transferraten. Man kann jetzt zum Beispiel die Anwendungen so aufteilen, dass bestimmte Platten große Dateien enthalten, andere wiederum viele kleine Dateien mit kleinen I/O-Aufträgen.

Die optimale Lösung besteht darin, dass man die Platten-I/Os über alle Platten gleichmäßig verteilt. Jede Platte sollte ihren eigenen Controller besitzen. Shared Controller mit mehreren Kanälen über denselben Bus sollten vermieden werden. Insgesamt sind die Transferraten also abhängig von einer Kombination aus Platten, Busperformance und Controller. Eine Optimierung gelingt nicht unbedingt dadurch, dass alle Komponenten schneller gemacht werden, da neue Engpässe durch gute Performance einer Komponente auf Kosten einer anderen entstehen können.

Die Leistungsdaten von Platten selbst sind wiederum abhängig von der Positionierzeit (Zeit der Kopfbewegung von einer Datenspur auf die nächste) in Abhängigkeit von der Datenkontiguität. Liegt eine hohe Fragmentierung und eine Verteilung der Daten über viele Anwendungen vor, ist ein häufiges Springen des Kopfes erforderlich. Das wiederum führt zu Beschleunigungen und Abbremsungen. In einem solchen Szenario dauert der Suchvorgang selbst viel länger als das eigentliche Lesen oder Schreiben. Zur Verbesserung der Situation sollten die unterschiedlichen Partitionsmöglichkeiten, die ein Hersteller anbietet, genutzt werden.

3.2.6 Betriebssystemparameter

Jedes Betriebssystem bringt neben seinen Fähigkeiten, Anwendungen zu unterstützen, auch eigene Funktionalitäten mit, die Systemressourcen beeinflussen und erfordern. Dazu gehören:

- Programmaufrufe
- Bestimmte Befehle
- Systemsteuerungsfunktionen
- Konfigurationsparameter
- Systemtabellen
- Funktionale Subsysteme: Utilities

Bestimmte Betriebssystembefehle können Einfluss auf die Systemauslastung haben. Dazu gehören solche, die Folgendes bewirken:

- Kommunikationskontrolle
- Joblimits
- Logging
- Memory-Zuweisung
- Prioritätenvergabe

Direkten Einfluss auf die Performance haben folgende Systemsteuerungsfunktionen und Konfigurationsparameter:

- Kommunikationseinstellungen
- Joblimits
- Logging
- Memory Allocation
- Priority Scheduling
- Dateisystem-relevante Einstellungen
- Spoolparameter
- Timeouts
- Cache Sizes
- Systemtabellen

Systemtabellen bedürfen besonderer Aufmerksamkeit. Allgemein lässt sich festhalten, dass ein Tabellenüberlauf das System zum Absturz bringen wird. Wird die Tabellengröße überkonfiguriert, wird zu viel Hauptspeicher belegt.

Was die Utilities angeht, so ist auf organisatorischem Wege zu entscheiden, welche unter welchen Gegebenheiten bestimmten Usern oder Anwendungen zur Verfügung gestellt werden dürfen. Dazu gehören:

- Editoren
- Systemabfrageroutinen
- Debugging-Software
- Formatierungen
- Compiler
- Database-Handler

Daneben ist es wichtig, zu prüfen, ob neue Versionen des Betriebssystems Features enthalten, die positiv zum Systemverhalten eingesetzt werden können. Das sollte ein ständiger Begleitprozess sein.

Datenhaltungskonzepte 4

Alle Computer besitzen auf die eine oder andere Weise Dateiverwaltungen als Teil des Betriebssystems oder als separates Werkzeug mit den Möglichkeiten, für Dateien logische Namen zu vergeben und ein entsprechendes physisches Speichermedium zu spezifizieren. Das System oder Werkzeug organisiert den physischen Platz und schreibt Daten hinein oder liest Daten heraus, je nach Anwenderbefehl.

Die weithin gebräuchliche Bezeichnung „Datenbasis" bedeutet im weitesten Sinne eine Sammlung von Datensätzen, die untereinander mit maximaler Kohärenz verbunden, mit einer kalkulierten Redundanz gespeichert und auf eine Weise strukturiert sind, dass deren Nutzung einfach zu handhaben und eine Vielfalt von Abfragen durch viele Anwender für deren unterschiedliche Belange zu befriedigen sind (Abb. 4.1). Im Folgenden soll kurz auf die unterschiedlichen Datenhaltungssysteme eingegangen werden. Dabei bleibt es unvermeidlich, dass auch historisch gewachsenen Strukturen, die eventuell nicht dem neuesten Stand des File-Management entsprechen, mitbehandelt werden (Abb. 4.2 und 4.3). Grund dafür ist, dass auch heute noch in vielen Organisationen traditionelle Datenhaltung betrieben wird.

4.1 Technische Voraussetzungen

Ein allgemeines Datenmanagementsystem erscheint dem Anwender als eine Software-schnittstelle, die ihn sowohl vom Betriebssystem als auch von der externen Speicherhardware trennt. Dies bezieht sich auf jeden Zugriff zu einer zentral kontrollierten und integrierten Datensammlung, die zwischen mehreren Anwendern geteilt und Datenbasis genannt wird. Das System sieht Werkzeuge vor, um die physische Struktur der Datenbasis und die logischen Verbindungen in ihr zu definieren, um Daten zu laden und zu modifizieren, um diese Daten gegen zufällige Beschädigung oder unerlaubten Zugriff zu schützen und für effiziente Datenabfragen zu sorgen. Ein Datenmanagementsystem ist „allgemein"

© Springer-Verlag GmbH Deutschland 2017

W.W. Osterhage, *IT-Kompendium*, Xpert.press,

https://doi.org/10.1007/978-3-662-52705-4_4

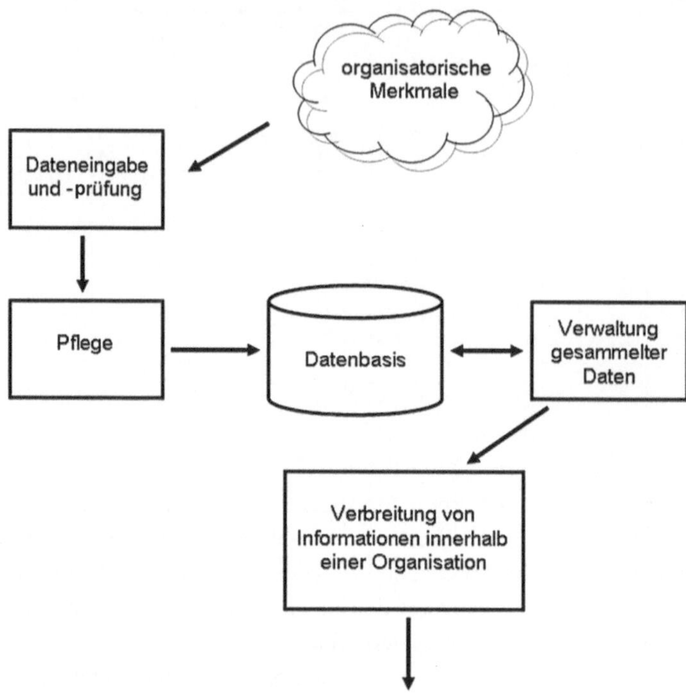

Abb. 4.1 Datenbasis innerhalb einer Organisation

| Datensatz1 |
| Datensatz2 |
| Datensatz3 |
| Datensatz4 |
| . |
| . |
| . |
| . |
| . |

Abb. 4.2 Sequenzielle Datei

zu nennen, wenn es eine anwenderorientierte Kommandosprache für all diese verschiedenen Funktionalitäten mit sich bringt, die auf jede neue Datenbasis anwendbar ist, unabhängig von ihrer internen Organisation, um somit die Notwendigkeit abzuschaffen, jedes Mal neue Datenverwaltungsprogramme für jede neue Datenbasis zu schreiben.

Aber selbst in solch einer komfortablen Umgebung bleiben zwei ungelöste Probleme:

- Optimierung der Datenabbildung
- Bestmögliche Nutzung fortschrittlicher Datenbasisverwaltungsfunktionen

Abb. 4.3 Index-sequenzielle Datei (ISAM)

Index1	Datensatz1
Index2	Datensatz2
Index3	Datensatz3
Index4	Datensatz4
	.

Abb. 4.4 Klassisches DBMS

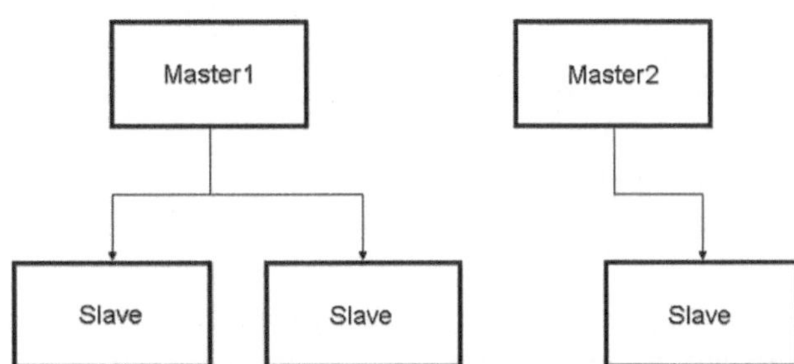

Schon 1971 wurden Standards für DBMS (Data Base Management System) durch die CODASYL Data Base Task Group entwickelt – und zwar damals für COBOL als Haupt-Host-Sprache. Vorgeschlagen wurde eine Netzwerkstruktur, um Relationen zwischen Datensätzen innerhalb der Datenbasis zu modellieren. Hierarchische Relationen wurden als einfache Sonderfälle einer Verkettung von Netzwerkdateien abgehandelt.

Letztere verbreitete logische Struktur findet sich in der Vernetzung von Datensätzen, in der Felder innerhalb eines Satzes hierarchisch oder in Baumstruktur organisiert sind. Im Allgemeinen können die meisten Systeme eine Multiniveauhierarchie abbilden, in denen Unterfelder selbst wieder aus Unterfeldern bestehen können und so fort.

Rein logische Netzwerke basieren auf dem Konzept untereinander verbundener Dateien, wobei jede einen Besitzer- oder Master-Datensatz und einen oder mehrere Mitglieder- oder Slave-Datensätze zugeordnet haben kann (Abb. 4.4). Die größere Leistungsfähigkeit von Netzwerken im Gegensatz zu hierarchischen Strukturen liegt in der Möglichkeit, eine Datensatzart mit vielen anderen zu assoziieren.

Ein typisches DBMS beinhaltet die folgenden Komponenten (Abb. 4.5):

- Datenbeschreibungs-Compiler
- Data-Dictionary-Berichte
- Datenmanipulationssprache

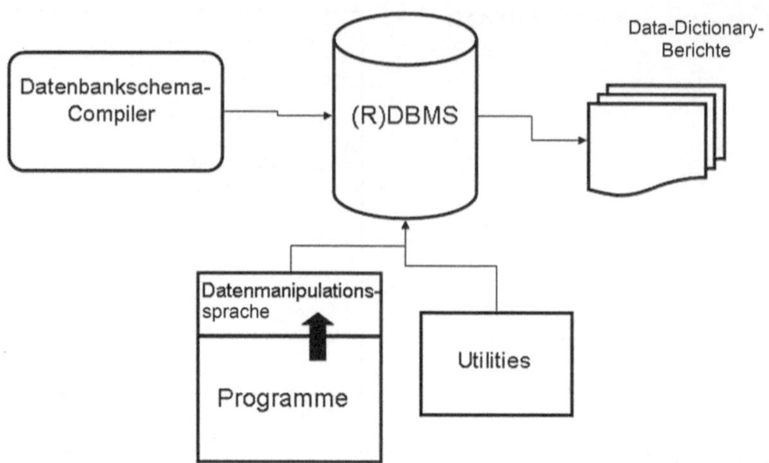

Abb. 4.5 DBMS-Werkzeugkiste

- Systemmodule
- Utility-Programme

Schon bald nach seiner Einführung hatte das sogenannte relationale Modell großen Einfluss auf das Datenmanagement als solches (Abb. 4.6). Im Gegensatz zu den oben diskutierten Modellen kann das relationale Modell durch einfache, rigorose mathematische Konzepte definiert werden. Außerdem erlaubt seine unterliegende Struktur einfache Abfragen, Änderungen, Pflege und Neustrukturierung der Datenbasis.

Insgesamt ist das relationale Modell anwenderorientierter. Es sieht eine Datenbasis als eine Sammlung von n möglichen Relationen oder homogenen Tabellen vor, in denen jede Zeile einem Datensatz entspricht, der n Felder enthält, von denen keines mehrfach auftritt. Wenn man also Relationen definiert, können Konsistenz und Nichtredundanz garantiert werden, wenn man einer Gruppe formaler Regeln folgt.

Diese fünf grundlegenden Operationen in Relationsalgebra sind:

- Selektion
- Projektion
- Produkt
- Vereinigung
- Differenz

Der nächste logische Schritt in Richtung Datenbasistechnologie war die Entwicklung verteilter Datenbasen. Dem Anwender erscheint dieses Prinzip ziemlich einfach und ist ihm transparent: Anwendungen haben lokalen Charakter auf einer lokalen Plattform. Innerhalb eines Kommunikationsnetzes koordinieren Datenbasisfunktionen Zugang zu verteilten Datenbasen und erzeugen dem Anwender den Anschein, als ob die Daten lokal verfügbar

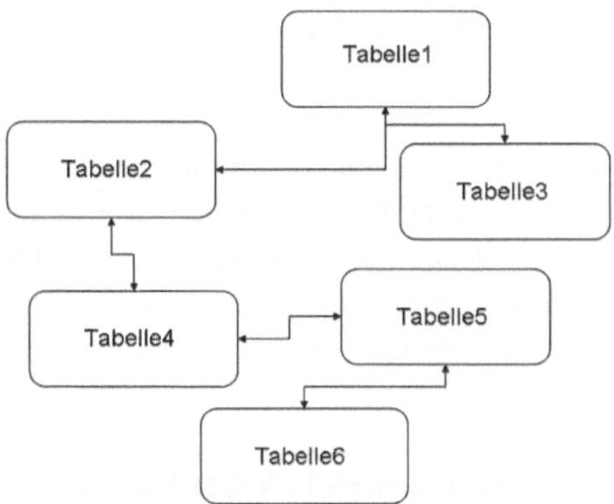

Abb. 4.6 Relationales Datenbankmanagementsystem (RDBMS)

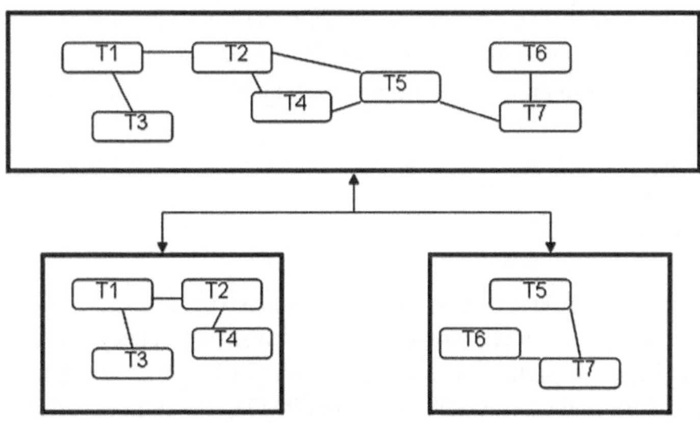

Abb. 4.7 Referenzarchitektur

wären. Das Wissen über die tatsächliche Datenverteilung gehört dem DBMS allein. Änderungen der Datenverteilung ziehen keine Änderungen in Programmen nach sich.

Um das zu erreichen, verlässt sich das DBMS auf eine sogenannte Referenzarchitektur, die globale und lokale Schemata und die physische Datenzuordnung beinhaltet (Abb. 4.7).

4.2   Zugriffe

Unabhängig von den Datenhaltungssystemen im Einsatz bieten verschiedene Betriebssysteme Datenzugriffsmodalitäten an, die Einfluss auf die Gesamtperformance haben. Dazu gehören:

- Gepufferter oder nicht gepufferter Zugriff
- Zugriff mit oder ohne I/O-Wait.

Beide Optionsmöglichkeiten erlauben unter Umständen die Weiterexekution von Programmen, ohne dass der I/O-Vorgang bereits abgeschlossen sein muss. Daneben spielen natürlich Tabellengrößen als solche eine Rolle sowie die gesamte Blockierphilosophie. Blocken sollte auf dem niedrigst möglichen Niveau (Item) geschehen, wenn möglich keinesfalls auf Tabellenniveau und möglichst auch nicht auf Datensatzniveau.

4.3   Wissensbasen und neuronale Werkzeuge

4.3.1   Einleitung

Zunächst werden Wissensbasen diskutiert und in einen Zusammenhang mit künstlicher Intelligenz (KI) gebracht. Daraus wird ersichtlich, dass die für KI geforderte Flexibilität traditionelle Wissensbasen an die Grenzen ihrer Strukturen bringt.

Das führt uns zu Optionen über Wissensbasen hinaus. Nacheinander werden gestreift:

- Fuzzy Systeme
- Cognitive Maps
- Neuronale Netze

Es wird erläutert, warum keines der fortgeschrittenen Techniken als alleinige Basis für eine Datenbankmanagementtechnologie ausreicht, die über den heutigen Stand wesentlich hinausgeht. Als Ergebnis stellt sich wahrscheinlich ein Hypermodell heraus, das in sich unterschiedliche fortgeschrittene sowie traditionelle Gesichtspunkte vereint.

4.3.2   Wissenbasen und KI

Wie passen heutige technischen Lösungen zu den Datenhaltungsanforderungen für KI-Systeme? Oder, anders ausgedrückt: Wie passt die Intelligenz von DBMS zu KI? Ein DBMS kann man als Werkzeug innerhalb von KI ansehen, ohne selbst den Status einer eigenständigen Intelligenz zu haben.

Auf der anderen Seite können andere Anwendungen außerhalb von KI auch nicht auf mögliche Fortschritte bezüglich Datenverwaltungstechnologie auf KI-Erfahrung zurückgreifen.

Warum ist das so? Die Erklärung ist fundamental: Ein DBMS basiert auf nicht lernende feste Regelstrukturen und Techniken, während KI-Systeme sich eigentlich flexibel verhalten und mit der Wissensvereinnahmung mitwachsen sollen – unabhängig davon, welche Techniken dahinterstecken.

Um diese Aufgabe zu vereinfachen, und damit Intelligenz auch in DBMS eindringen kann, muss man bei zukünftiger DBMS-Entwicklung fortgeschrittenere Technologien einsetzen. In den folgenden Abschnitten werden wir uns einige Optionen anschauen.

4.3.3 Fortgeschrittene Optionen für Datenbankmanagement

Es gibt keine alleinige Lösung, die die oben erwähnten Mängel kompensieren könnte. Es wird auch keinen allgemeingültigen Anspruch für eine letzte Lösung geben, nach der nichts Neues mehr denkbar sein wird. Im Folgenden werden vielmehr eine Anzahl bestehender Technologien zusammengebracht, die uns unseren Zielen näher bringen als schon eingesetzte Technologien.

Man kann die vorgeschlagenen Ansätze zu einer geeigneten, konsolidierten technologischen Basis für hybride Datenverwaltung zusammenfassen, auf die zukünftige Entwicklungen konsistent aufsetzen können.

4.3.3.1 Fuzzy-Techniken

Fuzzy-Techniken bringen zwei Vorteile im Verhältnis zur klassischen Datenspeicherung:

- Nicht deterministische Informationswerte
- Gewichtete Informationsverknüpfungen

Der erste Vorteil nähert sich der Wirklichkeit bezüglich zwischenmenschlicher Beziehungen viel eher an als eine Menge vorher bestimmter Regeln, aus denen man für einen spezifischen Informationsbedarf auswählen darf. Gerade weil Aussagen und Informationen im täglichen Leben unpräzise sind, ist ja das Konzept der Fuzzy-Techniken entwickelt worden. Also ist die Einführung von Fuzzy-Attributen in eine normale Datenbasis ein Schritt in die richtige Richtung. Weiterführend müssen die technisch rigiden Pointer eines DBMS oder auch die mehr subtilen Relationen in einem RDBMS durch gewichtete Verknüpfungen, die Fuzzy-Wahrscheinlichkeiten darstellen, ersetzt werden.

Als nächstes könnte das Konzept klassischer Dateien bzw. Datensätze mit vielen Datenfeldern gegen ein Konzept aufgegeben werden, das sich um einzelne Datenfelder bzw. Datenknoten rankt.

Um eine Fuzzy Cognitive Map zu vervollständigen, bilden positive und negative kausale Zuordnungen das Raster, welches das klassische Datenbankschema ersetzt (Abb. 4.8).

4.3.3.2 Neuronale Netze

Neuronale Netze sind bereits in Kap. 1 Abschn. 1.4 behandelt worden. Mit diesen Netzwerktechniken kann man eine neuronale Datei (NDS: Neural Data Set) ähnlich einer Cognitive Map entwerfen, wie in Abb. 4.9 dargestellt.

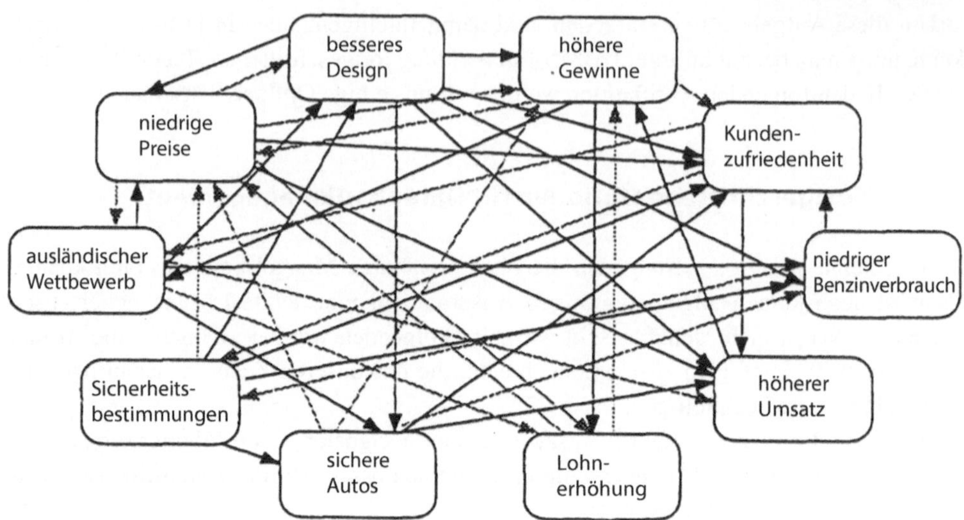

Abb. 4.8 Fuzzy Cognitive Map

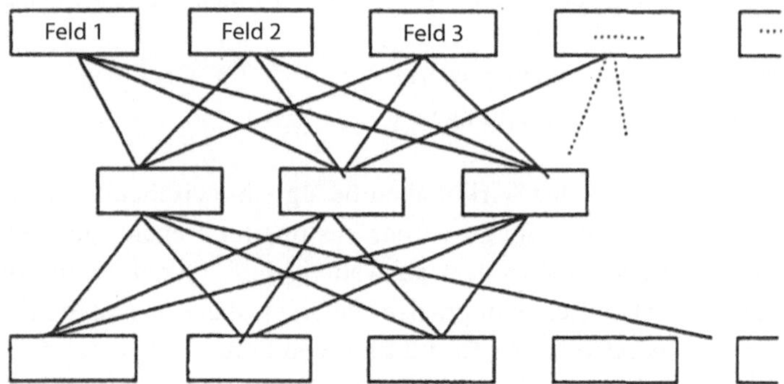

Abb. 4.9 NDS (Neural Data Set)

Die Funktionsfähigkeit solcher Datenverarbeitung ist in neuronalen Netzwerkanwendungen bewiesen. Diese Vorgehensweise allein würde jedoch lediglich zu einer Art feldbezogener Datenbasis führen. Und weil man es in der Regel mit einer großen Anzahl von Feldern zu tun hat, würde eine vollständige neuronale Datenbasis sehr schnell unverwaltbar werden.

Man kann die Theorie dieses Modells einen Schritt weiter treiben (s. Abb. 4.10). Auf diese Weise würde eine dreidimensionale neuronale Struktur, die Techniken relationalen Datenmanagements mit Eigenschaften neuronaler Netze vereinigt, entstehen.

4.3.3.3 Das Hypermodell

Es ist unwahrscheinlich, dass eine einzige heute bekannte Basistechnologie als Sieger aus dem Wettbewerb um ein universelles Datenmanagementwerkzeug in einem erweiterten KI-Zusammenhang hervorgehen wird. Viel wahrscheinlicher ist es, dass eine Kombination

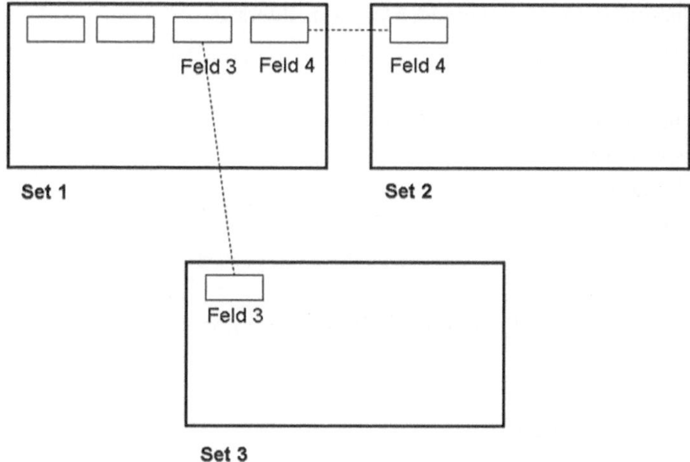

Abb. 4.10 NDBMS (Neural Data Base Management System)

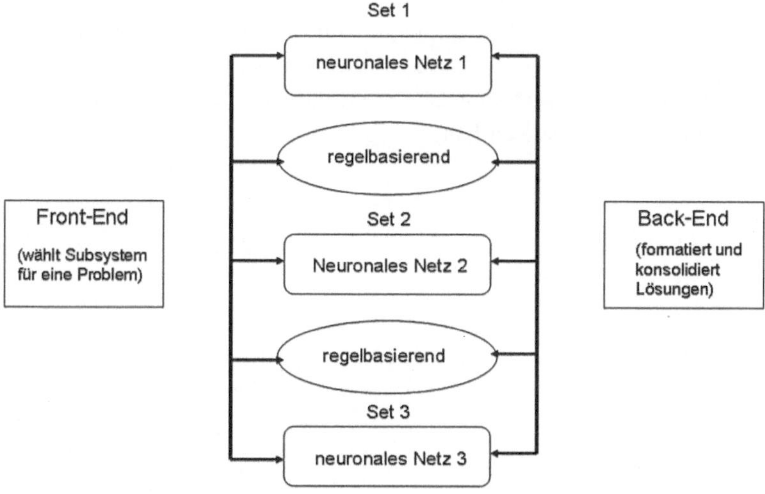

Abb. 4.11 Das Hypermodell

von Eigenschaften mehrerer bewährter Ansätze als Grundlage dienen kann, auf der man mit neuen Ideen für zukunftsgerichtete Entwicklungen aufbauen kann.

Es gibt eine Anzahl unterschiedlicher Aspekte, die für solch ein hybrides Modell berücksichtigt werden müssten:

Elemente eines hybriden Modells:

- Datenbeschreibungs-Compiler
- Data-DictionaryBerichte
- Datenmanipulationssprache

- Die fundamentalen Operationen der Relationsalgebra
- Regelbasen
- Semantische Netzwerke
- Objektorientierte Wissensrepräsentation
- Vererbungsprinzipien
- Fuzzy-Techniken
- Cognitive Maps
- Neuronale Netze

Abb. 4.11 zeigt ein Beispiel für solch eine hybride Konfiguration.

4.3.4 Zusammenfassung

Traditionelle Wissensbasen bezogen auf deren Einsatz für KI zeigen dezidierte Defizite auf. Ihre Technologien, jeweils für sich genommen, werden diesen Anforderungen nicht gerecht. Wenn man sowohl die historischen und die fortgeschrittenen Optionen gemeinsam nimmt, kommt man zu der Erkenntnis, dass nur eine Kombination mehrerer solcher Techniken zu einer zukunftsträchtigen Basis führen: das Hypermodell. Das ist noch eine Herausforderung an die Entwicklungslabors: ein DBMS, das unter anderem relationale, Fuzzy- und neuronale Elemente enthält.

IT-Qualität 5

5.1 Einleitung

Unter IT-Qualität werden eine ganze Reihe von Einzelaspekten zusammengefasst. Darunter finden sich Qualitätsvorgaben für

- Softwareentwicklung,
- Hardwarebeschaffung,
- Dokumentationen,
- Ausgelieferte Softwarepakete,
- Testsysteme,
- Abnahmen,
- Daten und
- den gesamten Entwicklungsprozess von der Ideenfindung bis zur Inbetriebnahme.

Im Folgenden werden diese Einzelgesichtspunkte in der Reihenfolge

- IT-Quality-Management
- Beschaffung
- Abnahmen

abgehandelt.

5.2 IT-Quality-Management

Für Entwicklung und Einsatz von IT-Quality-Management stehen bekanntlich sich wandelnde Methodologien unterschiedlicher Ausprägung aus unterschiedlichen Beratungs- oder Lehrstuhlkulturen zur Verfügung, um solche Aufgaben zu unterstützen. Es ist ebenso

© Springer-Verlag GmbH Deutschland 2017
W.W. Osterhage, *IT-Kompendium*, Xpert.press,
https://doi.org/10.1007/978-3-662-52705-4_5

offensichtlich, dass aufgrund unterschiedlicher Organisationsstände in den Unternehmen die Stringenz zugunsten pragmatischer Ansätze leiden muss, gemeinhin unter dem Stichwort „Agility" zusammengefasst. Im Interesse einer wirtschaftlichen Zielerreichung ist das häufig notwendig. Deshalb soll hier keine neuartige oder konsolidierte Methodologie vorgestellt werden, sondern ein praxisnahes Vorgehen, das der Wirklichkeit nahe kommt und Ansätze anbietet, die je für sich genommen Hilfestellung geben.

5.2.1 Normative Verweisungen

Neben den allgemeingültigen Qualitätsnormen der DIN-ISO-Familie (9000 ff.) soll an dieser Stelle auf die Standards des Bundesamts für Sicherheit in der Informationstechnik (BSI) hingewiesen sein. Obwohl der Schwerpunkt des IT-Grundschutzkatalogs auf Fragen der IT-Sicherheit liegt, finden sich wertvolle Hinweise unter G 2.26 „Fehlendes oder unzureichendes Test- und Freigabeverfahren" sowie unter S 2.83 „Testen von Standardsoftware".

5.2.2 Methodologien

Für die Einführung komplexer Systeme wird normalerweise ein eigenes Projekt aufgesetzt bzw. die Struktur eines schon vorhandenen Projektes genutzt. Es gibt nun eine Reihe von Methodologien, in die auch die Abnahmeverfahren eingebettet werden können. Dazu gehören z. B. CMMI (Capability Maturity Model Integration), SPICE (Software Process and Capability Determination) und ITIL (IT Infrastructure Library). CMMI dient der Beurteilung und Verbesserung der Qualität im Produktentwicklungsprozess, ist also der eigentlichen Qualitätsprüfung aus Kundensicht vorgeschaltet, deckt allerdings auch Teile der Vorlaufstrecke, wie z. B. Anforderungsmanagement, ab. Bei SPICE handelt es sich um eine echte Norm (ISO/IEC 15504), die zunächst allgemein Unternehmensprozesse bewertet, deren Schwerpunkt aber auf der Softwareentwicklung liegt. Ein Teil davon beschäftigt sich auch mit Kunden-Lieferanten-Prozessen. Die ITIL schließlich hat sich zu einem Referenzwerk und damit zu Quasistandards entwickelt und deckt unter vielem anderen auch solche Prozesse wie Release- und Change-Management ab. Auf die genannten und andere Methodologien bzw. Normen soll hier nicht im Detail eingegangen werden.

Von diesen mittlerweile klassischen Methodologien, wie ITIL oder SPICE, zeigt sich allerdings in der Praxis, dass häufig nur Versatzstücke zum Einsatz kommen. Das liegt an den gewachsenen Strukturen und Prozessen in Unternehmen. Eine Komplettumstellung z. B. nach ITIL vor Projektstart erweist sich wegen der damit verbundenen Kosten oder aus Zeitdruck häufig als schwierig. Dieser Abschnitt liefert eine neutrale Vorgehensweise, die praxiserprobt ist. Dabei kann es durchaus vorkommen, dass Elemente aus dem einen oder anderen Regelwerk erscheinen. Schließlich gibt es nur eine endliche Palette von Vorgehensmöglichkeiten bei identischer Problemstellung. Die Abb. 5.1 zeigt

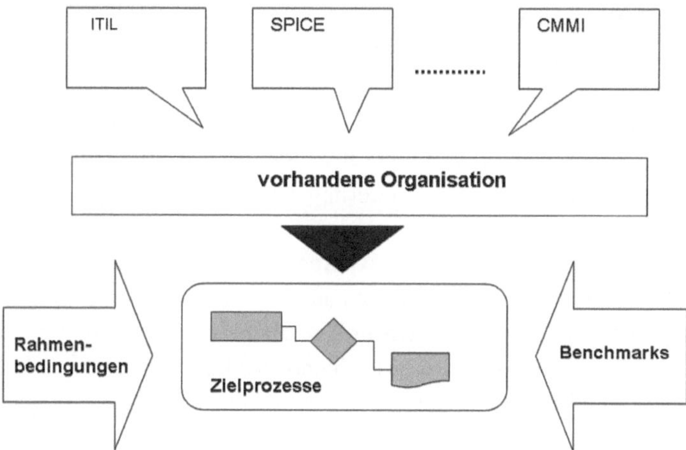

Abb. 5.1 Praxiserprobte Vorgehensweisen

schematisch die Zusammenhänge zwischen den Standardmethodologien und dem vor-
gestellten Ansatz.

5.3 Qualitätsmanagement als Projekt

Grundsätzlich ist zu unterscheiden zwischen der Linienfunktion „IT-Quality-Management" und einem Qualitätsmanagementprojekt. Abnahmen neuer Software oder neuer
Releases oder Teile daraus haben typischen Projektcharakter:

- definierter Anfangszeitpunkt,
- definierter Endzeitpunkt,
- klar umschlossener Inhalt und
- die Beteiligung von dafür speziell abgestellten Fachbereichsressourcen.

Zudem besteht die Möglichkeit, dass Abnahmen als Teilprojekt in einem größeren Pro-
jektzusammenhang von z. B. Restrukturierungsmaßnahmen stehen können. Die Leitung
eines solchen Projektes bzw. Teilprojektes wird in die Hand der Organisationseinheit „IT-
Quality-Management" gelegt. IT-Quality-Management umgreift allerdings mehr als nur
das reine Bewerten der Qualität z. B. eines Software-Produktes, sondern schließt alle Elemente der Vor- und Nachlaufstrecken ein (s. u.). Insofern ist IT-Quality-Management auch
als Philosophie zu verstehen.

In den folgenden Ausführungen wird davon ausgegangen, dass die Entwicklungsorgani-
sation des Softwarelieferanten ein eigenes Qualitätswesen unterhält. Dieses Qualitätswesen sorgt dafür, dass nur sogenannte qualitätsgesicherte Softwarekomponenten zur Auslieferung an den Kunden gelangen. Das bedeutet

- durch Entwickler getestete und
- eindeutig versionierte, durch den Kunden beauftragte Module.

Als Pendant dazu wird auf der Kundenseite eine Kompetenz geschaffen, die ihrerseits sicherstellt, dass „geliefert wird, wie bestellt worden ist". Ähnlich wie bei einem Wareneingang werden also Bestellung und Lieferung miteinander abgeglichen und eventuelle Mängel festgehalten bzw. deren Nachbesserung eingefordert. Grundlage der Bestellung sind gemeinsam vereinbarte Lastenhefte. Während die interne Qualitätssicherung des Lieferanten für ihre Belange eine Art „Werksabnahme" durchführt, nimmt das kundenseitige Qualitätsmanagement die ausgelieferte Software ab mit dem Ziel einer qualitätsgesicherten, unmittelbar auf den Abnahmeprozess folgenden Inbetriebnahme.

Im gesamten IT-Quality-Management-Prozess zu berücksichtigen (s. Abb. 5.2) sind die Folgeschritte:

- Anforderungsmanagement
- Change-Management
- Fehlermanagement
- Qualitätsmanagement als solches
- Migrationsmanagement
- Dokumentation
- Betrieb
- Datenbereinigung

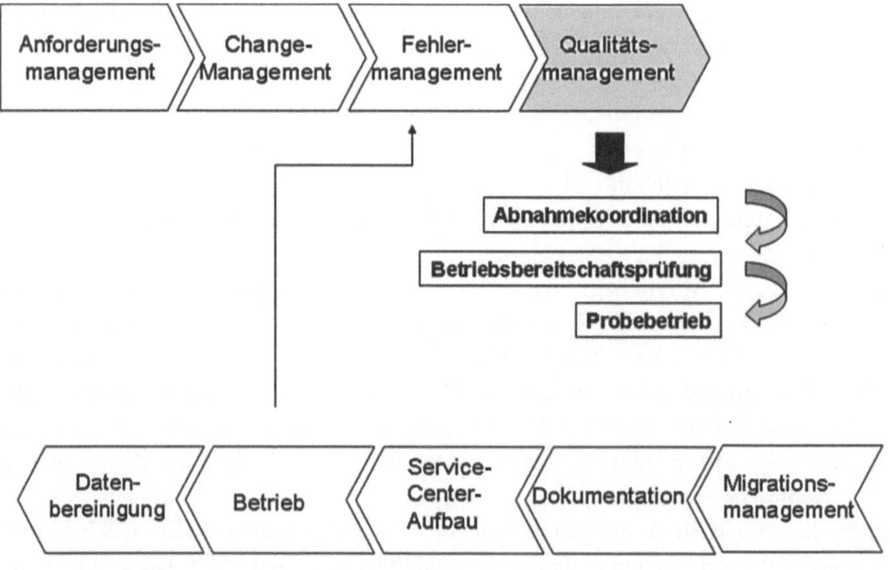

Abb. 5.2 Aufgaben aus Sicht der Projektleitung

Zum Qualitätsmanagement wiederum gehören

- die Abnahmekoordination,
- die Betriebsbereitschaftsprüfung und eventuell
- der Probebetrieb.

5.3.1 Anforderungsmanagement

Das Anforderungsmanagement bündelt möglichst alle Anforderungen zu einem zu realisierenden oder zu erweiternden Softwarepaket innerhalb eines Einführungsprojektes. Diese Anforderungen können aus unterschiedlichen Quellen kommen:

- Beschreibung des Leistungsumfanges des gesamten Paketes oder wesentlicher Teile (Module) daraus; dabei kann es sich um Workshopergebnisse handeln oder auch um komplette Prozessbeschreibungen der relevanten Geschäftsvorfälle in einem Unternehmen
- Wünsche aus dem Benutzerumfeld nach neuen Funktionalitäten
- Wünsche aus dem Benutzerumfeld nach spezifischen Funktionserweiterungen
- Erkenntnisse und Vorschläge des Lieferanten zur Arbeitserleichterung mit seinem System
- Technische Erfordernisse aus dem Umgang mit der vorhandenen Software

Das Anforderungsmanagement sammelt all diese Anforderungen. Sie können sporadisch einlaufen oder aufgrund von Workshopabstimmungen zur Vorbereitung eines größeren Updates oder eines kompletten Releases entstehen. Bewährt hat sich die strukturierte Zusammenfassung aller Anforderungen in einer Datenbank mit entsprechender Statusverfolgung, wie

- offen,
- beauftragt,
- in Realisierung,
- abgenommen,
- in Betrieb.

Bevor konkrete Anforderungen weiterverfolgt werden können, sollten sie in Form von Lastenheften formuliert worden sein. Erst nach Vorliegen eines Lastenheftes kann eine erste Aufwandsschätzung erfolgen.

Nach der Beauftragung kann der Lieferant das korrespondierende Pflichtenheft erstellen. Während das Lastenheft den Funktionsinhalt abdeckt (das „Was"), beschäftigt sich das Pflichtenheft mit der Art der technischen Umsetzung (das „Wie"). Damit ergeben sich zwei zusätzliche Statusinformationen für Anforderungen:

- Lastenheft vorhanden und abgenommen,
- Pflichtenheft vorhanden und abgenommen.

Die jeweiligen Abnahmen sollten durch Vertreter des Fachbereichs des Kunden erfolgen.

Um das der Realisierung nachfolgende Abnahmegeschehen handhabbar zu gestalten, sollten Einzelanforderungen gesammelt werden und zu einem festgesetzten Meilenstein als Release bzw. Teilrelease (Version) zusammengefasst und gemeinsam zur Abnahme bereitgestellt werden. Dieses Prinzip lässt sich nicht immer durchhalten. Aufgrund von Dringlichkeiten, die technisch-inhaltlicher Art und auch von außerhalb des Projektes beeinflusst sein können, besteht immer die Möglichkeit von zwischenzeitlichen Sonderauslieferungen einzelner Funktionalitäten. Grundsätzlich jedoch sollte das Anforderungsmanagement zusammen mit dem Lieferanten einen verbindlichen Releaseplan mit vereinbartem Horizont und mit den Releases als Meilensteine auf der Zeitachse erstellen.

5.3.2   Change-Management

Unterhalb der Organisation des eigentlichen Anforderungsmanagements wird häufig das sog. Change Management angesiedelt, da es ähnlichen Prozessen folgt (s. Abb. 5.3).

Aufgrund von Erkenntnissen im Umgang mit im Betrieb befindlicher Software kommt es häufig zu sogenannten Change Requests, also Einzelanforderungen, die Änderungen an vorhandenen Funktionalitäten verlangen. Dabei kann es sich um eine Reduzierung des bestehenden Funktionsumfangs handeln, weil z. B. das Geschäftsfeld sich vereinfacht hat. Oder es geht um Modifikationen z. B. aufgrund von Prozessänderungen. Die Verursacher für solche Change Requests finden sich

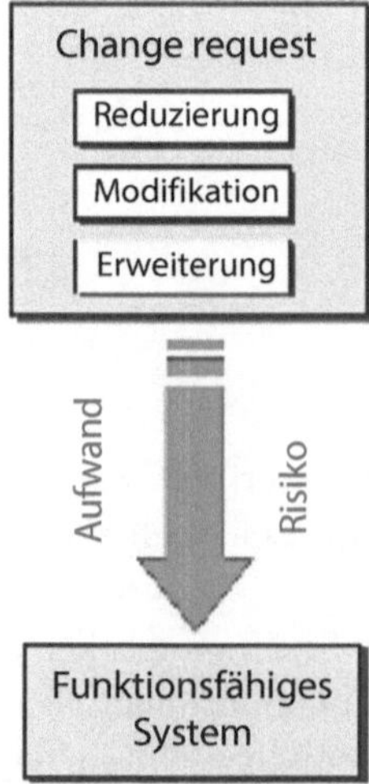

Abb. 5.3 Change-Management

- im Benutzerumfeld oder
- in der Entwicklungsabteilung des Lieferanten.

Bevor solche Anfragen in die Datenbank des Anforderungsmanagements zur Weiterverfolgung eingestellt werden, wird eine sorgfältige Aufwands-Risiko-Betrachtung durchgeführt, wobei sich das Risiko auf systemtechnische und fachliche Gegebenheiten bezieht, aber auch Budgetrisiken, d. h. Kosten, berücksichtigt werden müssen. Unstrittig sind sicherlich solche Anforderungen, die für das korrekte Funktionieren des Geschäftsprozesses inklusive des technischen Funktionierens des Systems von Bedeutung sind. Nicht immer werden bei der ursprünglichen Lastenhefterstellung alle Konsequenzen im Voraus durchdacht, und prozessuale Inkonsistenzen werden erst bei der intensiven Nutzung des umgesetzten Produktes sichtbar!

Die Behandlung der Change Requests folgt den gleichen Richtlinien wie den übrigen Anforderungen innerhalb des Anforderungsmanagements. Aufgrund von unterschiedlichen Priorisierungen kann es aber häufiger zu Realisierungen und Inbetriebnahmen zwischen den längerfristig geplanten Releasemeilensteinen kommen.

5.3.3 Fehlermanagement

Softwarefehler werden in unterschiedlichen Konstellationen erkannt und weitergemeldet:

- Bei der Nutzung der Anwendung im Tagesbetrieb durch die Enduser
- Bei Weiterentwicklungen im Projekt, die auf schon vorhandene Funktionalitäten aufsetzen
- Bei den Abnahmen vor der Inbetriebnahme, d. h. im Zuge der eigentlichen Qualitätssicherung

Abb. 5.4 zeigt den prinzipiellen Verfahrensweg nach der Fehlererkenntnis. Mit Ausnahme der während einer Abnahme erkannten Fehler durchlaufen alle anderen eine Supportschleife, die normalerweise mit der Aktivierung einer Hotline, hinter der sich ein Callcenter verbirgt, beginnt. Der Second-Level-Support greift erst, wenn die Hotline nicht in der Lage ist, einen nutzbaren Beitrag zur Fehlerbehebung zu leisten (dabei muss bedacht werden, dass sich häufig vom Enduser als Fehler gemeldete Probleme später als Bedienungsfehler herausstellen; hier sollen nur echte Softwarefehler behandelt werden). Die Rückmeldung der technischen Instanzen soll hier nicht weiter verfolgt werden.

Die Behandlung von Fehlern aus Abnahmen wird weiter unten erläutert. Das betrifft gleichermaßen die Auslieferung von Korrekturen während des Abnahmeprozesses.

Alle Korrekturen, die aufgrund von Fehlermeldungen vorgenommen werden und zur Auslieferung kommen, unterliegen – ähnlich den Bereitstellungen aus dem Change-Management oder den übrigen Abnahmegegenständen – dem gleichen Abnahmeprozedere, wenn auch möglicherweise in verkürzter Form. Die Abb. 5.5 differenziert noch einmal nach Fehlertypen und zugehörigem Bereinigungsprozess.

Initiatoren:

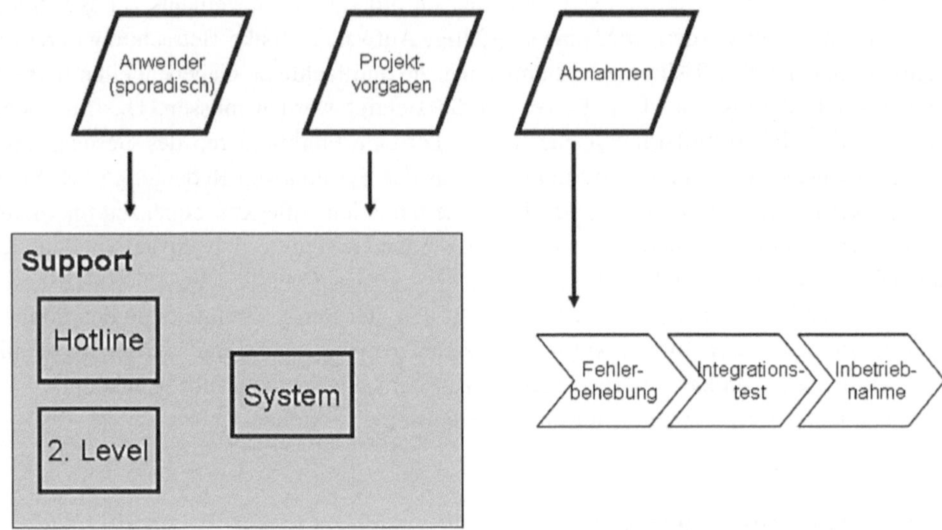

Abb. 5.4 Fehlermanagement

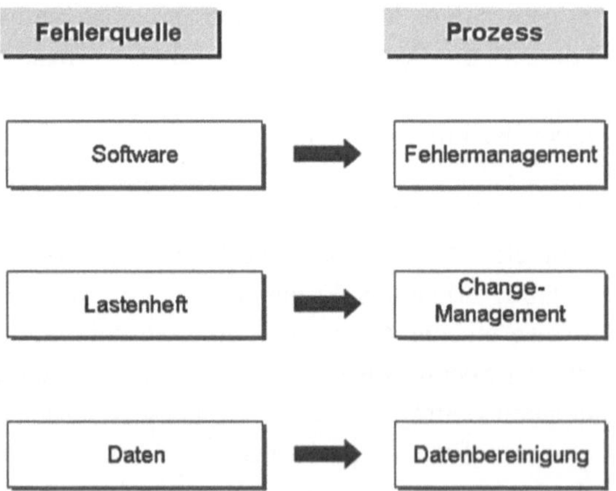

Abb. 5.5 Fehlerdifferenzierung

Was subjektiv als Fehler erscheint, kann auf verschiedene Ursachen zurückzuführen sein:

- Echte Softwarefehler, die bei der Umsetzung vom Pflichtenheft auf den Code zustande gekommen sind.
- Korrekt realisierte Anforderungen, die aber in der Anwendung zu fachlich falschen Ergebnissen führen (Algorithmen, Plausibilitätsprüfungen etc.).

- Datenfehler, die z. B. durch Übernahme von Daten aus anderen, vernetzten Systemen entstehen können; hier gibt es eine Vielfalt von Typisierungen, die an dieser Stelle nicht weiter behandelt werden.

Je nach Fehlertypus durchläuft der Korrekturprozess dann eine eigene Schleife:

- Fehlerbereinigung wie oben beschrieben,
- als Change Request zur Erzeugung einer modifizierten oder neuen Anforderung oder
- Weitergabe an das Teilprojekt, das sich mit Datenbereinigung befasst.

5.4 Ziele des IT-Quality-Managements

Ganz allgemein dient das kundenseitige IT-Quality-Management bei der Einführung komplexer IT-Systeme der Sicherstellung einer hohen Qualität der realisierten Software inklusive der Schnittstellen vor der Auslieferung zur Inbetriebnahme. Alle Industrienormen, die dazu entwickelt wurden und die teilweise oder in ihrer Gänze dafür relevant sind, finden dabei ihre Berücksichtigung. Die Einhaltung von DIN ist jedoch kein Ziel in sich selbst, sondern folgt einer Interessenlage und damit wirtschaftlichen Überlegungen, der die Einhaltung solcher Vorschriften entgegenkommen. Insofern lassen sich die allgemeinen Ziele wie folgt konkretisieren:

5.4.1 Vermeidung von langen Pilotbetrieben

Dieses Teilziel selbst orientiert sich an Aufwandsreduzierung (Kosten) und Engpassbeseitigung (meilensteinbezogen). Software wird häufig unter hohem zeitlichen Druck entwickelt. Gründe dafür liegen in der Vorgabe, dass bestimmte Geschäftsvorfälle zügig und konkurrenzfähig am Markt zum Einsatz kommen müssen. Von dem auf diese Weise vorgegebenen Meilenstein wird dann rückwärts terminiert, um den Start der Inbetriebnahme und damit des Endwicklungsbeginns und anderer Elemente der Vorlaufstrecke (Lastenheft, Pflichtenheft) zu ermitteln. Da jedoch nur endliche Entwicklungskapazität zur Verfügung steht, entsteht jener Zeitdruck fast zwangsläufig.

Eine Möglichkeit der Reduzierung auf der Zeitskala besteht eben nun im Vermeiden langer Pilotbetriebszeiträume. Pilotbetrieb meint hier die Simulation des Echtbetriebs auf einem möglichst gespiegelten Abnahmesystem mit einem Komplettabzug der Echtdaten entweder vor (besser) Inbetriebnahme der Software oder parallel dazu. Ein Pilotbetrieb benötigt bis zur endgültigen Freigabe nicht nur Kalenderzeit, sondern bindet auch in hohem Maße Entwicklungs-, Qualitäts- und ganz besonders Enduserressourcen.

Einen entscheidenden Beitrag, Zeiten und Ressourcen zu optimieren, leistet das Quality-Management, indem es dafür sorgt, möglichst fehlerfreie Software in den Pilotbetrieb zu geben, sofern er dann noch für notwendig erachtet wird. Im Idealfall sollte der Abnahmeprozess ausreichen, um den Pilotbetrieb gänzlich fortfallen zu lassen.

5.4.2   Vermeidung von Produktionsausfällen

Mit oder ohne Pilotbetrieb geht es bei diesem Teilziel um die Abwendung von Konsequenzen aus der Inbetriebnahme einer unzureichend getesteten Software. Nicht immer sind komplette Systemausfälle erforderlich, um das Tagesgeschäft zum Erliegen zu bringen. Beispielsweise reichen falsche Bildschirmsteuerung, systematische Datenfehler aus Schnittstellenübertragungen oder ein kritischer Umrechnungsalgorithmus aus, um das Arbeitsgebiet eines einzelnen Sachbearbeiters zu blockieren. Und gerade solche Fehler fallen häufig beim Entwicklertest nicht auf.

Eine saubere Auswahl des Testdatenbetts sowie sorgfältige und vollständige Entwicklung von Testskripten sorgen für die Prüfung einer maximal denkbaren Variantenzahl für einen Geschäftsvorfall. Wie überall gilt hier ganz besonders: Die Arbeit muss ohnehin getan werden. Was im Vorfeld an Aufwand nicht geleistet wird, kostet im Nachhinein ein Vielfaches davon!

5.4.3   Sofortige Korrektur von Mängeln

Die Ausführungen zum Fehlermanagement zeigen klar auf, dass die Schleife der Fehlererkennung und -korrektur im Zuge der Abnahme durch das Qualitätsmanagement die kostengünstigste und beherrschbarste ist. Sowohl die Identifikation als auch die Steuerung der einzuleitenden Maßnahmen aus einer Fehlererkennung aus dem Betrieb heraus sind kommunikationsaufwendig. Demgegenüber erfolgt die Fehlererkennung während einer Abnahme durch Projektfachleute, die meistens auch an der Abfassung der Lastenhefte mitgewirkt haben. Häufig haben diese Spezialisten auch den direkten Draht zu den zugehörigen Entwicklern, sodass inhaltliche Klärungen rasch erfolgen können.

Ganz besonders hilfreich ist der für eine Abnahme im Vorhinein festgelegte Patchprozess, der praktisch eine unmittelbare Fehlerkorrektur (mit geringen zeitlichen Einschränkungen für den Testbetrieb) durch einen Hotfix oder Ähnliches ermöglicht. Dem kann dann sofort die Nachabnahme dieser Korrektur folgen.

Softwarekorrekturen, die aus Erkenntnissen aus dem Betrieb selbst heraus erfolgen, unterliegen dagegen dem Planungsprozess von Updates. Eine zeitnahe Umsetzung ist deshalb nur in Ausnahmefällen, z. B. bei extremen Störungen, machbar – mit allen Unwägbarkeiten für den laufenden Betrieb durch das Einspielen und dann Anwenden von unerprobten Änderungen. Bei Änderungen am Datenmodell sind längere Ausfallzeiten des Regelbetriebes unvermeidlich.

5.4.4   Vermeidung von Dateninkonsistenzen

Beim Zusammenschalten von unterschiedlichen Systemen, die jedes für sich konkrete Geschäftsbereiche eines Unternehmens abdecken und dabei aus Notwendigkeit oder

Rationalisierungsgründen Daten austauschen oder auf eine gemeinsame Datenbasis zugreifen müssen, stellt sich das Problem der Datenkonsistenz. Bei komplett neu entwickelten Systemen sollte es gering sein oder überhaupt nicht auftreten. Es potenziert sich allerdings, wenn ein oder mehrere Altsysteme in den Verbund treten, da jedes System – und damit die zugehörigen Datentöpfe – eine eigene Geschichte haben.

Unabdingbar bleibt also ein sorgfältig vorbereiteter Schnittstellentest möglichst mit realen Daten, bei dem nicht nur die Schnittstellenfunktionalität sichergestellt wird, sondern auch die Datenqualität im Sinne von Konsistenz bzw. Rückweisungsquoten. Datenbereinigungsprojekte, die im Ernstfall später auf Produktionsdatenbestände angewendet werden müssen, weil im Vorfeld keine ausreichende Prüfung geschah, sind enorm kostenintensiv und dauern sehr lange. Fast immer laufen solche Maßnahmen dem sich während des Betriebs ständig neu wandelndem Bestand hinterher. Ganz teuer kann es werden, wenn Daten betroffen sind, die nach außen sichtbar werden, wie z. B. Kundenrechnungen im Massengeschäft.

5.5 Verantwortlichkeiten des eigentlichen Qualitätsmanagements

Grob umschrieben liegt die Hauptverantwortlichkeit des Qualitätsmanagements auf der Planung und Durchführung von Abnahmetests vor Auslieferung einer Software oder von Schnittstellen zur Inbetriebnahme. Sämtliche anderen Verantwortlichkeiten sind entweder peripher oder haben Regelcharakter. In letzteren Fällen wirken sie in vor- und nachgeschaltete Prozesse hinein, so wie oben und weiter unten beschrieben. Erleichtert wird die Wahrnehmung der Gesamtverantwortlichkeiten des Qualitätsmanagements durch die Verabschiedung einer Abnahmespezifikation mit allgemeiner Gültigkeit innerhalb eines Einführungsprojekts.

Abweichungen werden als Fehler dokumentiert, bevor über eine Zurückweisung der Auslieferung oder Teilen davon entschieden wird.

Die Verantwortlichkeiten im Einzelnen gliedern sich in folgende Schritte:

- Identifikation von Testanforderungen
- Festlegen personeller Zuständigkeiten für den Abnahmeprozess
- Koordination von Testskripten und Testdaten
- Gesamtplanung der Abnahmen zusammen mit dem Lieferanten
- Durchführung der Abnahmen
- Abschlussbewertung mit Empfehlung

5.5.1 Identifikation von Testanforderungen

Je nach Abnahmegegenstand,

- Release,
- Sonderfunktionen/einzelne Change Requests,

- Fehlerkorrektur und
- Datenmigration,

gibt es unterschiedliche Anforderungen an einen Abnahmetest. Die Anforderungen gliedern sich zunächst nach den erforderlichen Ressourcen:

- Hardware und Systemumgebung
- Testpersonal aus dem Enduserumfeld mit entsprechenden Freistellungsvereinbarungen durch die Fachbereichsverantwortlichen für den Testzeitraum, Spezialisten aus dem Einführungsprojekt, die an der Erstellung von Lastenheften beteiligt waren, und Support vom Lieferanten – meistens Entwickler, die an der Realisierung beteiligt waren
- Zuordnung von abzunehmenden Funktionalitäten zu Spezialisten, die in der Lage sind, Testskripte dafür zu erstellen
- Identifikation und Anforderung von Testdaten, insbesondere die Grundentscheidung, ob mit realen und/oder synthetischen Daten getestet werden soll
- Anforderung von Schnittstellen, deren Input/Output für bestimmte Funktionsnachweise erforderlich sind, unter Umständen auch Schnittstellensimulationen z. B. über Logfiles, falls erforderlich

5.5.2   Festlegen personeller Zuständigkeiten für den Abnahmeprozess

Nach der grundsätzlichen Identifikation der Personalressourcen müssen nunmehr die Einzelaufgaben mit Namen hinterlegt werden. Sofern diese Dokumente noch nicht vorliegen, müssen Autoren für Lastenhefte und Koautoren für Pflichtenhefte (mit dem Lieferanten zusammen) benannt werden. Innerhalb eines beordneten Projekts kann man jedoch erwarten, dass solche Dokumente vor dem Beginn der eigentlichen Abnahme vorliegen und freigegeben sind.

Der Lieferant sollte aufgefordert werden, für den Abnahmezeitraum Entwicklungsressourcen für die entsprechenden Funktionalitäten zumindest im Standby-Modus bereitzustellen. Außerdem ist die Beteiligung der Lieferanten-internen Qualitätssicherung erforderlich, sollten während des Abnahmezeitraums Fehlerpatches oder Hotfixes eingespielt werden müssen.

Je nach Zuständigkeit müssen Systemspezialisten für den Betrieb der Testumgebung benannt und eingeplant werden.

Sofern nicht über die eigentliche Struktur des Einführungsprojekts bereits festgelegt, müssen Eskalationspfade und -instanzen nominiert werden – und das aus drei Gründen:

- um Entscheidungen im Konfliktfall bzgl. der Klassifizierung von Fehlern zu treffen,
- um den Abbruch oder die Weiterführung einer Abnahme zu regeln, sollten schwerwiegende Störungen auftreten (Systemprobleme, Softwarestillstand, Engpässe bei personellen Ressourcen etc.) und
- als Adresse für den Abnahmebericht.

5.5.3   Koordination von Testskripten und Testdaten

Testskripte orientieren sich an drei Quellen:

- Lastenheft
- Pflichtenheft
- Geschäftsprozess

Alle drei hängen voneinander ab. Man sollte annehmen, dass Lastenhefte auf Basis dokumentierter Geschäftsprozesse erstellt werden. Diese wiederum sind Grundlage für die von den Entwicklern zu erstellenden Pflichtenhefte. Nur, wenn diese Voraussetzungen gegeben sind, können Testskripte letztendlich auf der alleinigen Basis von Geschäftsvorfällen entwickelt werden. Leider finden sich in den wenigsten Unternehmen vollständig und aktuell dokumentierte Geschäftsprozesse. Für Einzelfunktionen, deren Entwicklung möglicherweise auch noch aus Adhoc-Erkenntnissen über die Nutzung der vorhandenen Software getrieben wird, ist das noch weniger der Fall. Man muss deshalb von einer ziemlich heterogenen Dokumentenhistorie ausgehen, wenn dann unter Zeitdruck plötzlich Abnahmen erfolgen sollen.

Auf keinen Fall sollte sich der Kunde damit begnügen, die Testskripte aus den Entwicklungstests des Lieferanten zu übernehmen, da diese meistens rein technisch ausgelegt sind und den Geschäftsprozess häufig nicht im Blick haben. Wichtig ist an dieser Stelle festzuhalten, dass auf der Verrichtungsebene getestet werden muss. Diese folgt der Hierarchie in Abb. 5.6.

Bei der Abb. 5.6 handelt es sich um ein Grundsatzschema. Je nach Komplexität des Hauptprozesses kann die Hierarchisierung ausgeprägter oder flacher sein. Entscheidend

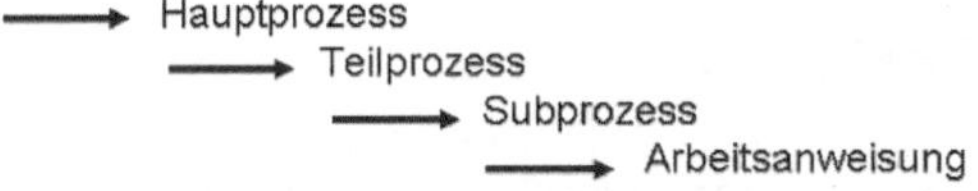

Abb. 5.6 Prozesshierarchie

ist die unterste Ebene der Arbeitsanweisung (Verrichtungsebene), an der sich die Testskripte zu orientieren haben.

Bei der Festlegung von Testdaten werden naturgemäß die Erfordernisse der Testskripte
berücksichtigt – insbesondere, was die Kombinatorik der Datenfeldvarianten betrifft.
Daraus leiten sich die inhaltlichen Anforderungen ab. Zum einen muss abgeprüft werden,
ob sich diese durch einen Auszug aus der Produktivdatenbank abdecken lassen. In diesem
Falle wird zu entscheiden sein, ob partielle Auszüge ausreichen oder ob die Produktivdatenbank komplett abgebildet werden muss. Zu beachten sind hier möglicherweise
die Kapazitätsgrenzen des Testsystems und die zu erwartende Performance bei großen
Datenmengen.

Wenn es sich bei den abzunehmenden Funktionalitäten darum handelt, auch neue Daten
zu erzeugen oder neue Algorithmen zu prüfen, reichen reale Daten oft nicht aus. In diesem
Falle müssen synthetische Daten angelegt werden – oftmals in einer leeren Datenbank.
Wenn solche Anforderungen über einige Dutzend Datensätze hinausgehen, muss man den
Aufwand einplanen, der für den Aufbau komplexer und zahlreicher synthetischer Daten
anfällt. Wenn möglich, sollte man große Mengen von synthetischen Daten über eigens
geschriebene Programme generieren.

5.5.4   Durchführung der Abnahmen

Bei dieser Kernverantwortlichkeit ist die Akzeptanz bei allen Beteiligten – Fachbereich,
Projekt, Lieferant – wichtig. Dazu gehört eine entsprechende Rückendeckung durch die
Gesamtprojektleitung und eine damit einhergehende Vorabkommunikation. Neben diesen
Flankierungen sollte der verantwortliche Funktionsträger fachlich und sozial anerkannt
sein, Durchsetzungsvermögen besitzen, sowie diplomatisches Geschick zur Herbeifüh-
rung von Kompromissen haben.

5.6   Grundsätze des Abnahmeverfahrens

Zunächst gilt es, einige Konventionen und Regularien vorzustellen:

5.6.1   Bereitstellungstermine

Es werden drei unterschiedliche Bereitstellungstermine unterschieden:

- BzT = Bereitstellung zum Test.
  Damit ist der Zeitpunkt nach dem vorläufigen Abschluss der Entwicklungsarbeiten
  gemeint. Die Entwickler übergeben ihre Ergebnisse der internen Qualitätssicherung

des Lieferanten. Dazu gehören technische Testskripte, die die Software auf rein funktionale Eigenschaften prüfen. Die Software befindet sich entweder auf den individuellen Entwicklungssystemen oder einem eigens für die interne (Werks-)Abnahme eingerichteten Stand. Getestet wird auf Basis synthetischer Daten. Eine Teilnahme des Kunden ist formell nicht vorgesehen, kann aber aus praktischen Gründen sinnvoll sein. Wenn schon funktionale Fehler im Vorfeld bekannt werden, brauchen später Geschäftsvorfälle gar nicht erst in Angriff genommen zu werden. Der BzT-Termin ist weitestgehend entkoppelt vom restlichen Geschehen, außer dass er unbedingt vor den beiden Folgeterminen zu liegen hat.

- BzA = Bereitstellung zur Abnahme.
  Dieser Termin ist definitiv der erste Tag der Abnahme unter Beteiligung des Kunden. Es wird erwartet, dass alle Systeme bereitstehen, die Infrastruktur stimmt, die Testskripte vorliegen und Testdaten aufgespielt sind. Das Bereitstellungsprotokoll liegt vor.
- BzI = Bereitstellung zur Inbetriebnahme.
  Die Abnahme ist erfolgt; der Ergebnisbericht liegt vor. Die neue Software kann in Betrieb gehen. Dazu ist entweder ein Releasewechsel mit allen Migrationsdetails einzuplanen (hier nicht Gegenstand) oder ein Update bereitzustellen. Das Update wird während eines Betriebsstillstands eingespielt und steht anschließend produktiv zur Verfügung. Im Interesse des Kunden sollte der BzI-Termin nach der Abnahme liegen, was manchmal jedoch nicht so stringent durchgehalten wird.

5.6.2   Einleitung des Abnahmeverfahrens

Das Abnahmeverfahren selbst beginnt weit vor dem BzA-Termin. Schon bald nach bekannt werden des funktionalen Inhalts eines Abnahmegegenstands (Prozess: Anforderungsmanagement) sollte das Qualitätsmanagement ein Kick-off mit allen wesentlich Beteiligten einberufen. Hier werden der Status der Spezifikationsdokumente ermittelt, die Grobplanung der Abnahme vorgestellt und Verantwortlichkeiten zugeordnet. Nach Möglichkeit sollte ein Vertreter der Gesamtprojektleitung zugegen sein, um durch sein Gewicht die Bedeutung des Vorhabens zu unterstreichen. Die Ergebnisse des Kick-offs werden protokolliert und als Teil der Abnahmedokumentation archiviert.

5.6.3   Problem- und Ideenspeicher

Vor dem BzA-Termin werden zwei Austauschmedien auf der Abnahmeumgebung eingerichtet:

- ein Problemspeicher und
- ein Ideenspeicher.

Diese Medien, bei denen es sich um Word- oder Excel-Tabellen handeln kann, stehen allen Beteiligten des Testteams schreibberechtigt zur Verfügung. Der Zugriffpfad wird vorab bekannt gegeben.

In den Problemspeicher werden alle bei der Abnahme auftretenden Fehler oder sonstige Funktionsprobleme dokumentiert – und zwar zunächst entsprechend der subjektiven Fehlerkriterien der Tester. Der Problemspeicher ist später Grundlage für die regelmäßigen Abnahmereviews, in denen die Einträge qualifiziert werden.

Der Ideenspeicher dient zur Aufnahme von Wünschen und Verbesserungen sowie sonstigen Beobachtungen, die den Testern während der Abnahme auf- bzw. einfallen, um die Software später zu verbessern (Prozess: Change-Management). Per Definition handelt es sich also *nicht* um Fehler. Außerdem ist es wohl möglich, dass im Zuge des Reviewprozesses ursprünglich als Fehler deklarierte Einträge aus dem Problemspeicher in den Ideenspeicher wandern.

Beide – Problemspeicher und Ideenspeicher – werden nach Abschluss der Abnahme geschlossen und als Teil der Abnahmedokumentation archiviert.

SAP bietet ein eigenes Fehlermanagementtool an, den Solution Manager. Dieses Produkt sowie diejenigen anderer Hersteller sollen an dieser Stelle nicht weiter behandelt werden.

5.6.4 Reviewprozess

Mit dem Beginn der Abnahme, also noch vor dem Ende des ersten Abnahmetages, spätestens jedoch bei Vorliegen erster Abnahmeergebnisse, finden möglichst täglich zur gleichen Zeit Abnahmereviews unter Beteiligung des gesamten Abnahmeteams statt. Aus dieser Runde heraus wird der Abnahmefortschritt verfolgt und die Abnahme gesteuert. Während des Abschlussreviews wird über den Gesamterfolg der Abnahme entschieden und eine entsprechende Empfehlung ausgesprochen. Die Reviews benötigen außer am Anfang und am Ende der Abnahme erfahrungsgemäß wenig mehr als eine halbe Stunde.

5.6.5 Patchzyklus

Bereits beim Kick-off, wenn die Ecktermine bekannt sind, sollte mit der Qualitätssicherung des Lieferanten ein auf den Wochentag genauer Zyklus abgestimmt werden (mit schriftlichem Commitment), der festlegt, wann eine Softwarekorrektur nach Behebung von Fehlern, die während der Abnahme erkannt werden (Prozess: Fehlermanagement), in Form eines Patches eingespielt wird. Die Vorabkenntnis der exakten Termine ist für die Neueinplanung von Testressourcen im Laufe der Abnahme wichtig.

5.6.6 Nachabnahme

Es macht Sinn, den gesamten für eine Abnahme zur Verfügung stehenden Zeitrahmen aufzuteilen in ein Zeitfenster für die eigentliche Abnahme und ein anschließendes für eventuelle Nachabnahmen – Verhältnis etwa 2:1 auf der Zeitachse. Anzustreben ist der vollständige Abschluss der Abnahme im ersten Zeitfenster, sodass im zweiten Teil nur noch Korrekturen nachgetestet werden müssen. Das ist insofern schwer durchzuhalten, als dass das Abnahmezeitfenster wegen des Zeitdrucks aus der Rückwärtsterminierung vom BzI meistens zu klein dimensioniert wird, sodass in den Nachabnahmezeitraum unweigerlich auch Nachläufer aus der eigentlichen Abnahme einlaufen. Die Zielplanung sollte allerdings zunächst diese Unterscheidung beinhalten, um ein Mindestmaß an Disziplin zu gewährleisten.

5.6.7 Detailaufgaben bei der Abnahme

Bei den folgenden Ausführungen kommen die Regeln der Verantwortung und die Konventionen aus dem oben Gesagten zum Tragen.

Voraussetzung zum Kick-off ist, dass der zu testende Funktionsumfang bekannt ist. Lasten- und Pflichtenhefte sollten vorliegen. Ein Patchzyklusplan ist ebenfall kommuniziert worden. Dann ergeben sich folgende planerischen Sachverhalte, die in den Abb. 5.7 und 5.8 zu sehen sind.

Angelpunkt ist der BzA-Termin. Es wird von einer Dauer der eigentlichen Abnahme von drei Kalenderwochen (Beispiel) ausgegangen, wovon die letzte Woche für die Nachabnahmen reserviert ist. Nach rückwärts ergibt sich die Forderung, dass die erforderliche Systemumgebung spätestens eine Woche vor Abnahmebeginn bereitstehen muss. Dieser Puffer ist erforderlich, da es beim Aufspielen von Software und Testdaten noch zu technischen Problemen kommen kann. Des Weiteren sollten die anzulegenden Testdaten spätestens eine Woche vor Beginn der Systeminstallation bekannt sein. Das Erstellen von Testskripten benötigt Zeit. In Abb. 5.8 sind dafür vier Wochen vorgesehen. Dabei handelt es sich um eine Minimalvorgabe. Der Vorlauf kann durchaus länger sein.

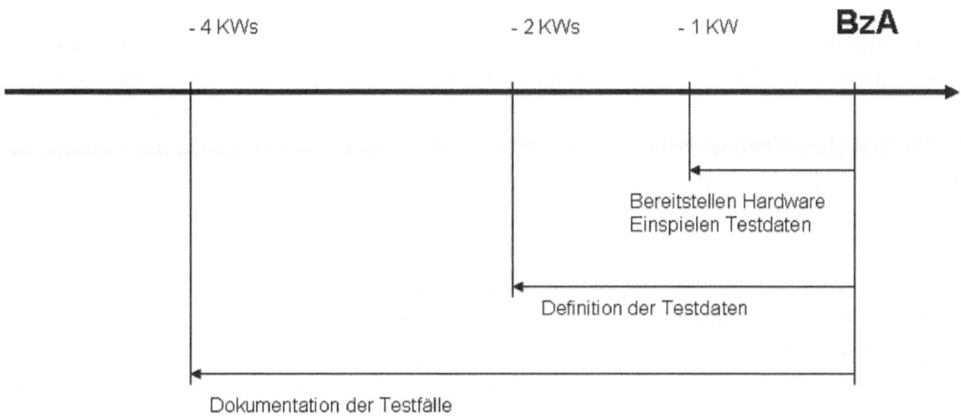

Abb. 5.7 Rückwärtsterminierung

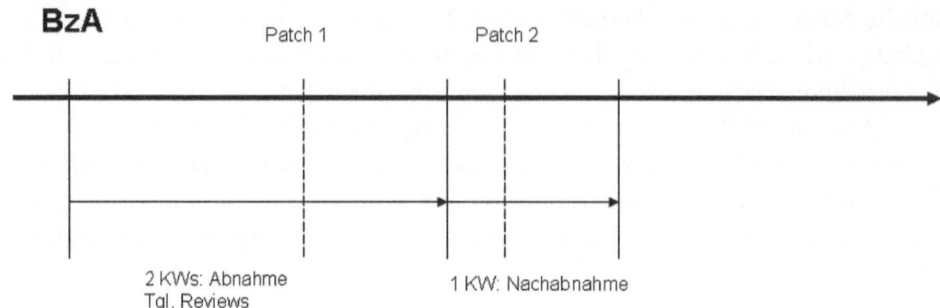

Abb. 5.8 Vorwärtsterminierung

Nach vorne gibt es wenig Spielraum. Abb. 5.8 zeigt zwei hypothetische Patcheinspieltermine. Die erste Woche kommt dabei nicht infrage, da die Tests gerade erst anlaufen und Korrekturprogrammierungen ebenfalls eine endliche Zeit benötigen. Da häufig der BzI-Termin kurz nach der Abnahme liegt, ist es kaum möglich, die Nachabnahme nach hinten zu verlängern.

Mit dieser Planung vor Augen können im Kick-off folgende Festlegungen getroffen werden:

- Zuordnung kundenseitiger Ressourcen zu Testskripterstellung/Testdatenidentifikation und für die eigentliche Abnahme selbst; zugehörige Feinplanung
- Konkrete, möglichst schriftliche Anforderung an System- und Entwicklungssupport vom Lieferanten
- Konkrete Anforderung an die Testumgebung

Zwischen Kick-off und BzA sollte – möglichst zeitnah zum BzA-Termin – mindestens noch eine Abstimmung mit allen Beteiligten über den Stand der Abnahmevorbereitungen stattfinden. Dies ist die letzte Möglichkeit zur Eskalation an Projektleitung oder Auftraggeber, wenn die Gefahr besteht, dass bestimmte Voraussetzungen nicht geschaffen werden können.

Ebenfall noch vor Abnahmebeginn sollte zusammen mit dem Betreiber des Testsystems eine Abnahme der Systembereitstellung erfolgen, die durch ein Abnahmeprotokoll belegt wird.

Die täglichen Reviews während der Abnahme handeln im Wesentlichen die Einträge im Problemspeicher ab (Tab. 5.1).

Die Felder im Einzelnen:

- Lfd. Nr.: Sequenz nur für diese eine Abnahme, startet bei „1"
- Tester: Person, die das Problem erkannt hat und es meldet
- Problembeschreibung: möglichst ausführliche Beschreibung des Problems; Umstände, unter denen es auftrat; Fehlerbeschreibung, eventuell durch Screenshots hinterlegt (Anlage)
- Fehlerklasse: Klassifizierung des Fehlers nach Abstimmung in der Reviewgruppe

Tab. 5.1 Problemspeicher

Lfd. Nr.	Tester	Problembeschreibung	Fehlerklasse	Patchdatum	Status

- Patchdatum: geplante Korrektur und Auslieferung während der laufenden Abnahme oder zukünftiges Korrekturdatum bei nicht so wichtigen Fehlern
- Status: Bearbeitungsstatus der Fehlerbehebung:
  1. offen
  2. analysiert
  3. in Arbeit
  4. in Auslieferung
  5. ausgeliefert
  6. erneut abgenommen

Entscheidend ist die Priorisierung. Im Gegensatz zu dem subjektiven Gefühl der Tester soll im Review eine Objektivierung stattfinden, die die definitiv als Fehler anerkannten Probleme in Klassen unterteilt, z. B. folgendermaßen:

- Produktionsverhindernd: Funktionalität produziert falsche Ergebnisse, bricht ab, folgt einer unbrauchbaren Logik etc. (Prio 1)
- Produktionsverhindernd, aber temporär nutzbar durch einen Workaround (Dauer des Einsatzes dieses Workarounds muss vereinbart werden, bis der Fehler behoben ist) (Prio 2)
- Alle anderen Fehler (Prio 3)

Wenn die Testsequenz es erlaubt, sollte eine Fall-back-Planung erstellt werden. Eine solche Eventualität ist sinnvoll, wenn zu erwarten ist, dass das Testsystem instabil wird (Datenüberlauf, Tabellenüberlauf, sonstige Systemfehler) und erneut aufgesetzt werden muss. Die Zeitstrecke von nur drei Abnahmewochen schränkt diese Möglichkeit im Beispielfalle allerdings erheblich ein.

Das Abnahmeprotokoll sollte folgende Elemente enthalten:

- Datierung
- Gegenstand der Abnahme, eventuell Bezug zu einer Bestellung
- Funktionalitäten im Detail (Nennung – nicht Beschreibung)
- Abnahmeumgebung
- Testdatenarten
- Verantwortliche Personen (Teilprojektleitung)
- Namen der Testpersonen
- Ergebnisse pro Funktionalität (abgenommen ja/nein/mit Auflagen)
- Verbleibende Fehler mit vereinbartem Korrekturziel (Termin)
- Gesamtempfehlung

5.6.8 Betriebsbereitschaft und Probebetrieb

Bei den bisherigen Betrachtungen wurde davon ausgegangen, dass das Abnahmeverfahren für ein gegebenes Release ausreicht, um den Regelbetrieb für die Produktion freizugeben. Bei hochkomplexen Systemen mit vielen Schnittstellen und separat getesteten Einzelmodulen sind die Anforderungen höher. Hier verlangt der Kunde mehr Sicherheit. Um dem entgegenzukommen, kann eine zusätzliche Betriebsbereitschaftsprüfung mit oder ohne anschließendem Probebetrieb durchgeführt werden.

5.6.8.1 Betriebsbereitschaftsprüfung

Ziel ist es festzustellen, ob alle durch den Kunden bestellten und vom Lieferanten zu erbringenden Leistungen für den Einsatz des Systems geliefert und einsatzbereit sind. Dazu kann mehr gehören als die reine Software. Zusätzlich sind zu berücksichtigen:

- Dienstprogramme, die den laufenden Betrieb unterstützen
- Berechtigungskonzepte
- Mandantenfähigkeit
- Separates Standardberichtswesen
- Dokumentation
- Unter Umständen Betriebskonzepte und Betriebsunterstützung
- Hotline und sonstige Supportfunktionen

Da die funktionalen Tests zu diesem Zeitpunkt bereits gelaufen sind, sollte die Betriebsbereitschaftsprüfung solche eigentlich nicht mehr enthalten. Ausreichend ist eine Bestandsaufnahme der gesamten organisatorischen, technischen und betrieblichen Situation zu einem definierten Stichtag. Dazu wird eine entsprechende Dokumentation erstellt.

5.6.8.2 Probebetrieb

Auch für den Probebetrieb gilt, dass explizite Tests nicht mehr vorgesehen sind, da alle Abnahmen gelaufen sein müssen. Ihm geht auf jeden Fall eine Betriebsbereitschaftsprüfung voraus. Die Art des Probebetriebs richtet sich nach der zu Anfang festgelegten Einführungsphilosophie. Er kann also auf einem Parallelsystem stattfinden. Das empfiehlt sich, wenn bereits eine Produktion besteht, die lediglich migriert werden soll. Der Nachteil besteht darin, dass für einen echten Probebetrieb dann die gesamte Produktion mit allen betrieblichen Facetten gespiegelt werden müsste unter Hinzuziehung aller fachlichen Ressourcen zur Bedienung, die auch sonst das Tagesgeschäft betreiben. Ein solches Vorgehen stößt sehr schnell an praktische und finanzielle Grenzen.

Eine andere Möglichkeit besteht in der Betrachtung des Produktivsystems (nach allen erfolgten Abnahmen!) unter Last. Der Nachteil ist offensichtlich: Er liegt im Risiko der Gesamtinbetriebnahme mit allen Einflüssen auf die Geschäftsprozesse ohne vorherige Probe als solche. In der Praxis würde man zwei Stichtage definieren: Anfang und Ende. Während des laufenden Betriebes würde genau für diesen logisch definierten Zeitraum das

Systemverhalten nach Performance und Fehlerhaftigkeit dokumentiert und anschließend bewertet. Ein solcher Probebetrieb kann sich über mehrere Monate hinziehen. Währenddessen läuft die Produktion bereits. Gravierende Mängel würden mit hoher Wahrscheinlichkeit schon kurz nach Beginn auftreten. Aus diesem Grunde ist eine wasserdichte Fallback-Strategie mit kurzen Reaktionszeiten unerlässlich.

5.7 Dokumentation

Zu unterscheiden sind Dokumente, die vor, während und nach dem Projekt erstellt und benötigt werden.

5.7.1 Abnahmehandbuch

Das Abnahmehandbuch enthält:

- Abnahmerichtlinie
- Bereitstellungsprotokoll
- Template Testskripte
- Akzeptanzkriterien
- Fehlerprotokolle
- Task-Liste
- Ressourcenfeinplanung
- Reviewprotokoll
- Problemspeicher
- Ideenspeicher
- Abnahmeprotokoll

5.7.2 Referenzdokumente

Referenzdokumente sind solche, die vor und während einer Abnahme benötigt werden, um ein eindeutiges Abnahmeverständnis zwischen Kunde und Lieferanten herbeizuführen. Es handelt sich dabei um eine Mischung aus technischer und kommerzieller Dokumentation, die teilweise über das Vertragswerk, das der Einführung zugrunde liegt, referenziert wird.

5.7.3 Auslieferungsdokumentation

Die mit der Software zu liefernde Dokumentation ist umfänglich im Einführungsvertrag festgeschrieben. Sie kann auf unterschiedlichen Medien ausgeliefert werden:

- auf Papier (eher selten),
- auf Datenträger,
- elektronisch mit der Software (online),
- elektronisch per Link

oder auf mehr als einem von diesen Medien.
  Zu dieser Dokumentation gehören normalerweise:

- Leistungsbeschreibung
- Produktionsplan
- Bestandsdokument
- Inventardokument
- Betriebskonzept
- Benutzerdokumentation
- Customizing-Dokumentation

Lastenhefte und Pflichtenhefte sollten den letzten Freigabestatus vor Abnahme enthalten.

5.8   Kommunikation

Es gibt mehrere Regelkommunikationsprozesse, die für ein Abnahmeprojekt relevant sind. Grundsätzlich unterscheidet man die Kommunikation nach innen und nach außen. Intern sind damit die Kommunikationswege innerhalb des Einführungsprojektes selbst gemeint. Die Außenkommunikation teilt sich in die Berichterstattung an das Management und in diejenige, die die Linie zum Adressaten hat.

5.8.1   Interne Kommunikation

Im Vorlauf zu den Abnahmen gibt es das sogenannte Kick-off. Zugegen sein sollten alle Testverantwortlichen, die Projektleitung, Ansprechpartner des Lieferanten während der Abnahme, sonstige Spezialisten und – wenn möglich – ein Vertreter des Anforderungsmanagements sowie Vertreter der Auftraggeber entweder aus dem Fachbereich oder der IT-Linienorganisation. Im Kick-off müssen folgende Fragen geklärt werden:

- Zuordnung der Testverantwortlichen zu den Einzelfunktionalitäten
- Erforderliche Testdaten (Abzüge aus Produktivsystemen oder synthetische Daten)
- Schnittstellenläufe
- Die zu testenden Geschäftsprozesse – Testskripte (zur Erstellung oder Verteilung)
- Userberechtigungen
- Testreihenfolgeplanung

- Patchzyklus
- Reviewzyklus

5.8.2 Regelkommunikation nach außen

5.8.2.1 Mit dem Management

Das Management, unter der das Qualitätsmanagement fungiert, konsolidiert normalerweise alle Projektberichte und erwartet deshalb einen meilensteinbezogenen Status in fester Frequenz: wöchentlich oder vierzehntägig.

5.8.2.2 Mit der Linie

Die Linienverantwortlichen erwarten Sicherheit gegenüber der Inbetriebnahme der angekündigten Funktionalitäten, was Zeitpunkt und Qualität betrifft. Meistens wird die Abnahmeleitung zu einer der regelmäßigen Besprechungsrunden eingeladen und kann zu einem eigenen Tagesordnungspunkt dazu berichten.

5.9 Hardwarebeschaffung

5.9.1 Einleitung

Hardwarebeschaffung unterscheidet sich grundsätzlich nicht von der Beschaffung anderer Investitionsgüter oder auch – wie wir weiter unten sehen werden – von der Beschaffung geringwertiger Wirtschaftsgüter (GWG), was den Beschaffungsprozess betrifft. Es gibt allerdings gravierende Unterschiede zwischen kostspieligen Investitionen (Computer) und GWG hinsichtlich der prozessualen Vorlaufstrecken. GWG besagt etwas über den Einkaufswert einer Sache und die Modalitäten von Abschreibungen, aber noch nichts über die strategische Bedeutung eines Artikels, wie wir weiter unten im Life-Cycle-Management sehen werden.

Wir werden uns aber zunächst dem Beschaffungsprozess bei hochwertigen Computeranlagen zuwenden, dem ein Ausschreibungsverfahren vorangeht. Dabei ist es wichtig, sich noch einmal die Unterschiede zwischen Einkauf und Beschaffung vor Augen zu führen. Bevor aber die kommerziellen Umsetzungen erfolgen, muss das zugehörige Auswahlverfahren, an dem Fachkompetenz aus den betroffenen Abteilungen (IT, Kommunikation etc.) zu beteiligen ist, abgeschlossen sein. Diese gesamte Vorlaufstrecke ist zeitintensiv.

Ganz anders sieht es im Falle der GWG aus. Dort sind ebenfalls Vorgaben aus den Fachbereichen umzusetzen. Hier spielen aber dispositive Gesichtspunkte eine größere Rolle, die sich aus Standardisierungs- und Life-Cycle-Betrachtungen herleiten, wobei Life-Cycle-Strategien sich nicht auf GWG beschränken (s. u.). Abb. 5.9 stellt den Gesamtzusammenhang noch einmal grafisch dar.

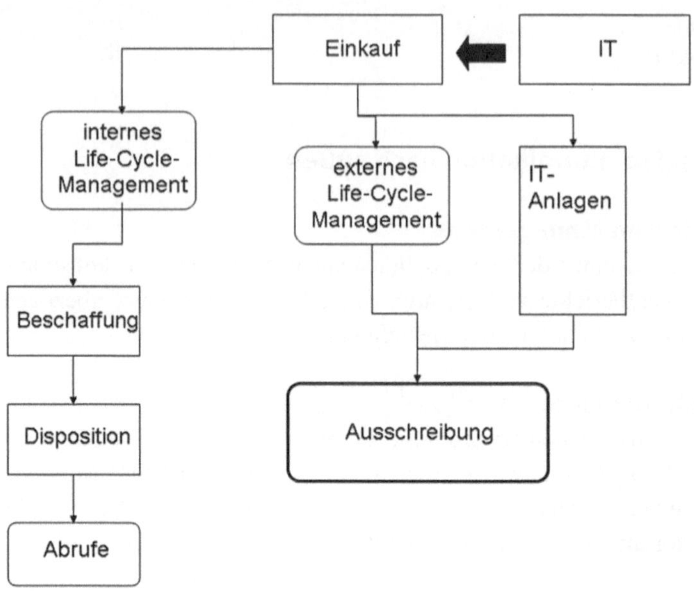

Abb. 5.9 Hardware-Beschaffungsgeflecht

Wir werden also folgende Reihenfolge einhalten:

- Ausschreibungsverfahren
- Auswahlververfahren
- Rollen von Einkauf und Beschaffung
- Beschaffungsprozess
- Life-CycleManagement
- Standardisierung

5.9.2   Ausschreibungsverfahren

In den Organisationen finden wir unterschiedliche Gemengelagen vor, die geeignet sind, einen Beschaffungsvorgang von IT-Hardware einzuleiten:

1. Die Erschließung neuer Geschäftsfelder oder technischer Lösungen (z. B. Einführung eines CRM-Moduls, Bau eines vollautomatischen Hochregallagers) erfordert eine komplette Neuinvestition von Rechnern und Peripheriegeräten.
2. Es existiert bereits (und das ist in den meisten Organisationen der Fall) eine komplexe, heterogene Hardwarelandschaft, an die lediglich „angebaut" werden soll.
3. Es existiert eine bewährte Systemlandschaft, die aber technologisch veraltet ist und ein aufwendiges Upgrade im Rahmen des bestehenden Herstellers erfordert.

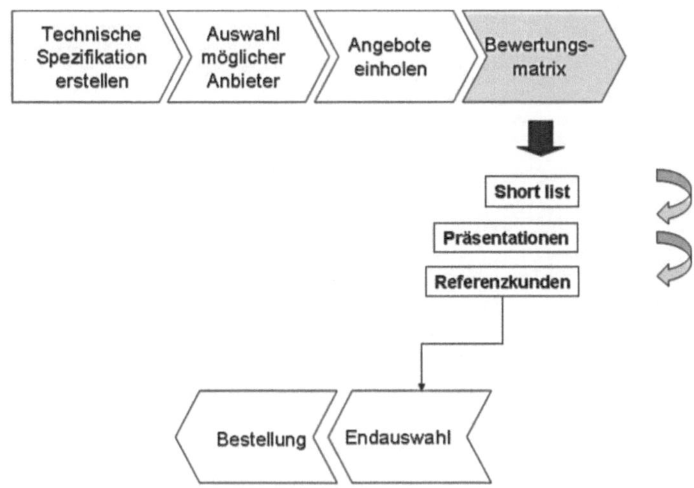

Abb. 5.10 Ausschreibungsprozess

4. Es existiert eine Systemlandschaft, deren Kernkomponenten durch Geräte eines anderen Herstellers ersetzt werden sollen.
5. Die Hauptkomponenten der Systemlandschaft sollen beibehalten werden, allerdings sind Teile oder das Gros der Peripheriegeräte zu ersetzen bzw. auf den neuesten Stand zu bringen.

Die Fälle 1, 2 und 4 betreffen das klassische Ausschreibungsverfahren für Investitionsgüter, die Fälle 3 und 5 sind im Zusammenhang mit dem Life-Cycle-Management abzuhandeln.

Abb. 5.10 zeigt das Prinzip des Ausschreibungsprozesses. Zunächst muss eine technische Spezifikation erstellt werden (Lastenheft; s. Abb. 5.11 bis 5.14). Daraus ergibt sich eine Bewertungsmatrix (Tab. 5.2), die während des späteren Auswahlverfahrens zum Tragen kommt. Vorschläge für mögliche Lieferanten müssen aus dem Einkaufsmarketing in Zusammenarbeit mit IT-Fachleuten und Vertretern aus dem späteren oder existierenden Nutzerumfeld (Fachabteilungen) kommen. Nach dem Eingang von Angeboten wird der eigentliche Auswahlprozess (s. u.), die Entscheidungsfindung, angestoßen, dem dann die kommerzielle Umsetzung innerhalb des klassischen Beschaffungsprozesses folgt. Am Ende dieser Kette und am Beginn der Nutzung steht noch ein Abnahmeverfahren (auf der Abbildung nicht gezeigt).

Hierbei handelt es sich aber lediglich um die technische Vorlaufstrecke. In den meisten Institutionen gibt es Beschaffungsrichtlinien, die die Einkaufsmodalitäten regeln. Die hier beschriebenen Prozessschritte gehen bis zur Schnittstelle des eigentlichen Beschaffungsprozesses und betreffen die technische Spezifikation, welche Anforderungen an den zu beschaffenden Gegenstand gestellt werden. Dabei geht es hauptsächlich um funktionale Aspekte und deren Umsetzung. Die Auswahl potenzieller Anbieter erfolgt entweder durch Berücksichtigung schon bewährter Lieferanten oder durch aktives Beschaffungsmarketing und Recherchen am Markt. Die Tab. 5.2 gibt eine Bewertungsmatrix wieder, in der die wesentlichen Kriterien zusammengefasst sind, die an Produkt und Anbieter gestellt werden. Je nach Aufgabenstellung kann sie noch durch Spezifika ergänzt werden.

Tab. 5.2 Bewertungsmatrix

Anbieter	Anbieter 1	Anbieter 2	Gewicht
Funktionale Abdeckung			
Festpreis			
Variable Kostensätze			
Unternehmensgröße			
Lieferzeit			
Unternehmensalter			
Bonität			
Serviceorganisation			
Referenzkunden			
Angebotsqualität			
Gewährleistung			

5.9.3   Lastenheft

Das Lastenheft dient sowohl der internen Klärung wie auch als Anfragevorgabe für die Angebotseinholung (Abb. 5.11–5.14):

- Welche Anwendungen sollen auf welcher Architektur laufen?
- Welche Datenhaltungskonzepte sind vorzusehen (Kompatibilität und Performance)?
- Welche Mengengerüste sind zu erwarten?
- Welche Schnittstellen zu anderen Systemen sind abzudecken?
- Wie sieht die Sicherheitsarchitektur aus (Redundanz etc.)?
- Welche Anforderungen werden an das Betriebssystem gestellt?
- Welche Anforderungen werden an die Performance gestellt?
- Sind separate Entwicklungs- und Testsysteme vorzusehen?

Bei der Beantwortung dieser Fragen sind sowohl die Serverlandschaft als auch die Peripherie betroffen.

5.9.4   Einholung von Angeboten

Hier zeigt sich die Aufgabenteilung von Einkauf und eigentlicher Beschaffung. Man unterscheidet grundsätzlich den strategischen Einkauf und die Beschaffung mit der Bestellabwicklung als solcher. Der strategische Einkauf, dessen Funktionsträger meistens hoch in

<table>
<tr><td>

Lastenheft

- Muster -

Verfasser: *Autor oder Team*

Gegenstand: *Anforderungstitel*

Version: *x.y*
< x: beginnend bei 0; Erhöhung um 1 jeweils bei Statuswechsel;
y: beginnend bei 1; Fortschreibung innerhalb des gleichen Status bei Überarbeitungen >

Status: *Entwurf*
in Bearbeitung
in Prüfung
freigegeben

</td><td>

Inhaltsverzeichnis
1. Allgemeines
  1.1 Zielsetzung
  1.2 Begründung
2. IST-Analyse
3. SOLL-Konzept
  3.1 Systemüberblick
  3.2 Prozesseinbettung
  3.3 Mengengerüst
  3.4 Qualitätsanforderungen
4. Referenzierte Dokumente
5. Versionshistorie

</td></tr>
</table>

Abb. 5.11 Lastenheft 1

<table>
<tr><td>

1. Allgemeines

1.1 Zielsetzung

Gegenstand des Lastenheftes ist nur das WAS der Anforderung. Es ist Grundlage für den weiteren Ablauf und sollte so detailliert ausformuliert sein, dass der Lieferant auf dieser Basis sein Angebot erstellen kann.

</td><td>

1.1 Begründung

Als mögliche Begründung für die Anforderung kann gelten:
- bestehende Anlage ist veraltet
- neue Anwendungen sind geplant
- bestehende Anlage soll erweitert werden
- Performance-Optimierung

</td></tr>
</table>

Abb. 5.12 Lastenheft 2

der Hierarchie einer Gesellschaft angesiedelt sind, sorgt dafür, dass später dispositive Entscheidungen für den Beschaffungsprozess überhaupt möglich werden.

Das proaktive Einkaufsmarketing sondiert nach einer ersten Kenntnisnahme des Lastenheftes den Anbietermarkt und erstellt eine erste Long List. Gängige Erfahrung zeigt,

<table>
<tr><td>

2. IST-Analyse

Beschreibung des vorgefundenen Zustandes betreffend:

- *existierende Systemstützung*
- *Konfiguration*
- *Mengengerüst*
- *bei Batch-Verarbeitung: Betriebsplan*
- *Schwachstellenanalyse*

</td><td>

3. Soll-Konzept

3.1 Systemüberblick

Ausgehend vom Gesamtsystem der Anwendung, Identifizierung der betroffenen Module, logische Einordnung der Anforderungen, Zusammenspiel mit vor-und nachgelagerten Funktionalitäten etc.

3.2 Prozesseinbettung

Organisatorischer Einsatzbereich, Zuständigkeiten innerhalb der Kundenorganisation

</td></tr>
</table>

Abb. 5.13 Lastenheft 3

<table>
<tr><td>

3.3. Schnittstellen

Schnittstellen sind einzuteilen nach:
- *Datenexport*
- *Datenimport*
- *beide Varianten*
- *synchronem / asynchronem Betrieb*
- *Ansteuerungsmechanismus.*

</td><td>

3.5 Mengengerüst

Dazu gehören:
- *Umfang der Stammdaten und Bewegungsdaten*
- *Anzahl Transaktionen pro Zeiteinheit*
- *Anzahl User*
- *Anzahl Mandanten*

3.6 Qualitätsanforderungen

Hier können neben den standardmäßig zu erwartenden Kriterien zusätzliche Gesichtspunkte eingebracht werden, wie z. B.:
- *Antwortzeitverhalten*
- *Kompatibilitätsmerkmale etc.*

</td></tr>
</table>

Abb. 5.14 Lastenheft 4

dass diese Liste möglichst nicht mehr als zehn Anbieter enthalten sollte. Die Auswahlkriterien sind in dieser Phase noch recht grob:

- Schon im Haus bekannte Anbieter, mit denen man bereits in der Vergangenheit zusammen gearbeitet hat
- Renommierte Marktteilnehmer
- Den Einkäufern bekannte Anbieter, die bestimmte Anforderungen aus dem Lastenheft sicher abdecken
- Referenzanbieter, die über Dritte bekannt sind
- Anbieter, die sich in der Vergangenheit als stark innovativ aufgestellt haben

Die Kandidaten auf der Long List werden nun angeschrieben, das Lastenheft vorgelegt und Angebote mit Terminsetzung eingefordert. Im Rahmen dieses Verfahrens kommt es häufig zu Rückfragen, bevor endgültige Angebote mit Bindungsfrist eingehen. Danach werden die Angebote nach formalen Gesichtspunkten ausgewertet:

- Vollständigkeit
- Bindungsfrist
- Liefertermine
- Benennung von kompetenten Ansprechpartnern
- Allgemeinen Geschäftsbedingungen

Wenn diese formalen Kriterien nicht oder unbefriedigend erfüllt werden, fallen die ersten Anbieter bereits unter den Tisch. Danach ist es Zeit, dass der Einkauf sich mit den kompetenten Fachleuten zusammensetzt. Dazu gehören:

- IT-Verantwortliche
- Fachbereichsvertreter, die die Interessen der späteren User Community wahrnehmen
- Controlling
- Bereichsleiter, dem die IT unterstellt ist
- Eventuell Vertreter der Geschäftsführung

Dieses Gremium entscheidet nun, welche von den Anbietern Gelegenheit zu einer Präsentation bekommen sollen. Auch hier sind die Auswahlkriterien noch relativ schwammig:

- Renommee
- Preis
- Abdeckungsgrad des Lastenheftes

Es folgen dann die Vorstellungen – möglichst im Hause des Kunden – und die Einholung von Referenzen. In der Regel werden nicht mehr als zwei oder drei Kandidaten in die engere Wahl gezogen. Nach den Vorstellungen und auf der Basis von Lastenheft und Angebot greift die Bewertungsmatrix in Tab. 5.2.

Es sind hier nur zwei mögliche Anbieter aufgeführt. Die einzelnen Felder bedeuten:

- Funktionale Abdeckung: gemessen an den Vorgaben aus dem Lastenheft
- Festpreis: beinhalten alle angebotenen Produkte und Lieferleistungen, inklusive Aufstellung und Test sowie Initialisierung der Basissoftware auf der Konfiguration
- Variable Kostensätze: Stundensätze für Aufwendungen, die die Anfrage nicht abgedeckt hat, und die später entstehen können, z. B. für Upgrades
- Unternehmensgröße: Anzahl Beschäftigte und Anzahl verkaufter Installationen weltweit und in Deutschland
- Lieferzeit: garantiertes Lieferdatum für alle Komponenten
- Unternehmensalter: Jahr der Gründung
- Bonität: durch separaten Auskunftsdienst zu erfragen, eventuell auch Informationen über Anteilseigner und Geschäftsführung
- Serviceorganisation: Umfang, organisatorische Einbettung in das Unternehmen (auch ob outgesourct oder nicht), Abdeckung der Fläche, nächster Servicestandort
- Angebotsqualität: formale Aspekte (s. o.)
- Referenzkunden: mindestens zwei, die auf Anfrage besichtigt und befragt werden dürfen
- Gewährleistung: Wartungsverträge und -modalitäten; voraussichtliche Dauer des Hardwaresupports für die angebotene Version

Das Gewicht dient dazu, die Evaluierung an die tatsächlichen Erfordernisse anzupassen. Aus strategischen Gründen kann es z. B. gegeben sein, dem Preis nur eine untergeordnete Bedeutung gegenüber funktionalen Anforderungen beizumessen, die komplexer Natur sein können. Bei simplen Produkten, die von vielen Lieferanten erfüllt werden, spielt der Preis dann wieder eine entscheidende Rolle. Schließlich wird man sich auf einen Anbieter einigen.

5.9.5 Beschaffungsprozess

Es kann sein, dass der ausgewählte Anbieter bereits Lieferant in der Vergangenheit war, dann besteht die Möglichkeit, dass vielleicht Rahmenverträge existieren, auf die man zurückgreifen kann. Dort sind dann ja auch die AGBs und Liefermodalitäten festgelegt.

Es kommt natürlich vor, dass überhaupt keine Rahmenverträge existieren, sondern je nach Bedarf Einzelbestellungen getätigt werden (Abb. 5.15).

Nach Eingang des Angebots des ausgewählten Lieferanten kann die ursprüngliche Anfrage (Ausschreibung) in eine Bestellung umgewandelt werden. Die Bestellungen nehmen Bezug auf die Liefervorschriften im eigenen Hause, die dem Lieferanten mitgeteilt werden bzw. vertraglicher Bestandteil der Bestellung werden (allgemeine Geschäftsbedingungen).

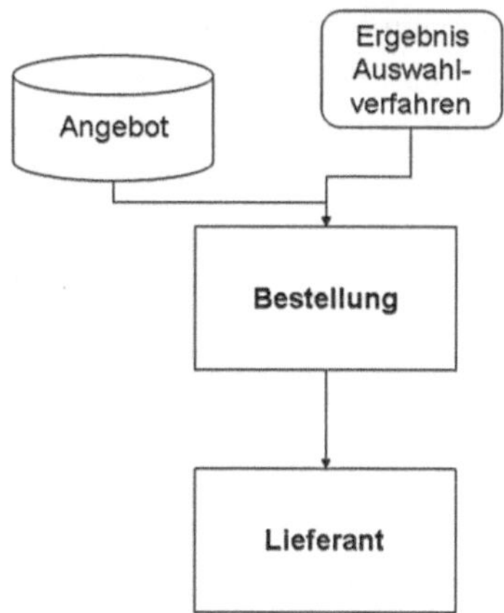

Abb. 5.15 Einzelbestellabwicklung

An der Freigabe für die konkrete Bestellung (nach Vertragsunterzeichnung durch den zuständigen Bevollmächtigten, meisten einer der Geschäftsführer) sind beteiligt

- der Sachbearbeiter,
- sein Vorgesetzter im Einkauf und
- jemand aus dem Controlling.

Der Einkaufs- und Beschaffungsprozess im Rahmen des Life-Cycle-Managements sieht anders aus und wird weiter unten beschrieben.

Das gesamte Bestellwesen unterliegt einer Bestellverfolgung mit angeschlossenem Mahnwesen. Bei Anlieferung greifen die Prozesse der Warenannahme, bei denen unter anderem die Bestellungen mit den Lieferungen abgeglichen werden. Im Falle von Teillieferungen als Diskrepanz zum vertraglich vereinbarten Umfang besteht die Möglichkeit, Teillieferungen gegenzubuchen und den ausstehenden Rest separat zu verwalten.

5.10 Life-Cycle-Management

Um die rasanten technologischen Veränderungen in den Griff zu bekommen, ohne in Abhängigkeit von den Wartungs- und Pflegebedingungen der Lieferanten zu gelangen, kann ein Life-Cycle-Management eingeführt werden. Dieses Instrument verhindert auch ungewollten Wildwuchs in der Systemlandschaft durch unabgestimmte Beschaffungsaktivitäten anderer Organisationseinheiten. Außerdem ermöglicht das Life-Cycle-Management eine saubere Planung der Beschaffungsvorgänge inklusive Disposition.

Life-Cycle-Management beschränkt sich allerdings nicht auf Hardwarekomponenten, sondern kann auch Softwareversionierung zum Gegenstand haben. Insofern ist eine Harmonisierung von Hardwarekomponenten z. B. mit den zugehörigen Treibern oder gar der aktuellen Betriebssystemversion wünschenswert. Bei letzterer besteht natürlich eine Abhängigkeit von der Marktstrategie des Herstellers.

Beim Life-Cycle-Management werden unternehmensweit Basiskonfigurationen für z. B. die Endgerätausstattung eines typischen Büroarbeitsplatzes vorgegeben, die beinhalten können:

- PC-Hersteller und Typ
- Laufwerke
- Drucker
- USB-Anschlüsse
- Maus
- Scanner
- Schnittstellen (z. B. WLAN)
- Standardsoftware

Bei einigen der aufgeführten Komponenten kann es sich dann auch um GWG handeln.

Die Gesamtheit aller Arbeitsplätze unterliegt einem Rahmenvertrag mit entweder einem Lieferanten oder einem Dienstleister, der innerhalb vereinbarter Zyklen dafür sorgt, dass die Technologie immer auf dem neusten Stand mit allen erforderlichen Garantie- und Wartungsleistungen gehalten wird. Ähnliche Strategien lassen sich in Großunternehmen für die Serverlandschaft des Netzwerkes fahren. Die Kostenersparnis gegenüber Individuallösungen ist offensichtlich. Auch für Gegenstände des Life-Cycle-Managements lässt sich (initial) ein Ausschreibungsverfahren anwenden. In diesem Falle gelten ähnliche Regeln wie bereits beschrieben. Ansonsten folgt die Arbeitsteilung wie folgt:

5.10.1 Einkauf/Beschaffung im Rahmen des Life-Cycle-Managements

Der strategische Einkauf sorgt für die notwendigen Rahmenverträge. In den Rahmenverträgen werden geregelt:

- Jahresmengen oder Mehrjahresmengen
- Konditionen
- Abrufgestaltung
- Liefermodalitäten
- Qualität

Die späteren Abrufaufträge bewegen sich innerhalb der rahmenvertraglichen Vorgaben. Sie werden nach dispositiven Vorgaben ausgelöst, um konkrete Bedarfe im Haus zu decken (Abb. 5.16). Die Abruflose können im Rahmenvertrag vorgegeben oder flexibel gehalten werden. Sie sind die eigentlichen Bestellungen.

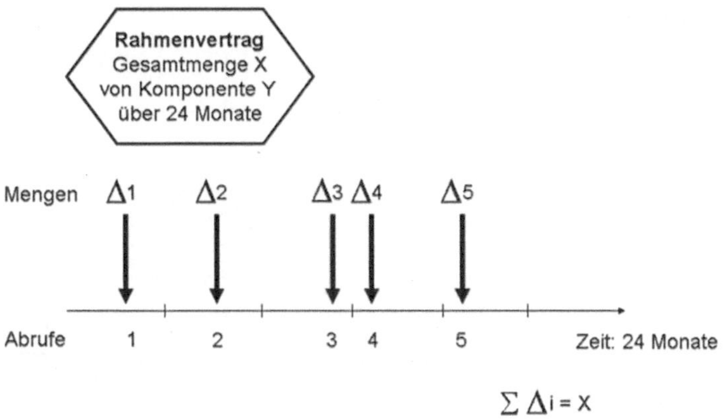

$$\sum \Delta i = X$$

Abb. 5.16 Abrufaufträge

Es kommt natürlich vor, dass überhaupt keine Rahmenverträge existieren, sondern je nach Bedarf Einzelbestellungen für größere Mengen getätigt werden. Die Auswahl von Lieferanten erfolgt nach den Kriterien

- Preis,
- Lieferzeit sowie
- evaluierten Parametern aus einer Lieferantenbewertung.

Im Falle von Einzelbestellungen entstehen zunächst die Anfragen, die nach außen kommuniziert werden (s. Abb. 5.17). Diese Anfragen werden terminlich weiterverfolgt. Nach Eingang von Angeboten der Lieferanten kann eine Anfrage in eine Bestellung umgewandelt werden. Dem gehen neben den Angeboten von außen Bestellvorschläge aus der Disposition voraus. Die Disposition stützt sich dabei auf die Verfügbarkeitsrechnung unter Berücksichtigung eventuell schon vorhandener Bestände. Die Bestellungen nehmen Bezug auf die Liefervorschriften im eigenen Haus, die dem Lieferanten mitgeteilt werden bzw. vertraglicher Bestandteil einer Bestellung werden (allgemeine Geschäftsbedingungen). Auf der anderen Seite verwaltet das System die Konditionen verschiedener Lieferanten, wie z. B. Staffelpreise und Zahlungsziele.

Für die interne Entscheidungsfindung bzw. Freigabe können Mindestbestellwerte und Mindestliefermengen festgelegt werden, um auf diese Weise Prozesskosten zu optimieren. Aus Berechtigungsgründen kann auch ein maximaler Bestellwert eingeführt werden, der hierarchisch unterschiedlich sein kann und über den hinaus bestimmte Personen entweder nicht bestellen dürfen oder einer gestaffelten Freigabe bedürfen. An diesen Freigabeprozessen können beteiligt sein

- der Sachbearbeiter,
- sein Vorgesetzter im Einkauf und
- jemand aus dem Controlling.

Abb. 5.17 Bestellabwicklung

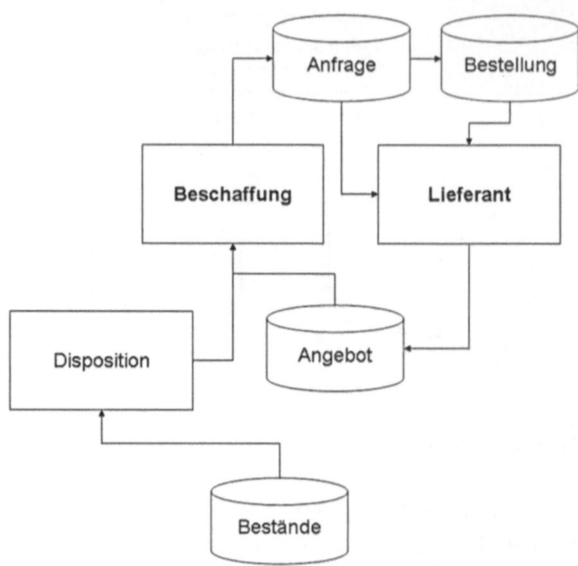

Neben den Einzelbestellungen und den Abrufen auf Basis von Rahmenverträgen kann
es noch Sammelbestellungen geben, bei denen z. B. unterschiedliche Artikel bei ein und
demselben Lieferanten angefordert werden.

Bestellungen können sich nicht nur auf Teile und Komponenten beziehen, sondern
auch auf alle möglichen Dienstleistungen. Das eröffnet nun zusätzliche Optionen für das
Life-Cycle-Management.

5.10.1.1   Outsourcing

Anstatt der eigenen Organisation das Life-Cycle-Management betreiben zu lassen, d. h.

* kontinuierliche Verfolgung der technischen Entwicklung am Markt durch den
  IT-Bereich,
* Vorgaben an den Einkauf zwecks Rahmenabkommen durch den IT-Bereich,
* Einkaufsplanung,
* Disposition und
* Beschaffungsprozess,

kann man die gesamte Kette einem externen Dienstleister überlassen, mit dem einmalig
ein Rahmenabkommen abgeschlossen wird, und der dann dafür sorgt, das der Life Cycle
entsprechend der vereinbarten Vorgaben eingehalten wird. In diesem Falle würde der
infrage kommende Dienstleister wiederum über ein Ausschreibungsverfahren ermittelt.

Entscheidet man sich dagegen, unterliegt natürlich das gesamte Bestellwesen einer
Bestellverfolgung mit angeschlossenem Mahnwesen.

5.10.1.2 Standardisierungen

Im Zuge des Life-Cycle-Managements lassen sich auch Standardisierungen bezüglich der Ausstattung eines Arbeitsplatzes durchsetzen, sodass die Betreuung von Usern in dieser Hinsicht einfacher und kostengünstiger wird. Unter Berücksichtigung individueller Aufgabenbereiche sähen dann die Arbeitsplätze hinsichtlich Betriebssystemversionen und Bedienelemente (Bildschirm, Tastatur, Anschlüsse etc., s. o.) – abgesehen von sehr spezifischen Eigenheiten, die mit den Aufgaben von bestimmten Usern zusammenhängen – ziemlich gleichartig aus und würden im Upgrade- bzw. Update-Verfahren alle gemeinsam immer auf dem gleichen Stand gehalten.

Netzwerke und mobile Protokolle 6

6.1 Einführung

Dieses Kapitel gibt in komprimierter Form, aber dennoch umfassend, den aktuellen Stand der drahtlosen Kommunikationstechnologie wieder. Berücksichtigung finden folgende Themenkomplexe:

- WLAN
- Mobiltelefonie
- Bluetooth
- Infrarot

Da WLAN das umfassendste und grundlegende Thema ist, sind ihm zwei Abschnitte gewidmet: Grundlagen und Geräte. Die Fragen nach der Sicherheit und Bedrohungsszenarien werden im Kap. 8 ausführlich behandelt.

Ansonsten ist der Versuch unternommen worden, den neuesten Stand der Technologie, soweit sie in den breiten Markt gedrungen ist, zu berücksichtigen. Angesichts der Kurzlebigkeit von Technologien kann das wiederum auch nur eine Momentaufnahme sein, die hoffentlich dennoch einen gewissen Bestand haben wird.

6.2 Grundzüge des WLAN

Die Vernetzung von Computern und deren Komponenten hat sowohl für Organisationen als auch privaten Nutzern eine neue Qualität durch den Einsatz von drahtlosen Übertragungen erreicht. Am vorläufigen Ende dieser Entwicklung steht das WLAN. WLAN steht für „Wireless Local Area Network" oder „drahtloses lokales Netzwerk" oder „drahtloses lokales Funknetz".

© Springer-Verlag GmbH Deutschland 2017
W.W. Osterhage, *IT-Kompendium*, Xpert.press,
https://doi.org/10.1007/978-3-662-52705-4_6

6.2.1 Kabel oder drahtlos?

Verkabelung bindet Systeme und User an feste Orte, während drahtlose Anwendungen den Anwender von Leitungssystemen befreit. Er wird auch im Hinblick auf seine IT-Systeme mobil. Optisch scheint sich sein Arbeitsplatz von sterilen Büroräumen hin zur Gartenlaube zu wandeln (wenn man entsprechenden Werbespots Glauben schenken will). Und überall auf der Welt kann man sich – ganz so wie mit dem Mobiltelefon – an jedem beliebigen Ort ins Firmennetz einklinken, vorausgesetzt, es sind genügend Hotspots in der Nähe.

6.2.1.1 Mobilität

Neben den Veränderungen in den Arbeitsprozessen, die durch den Einsatz von Mobiltelefonen eingetreten sind, ergeben sich durch die Möglichkeiten einer mobilen Vernetzung weitere Entwicklungsschübe. So gibt es eine Vielzahl von Arbeitsfeldern, die sich für mobile Anwendungen anbieten bzw. die ohne eine solche heute fast nicht mehr denkbar sind: Großbaustellen, Logistikunternehmen, große Lagerhäuser, Supermärkte, aber auch im Klinikbereich, wo dezentrale medizinische Daten lebensrettend sein können. Ein weiterer Vorteil mobiler Datenkommunikation liegt in der Abwicklung unterbrechungsfreier Prozesse. Man braucht nicht an seinen Stammarbeitsplatz zurückzukehren, um Informationen zu suchen, sondern kann sie dort abfragen, wo sie gerade gebraucht werden.

Unabhängig von Performance-Gesichtspunkten (die aber gelöst werden können) unterscheiden sich in der Praxis für den Enduser LAN- und WLAN-Lösungen nicht. Neben Kriterien wie Mobilität gibt es aber noch weitere Gesichtspunkte, bei denen WLAN-Lösungen vorzuziehen sind: Kostenersparnis bei aufwendigen Verkabelungen – insbesondere bei älteren Gebäuden, bei denen bauliche Strukturen den Aufbau eines Backbone unmöglich machen können. Und natürlich als temporäre Lösungen auf Veranstaltungen, Messen oder zeitlich begrenzter Gruppenarbeit im Projekt in Unternehmen, auf Reisen in der Bahn und in Hotels. Funknetze sind flexibel und zeitnah zu realisieren. Einen ganz besonderen Aufschwung der WLAN-Anwendungen hat es in letzter Zeit insbesondere auch im privaten, häuslichen Bereich gegeben.

6.2.2 Funknetze: Grundlagen

WLAN ist die Abkürzung für „Wireless Local Area Network". Diese Bezeichnung weist schon darauf hin, dass LAN-Funktionalitäten drahtlos bereitgestellt werden. Drahtlos geht allerdings über den reinen klassischen Funkverkehr hinaus und kann auch zum Beispiel den Infrarotbereich mit einbeziehen.

Häufig findet man in realisierten Konfigurationen die Kopplung von WLAN und LAN, wobei WLAN-Komponenten oft Front-Ends von größeren Anwendungen sind. Die WLAN-Teile stehen solchen Anwendern zur Verfügung, deren Aufgabenstruktur im Unternehmen eine hohe Mobilität voraussetzt. Der Phantasie bei Netzkopplungen sind keine Grenzen gesetzt bis hin zur Verbindung mehrerer LANs zu MANs (Metropolitan Area Networks).

6.2.2.1   Das Frequenzspektrum

Die physikalischen Unterscheidungsmerkmale bei der Klassifikation der elektromagnetischen Wellen für eine WLAN-Kommunikation sind Frequenz und Wellenlänge. Aus den insgesamt verfügbaren Frequenzen lassen sich bestimmte Frequenzbereiche bzw. Frequenzbänder differenzieren. Die Medien Radio und Fernsehen arbeiten im Bereich der Lang- bis Ultrakurzwellen, der zwischen 30 kHz und 300 MHz liegt. Funknetze, die hier betrachtet werden, bewegen sich zwischen 300 MHz und 5 GHz.

Das erste für diese Zwecke durch die Federal Communications Commission (FCC) zur lizenzfreien Nutzung freigegebene Frequenzband war das sogenannte ISM-Band. Das war im Jahre 1985. ISM steht für „Industrial, Scientific, Medical". Aus diesem Band bedienen sich die WLANs – und zwar zwischen 2,4 und 5 GHz. Das war der Startschuss für die Entwicklung entsprechender Komponenten durch die Privatindustrie.

6.2.2.2   Die Standards: Grundsätzliches

Die IEEE mit ihrer weltweiten Mitgliedschaft von Ingenieuren und Wissenschaftlern interessierte sich ab Ende der 1980er-Jahre dafür, die fehlenden Standards aus der Welt zu schaffen. Und so wurde unter der nunmehr berühmten Nummer 802.11 im Jahre 1997 ein erster WLAN-Standard veröffentlicht. Dieser wurde im Laufe der Jahre immer wieder ergänzt und die Ergänzungen über angehängte Kleinbuchstaben differenziert.

1999 kamen bei der IEEE zwei neue Standards heraus: der 802.11a und der 802.11b. Der letztere entwickelte sich zum heute am meisten verbreiteten Standard. Dabei wird das gesamte Spektrum von privaten, industriellen und öffentlichen Anwendungen inklusive Hotspots abgedeckt. Die nominelle Übertragungsrate unter 802.11b geht von 11 Mbit/s aus. Davon wird allerdings ein signifikanter Anteil für Protokolloverheads benötigt. Der Standard bewegt sich im 2,4-GHz-Frequenzbereich unter Nutzung des HR/DSSS-Verfahrens.

Als weiterer wichtiger Standard wurde im Jahre 2003 der 802.11g freigegeben. Dieser lässt bereits Übertragungsraten von bis zu 54 Mbit/s zu. In einem anderen Frequenzbereich – nämlich 5 GHz – arbeitet der 802.11a. Um die Übersicht zu vervollständigen: 2004 kam 802.11i heraus mit zusätzlichen Sicherheitsfeatures. Es folgten sukzessive die Varianten 802.11j, 802.11p, 802.11 k, 802.11r, 802.11y, 802.11w, 802.11z, 802.11v, 802.11u, 802.11s. Diese Varianten erfuhren zwischendurch Zusammenfassungen unter 802.11-2007, 802.11n, 802.11-2012, 802.11ac, 802.11ad, 802.11ah. Die Details werden weiter unten abgehandelt.

6.2.3   Die Symbiose: Computer- und Funktechnologien

Alles, was unter 802.11 deklariert ist, gehört seinerseits wiederum als Untergruppe zu den LAN/MAN-Standards unter 802 allgemein. Ursprünglich war an Übertragungsraten von 1–2 Mbit/s für Komponenten in drahtlosen Netzen gedacht. Dazu wurden funktechnisch zwei unterschiedliche Frequenzspreizverfahren in Betracht gezogen: das Frequency Hopping Spread Spectrum (FHSS) und das Direct Sequence Spread Spectrum (DSSS).

Spätere Versionen von 802.11 visierten für Funkverbindungen Übertragungsraten von 11 bzw. 54 Mbit/s an. Dazu werden andere Technologien der Frequenzmodulation eingesetzt: High Rate Sequence Spread Spectrum (HR/DSSS) und Orthogonal Frequency Division Multiplexing (OFDM).

6.2.3.1 Vorteile von ISM

Standards haben den Vorteil, dass Komponenten unterschiedlicher Hersteller miteinander kommunizieren können. Das gilt natürlich auch für den 802.11. Voraussetzung ist allerdings wie überall, dass diese eben standardkonform sind. Der Vorteil der Nutzung des ISM-Bandes besteht im Wesentlichen darin, dass dieses Band fast überall auf der Welt lizenzfrei genutzt werden kann, ohne dass sich kommerzielle Provider dazwischenschalten. Der Vorteil für private Nutzer ergibt sich von selbst, aber auch öffentliche Netze profitieren vom Wegfall jeglicher Lizenzgebühren. Ohne die sonstigen bürokratischen Overheads lassen sich auf diese Weise temporäre Netze, z. B. für Messen oder Events, zeitnah aufbauen.

Aber – im ISM tummeln sich nicht nur WLAN-Komponenten, sondern alle möglichen anderen nützlichen Geräte. Dazu gehören medizinisch-technische, Mikrowellenherde, Fernsteuerungen etc. Das bedeutet, dass in der Nähe solcher Geräte die WLAN-Kommunikation anfällig für Störungen innerhalb dieses Frequenzbandes ist. Dagegen müssen Vorkehrungen getroffen werden.

6.2.3.2 WLAN-Komponenten

Zum Aufbau eines WLANs sind bestimmte technische Komponenten erforderlich. Diese werden im Detail weiter unten beschrieben. Die Komponenten werden eingesetzt, um eine Organisation oder Teilbereiche davon mit einem Funknetz abzudecken. Andererseits können sie dazu dienen, im Einzelfall mobile Endgeräte in bestimmten Lokationen z. B. in einem Unternehmen mit einer zentralen Anwendung zu verbinden. Oder aber die Nutzung eines WLANs wird für fremde Teilnehmer kommerziell angeboten.

Grundvoraussetzung sind Netzwerkadapter, die entweder fest oder austauschbar auf den mobilen Endgeräten installiert sind. Je nach Gerät werden unterschiedliche Adapter benötigt. Damit diese funktionieren, müssen die zugehörigen Treiber zum Senden und Empfangen vorhanden sein. Bei zeitgemäßen Notebooks und Smartphones sind WLAN-Komponenten sowie Treiber Teil der integrierten Standardauslieferung.

6.2.3.3 Access Points

Je nach Netzarchitektur können mobile Endgeräte untereinander kommunizieren oder aber sich über stationäre Einheiten austauschen, die auch gleichzeitig Gateways zu einem LAN bilden können. Diese Komponenten heißen Access Points. Access Points können als Stand-alone-Komponenten ausgeliefert werden oder sind Teil eines anderen Gerätes mit umfassenderem Funktionsumfang. Dazu gehören zum Beispiel: Router, Hubs, DHCP-Server oder DSL-Modems. Dabei kann gleichzeitig auch die NAT-Funktion mit eingebaut sein. Network Address Translation (NAT) ermöglicht die Kommunikation über unterschiedliche IP-Adressen innerhalb des Netzwerks, zeigt das gesamte Netzwerk aber nur mit einer gemeinsamen IP-Adresse dem Internet an. Dadurch kann der Internetzugang gemeinsam genutzt werde. Gleichzeitig erfüllt dieses Feature die Funktion einer Firewall gegen Zugriffe auf die individuellen Teilnehmer.

Neben der klassischen Hardwarevariante können Access Points aber auch über Software auf einem PC konfiguriert werden.

6.2.4 Senden und Empfangen

Wesentlich bestimmend für das Sende- und Empfangsverhalten im Funkbereich sind Art und Auslegung von den verwendeten Antennen. Standardantennen ermöglichen eine Reichweite von 100–300 m Entfernung. Räumliche und geographische Randbedingungen können diese Werte stark beeinflussen. Das gilt für Antennen, die mit den WLAN-Komponenten ausgeliefert werden. Diese Werte lassen sich durch den Einsatz externer Zusatzantennen erheblich verbessern. Richtfunkantennen erlauben eine Abdeckung über mehrere Kilometer hinaus. Eine solche Erweiterung der Reichweite nennt sich „Antennengewinn". Dabei ist zu beachten, dass die Gesamtsendeleistung für alle Komponenten in Deutschland zulässige Grenzwerte nicht übersteigen darf.

6.2.4.1 Typen

Man differenziert unterschiedliche Typen von Antennen. Die Klassifizierung erfolgt nach Ausbreitungsmuster und Verstärkungstechnologie. Grundsätzlich wird nach unidirektional und omnidirektional unterschieden. Zu den letzteren gehören Rundstrahlantennen. Richtantennen sind unidirektional. Sie besitzen nur einen eingeschränkten Öffnungswinkel. Das ermöglicht eine größere Reichweite bei gleichbleibender Sendeleistung.

Die in WLANs eingesetzten Access Points sind mit Rundstrahlantennen ausgestattet, sofern nicht für extreme Reichweiten dennoch Richtantennen vorgesehen werden.

6.2.4.2 Leistung

Der 2,4-GHz- bzw. 5-GHz-Frequenzbereich für eine 802.11-WLAN-Konfiguration gehört zu den Ultrakurzwellen, deren Reichweite einige Hundert Meter bis einige Kilometer beträgt. Bei Sichtverbindung zwischen Sender und Empfänger bestehen optimale Bedingungen für die Kommunikation.

Trotz der Lizenzfreiheit für das ISM-Band bestehen gewisse Regularien, die länderspezifisch sind. Das betrifft insbesondere die Sendeleistung. Innerhalb der EU beträgt deren Obergrenze 20 dBm für das 2,4-GHz-Frequenzband sowie 30 dBm für das 5-GHz-Band bezogen auf die effektive Sendeleistung. Diese Vorschriften können natürlich den Gewinn, den man eventuell durch den Einsatz einer Richtfunkantenne erzielt, wieder zunichtemachen, da dann technische Maßnahmen eingesetzt werden müssen, um die Leistung wieder in den konformen Bereich zu drosseln.

6.2.4.3　Interferenzen

Bei der Konzeption und Implementierung von WLANs sind bereits im Vorfeld mögliche Störquellen auszumachen. Funknetze unterliegen anderen Einflussmöglichkeiten von außen als klassische, voll verdrahtete Netze. Je nach Rahmenbedingungen müssen entsprechende Lösungen gesucht werden, um solche Störungen auszuschalten.

Die Störungen können grundsätzlich zweierlei Ursachen haben: natürliche atmosphärische Störungen und Störungen, die durch die Technologie fremder Systeme verursacht werden. Zu solchen Systemen gehören beispielweise auch Geräte der Unterhaltungselektronik. Diese Interferenzen schlagen natürlich auch in angekoppelte LAN-Systeme durch.

6.2.5　Geordnete Datenübermittlung

Die Punkt-zu-Punkt-Verbindung ist die denkbar einfachste Konfiguration zur Übertragung von Informationen. So kann man beispielsweise zwei eigenständige Stationen durch ein Kabel oder – wie in unserem Falle – per Funk zusammenbringen. Die Verbindung folgt immer einer klassischen Sequenz: Aufbau, Kontrolle bzw. Steuerung und Abbau. Sind Modems dazwischengeschaltet, ist eine vorhergehende Synchronisation untereinander erforderlich, bevor überhaupt eine Übertragung stattfinden kann. Die Übertragung selbst unterliegt Sicherheitschecks, um Datenfehler zu vermeiden.

Übertragungen selbst bedienen sich dabei technischer Protokolle, die Steuerungsfunktionen übernehmen. Dazu greifen sie auf allen relevanten Kommunikationsebenen ein.

6.2.5.1　Einsatz von Routern

Die nächst komplexere Konfiguration gegenüber einer Punkt-zu-Punkt-Verbindung wird dann erreicht, wenn mehr als zwei Teilnehmer miteinander kommunizieren möchten. Hier taucht dann zuerst der Begriff Netzwerk auf, und damit sind plötzlich ganz andere Voraussetzungen erforderlich, um die Teilnehmer korrekt zu adressieren.

In großen Netzen stehen häufig mehrere Routen zwischen zwei beliebigen Stationen zur Auswahl. Die Selektionsaufgabe für den optimalen Pfad wird von entsprechenden Routern übernommen.

Damit es nicht zu Kollisionen innerhalb des Netzes zwischen zu empfangenden und gesendeten Nachrichten auf dem gleichen Trägermedium kommt, gibt es technische Instrumente, diese zu entdecken und zu verhindern. Dazu dient beispielsweise das Carrier-Sense-Multiple-Access-(CSMA-)Verfahren.

6.2.5.2　Nachrichtenpakete

Man unterscheidet bei der Vermittlung von Kommunikation zwei Möglichkeiten:

- Leitungsvermittlung
- Paketvermittlung

Leitungsvermittlung spielt eine Rolle in der Telephonie, während sich Datennetze der Paketvermittlung bedienen. Dabei werden die Nachrichten in Blöcke – in Pakete – aufgeteilt wie in Abb. 6.1.

Diese Blöcke haben einen definierten strukturellen Aufbau. Im Wesentlichen sind sie unterteilt in einen Header mit Steuerungsinformationen und den eigentlichen Nachrichtenkörper, der die brauchbare Information enthält. Dem Header sind Absender und Zieladresse bekannt. Beim tatsächlichen Versand nutzt das Netz jeweils optimierte Routen für die einzelnen Datenpakete, die sich aus dem gesamten Datenverkehr ergeben, sodass Blöcke, die zur selben ursprünglichen Nachricht gehören, auf unterschiedlichen Wegen ihr Ziel finden können. Die Pakete werden erst wieder an der Zieladresse vereinigt.

Bei der Paketvermittlung spielt neben der Wegeoptimierung und der damit verbundenen effektiven Nutzung von Netzressourcen auch die Performance eine Rolle. Da die Pakete klein sind, werden Warteschlangen schneller abgebaut. Hier noch einmal die Vorteile dieser Kommunikationsnetze:

- Alle Teilnehmer sind gleichberechtigt.
- Fehler werden schnell erkannt.
- Erneute Sendung fehlerhafter Pakete.
- Kein Verlust von Paketen beim Ausfall einer Station.
- Alternative Route zur Zieladresse.

Paketübermittlung

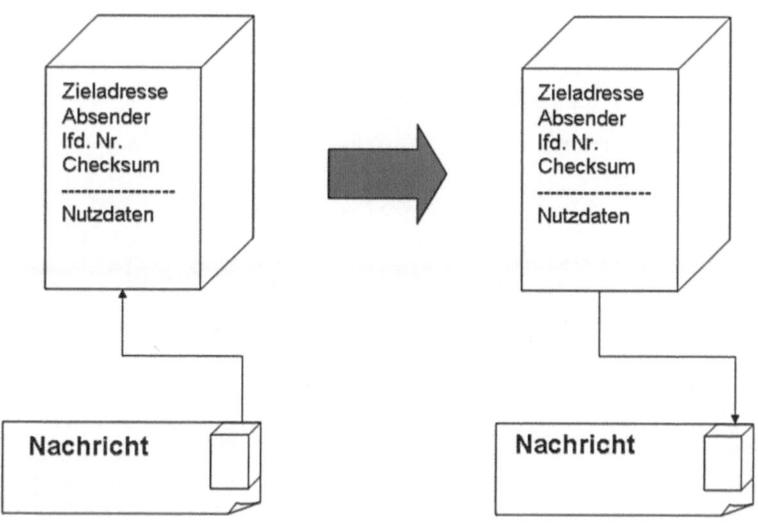

Abb. 6.1 Paketvermittlung in Netzwerken

6.2.6 Netzwerktopologien

Wie schon aus dem Vorhergesagten hervorgeht, gibt es unterschiedliche Netzkonfigurationen, die auch als Topologien bezeichnet werden. Zur Darstellung solcher Topologien bedient man sich bestimmter graphischer Elemente für die Darstellung von Komponenten und Verbindungen. Unterschieden werden Netzwerkknoten (Endgeräte und Steuerungsstationen) und Linien oder Verbindungspfeile für die Verbindungen. Folgende Topologien werden unterschieden:

- Ringnetze
- Maschennetze
- Sternnetze
- Baumnetze

Für die WLAN-Belange sind nur Maschen- und Sternnetze relevant.

Neben einem kompletten Maschennetz sind auch Lösungen denkbar, die als partielles Maschennetz bezeichnet werden (Abb. 6.2). Hierbei werden nicht alle Stationen untereinander verbunden (m:m), sondern nur die Nachbarstationen (n:m). Im Extremfall landen wir dann wieder bei der Punkt-zu-Punkt-Verbindung von nur zwei Stationen.

Neben rein strukturellen Erwägungen spielen auch andere Kriterien bei der Auswahl einer Netztopologie eine Rolle. Die Vor- und Nachteile werden insbesondere bei der Betrachtung von Kabelnetzen sichtbar. Maschennetze erfordern die Verbindung von mehreren Knoten untereinander (s. Abb. 6.3). Dieser hohe Verkabelungsaufwand entfällt selbstverständlich bei Funknetzen. Demgegenüber sind Maschennetze ausfallsicherer.

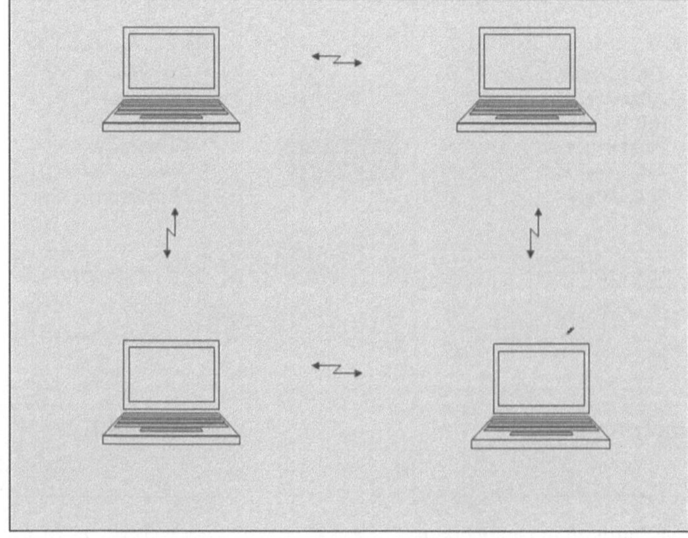

Abb. 6.2 Partielles Maschennetz

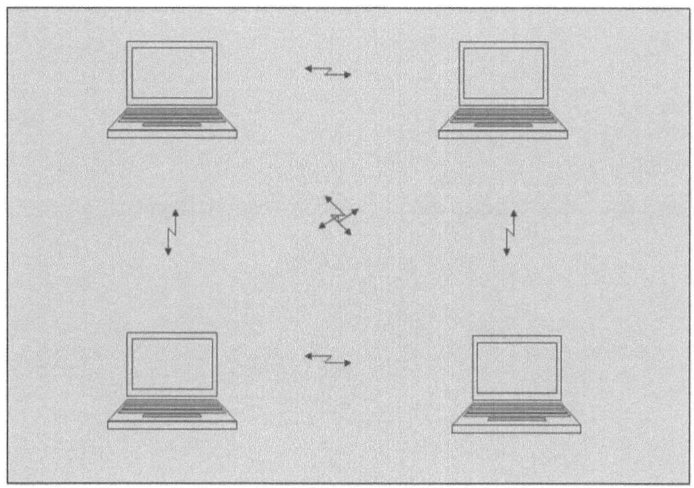

Abb. 6.3 Maschennetz

Auch treten Performance-Engpässe seltener auf. Aus diesen Gründen wurden Maschennetze bei der Konstruktion des Internets vorgezogen.

Die sternförmige Netztopologie (Abb. 6.4) folgt klassischen IT-Strukturen mit einem Zentralsystem in der Mitte und den Arbeitsplätzen über Einzelverbindungen peripher damit verbunden. Somit stellt sich eigentlich die Frage nach dem Routing zunächst nicht. Auch sind solche Netze leichter zu administrieren. Gibt es allerdings keine zentrale Redundanz, bricht das Netz bei Ausfall der Zentraleinheit sofort zusammen. Den Platz der Zentraleinheit belegt im WLAN der Access Point mit den ihm zugeordneten Stationen.

6.2.7 Funktechnologien

Im Unterschied zu verkabelten Netzen kann das Adressierungskonzept im WLAN ein anderes sein: in LANs sind die Adressen fixiert, d. h., jede Adresse ist einer bestimmten Position zugeordnet, während das in einem WLAN nicht unbedingt der Fall zu sein braucht.

Datenübertragung erfolgt durch modulierte Wellen zwischen den Antennen von Sender und Empfänger. Dazu ist es erforderlich, dass vor dem Senden die zu übertragenden Informationen in analoge Signale umgewandelt werden. Der Empfänger greift die analogen Signale entsprechend auf und digitalisiert sie anschließend wieder.

6.2.7.1 Das Modulationsverfahren

Wie läuft das Modulationsverfahren ab? Zunächst wird von der Grundfrequenz einer verwendeten Funkwelle ausgegangen. Diese wird auch als Trägerschwingung bezeichnet. Auf diese wird das infrage kommende – auch als Zeichenschwingung bezeichnete – Signal

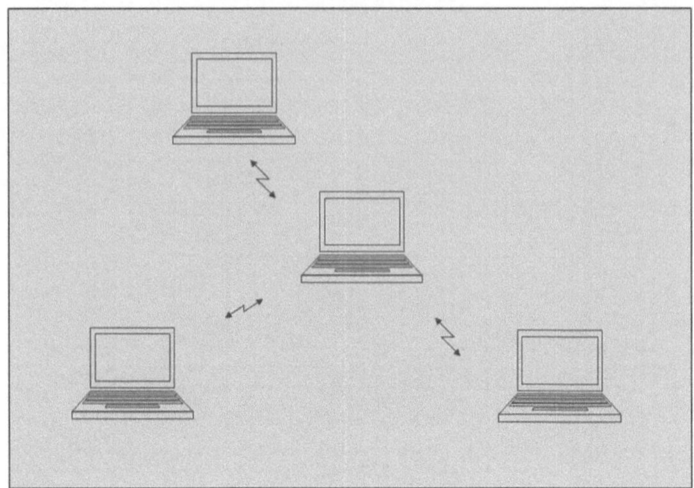

Abb. 6.4 Sternnetz

aufgeprägt. Daraus resultiert ein Mischsignal. Und dadurch ändert sich auch das Frequenzspektrum dieser modulierten Schwingung gegenüber der ursprünglichen nicht modulierten Trägerschwingung. Je nach Modulation verhält sich das erzeugte Signal anders gegenüber sonstigen Signalen, die sonst noch in der Nähe auftauchen. Je nach Modulationsverfahren können die betrachteten Signale mehr oder weniger stabil bzw. mehr oder weniger störanfällig sein.

Das Spread-Spectrum-Verfahren wurde entwickelt, um eine verbesserte Signalstabilität zu bekommen. Dahinter steht die Methode, ein Signal auf mehrere Kanäle umzulegen. Durch diese Art von Modulation wird das Signal mit mehr als einer Trägerschwingung gespreizt. Das macht das Signal robuster gegenüber Störungen von außen. Gleichzeitig sinkt dabei der Energieverbrauch. Der Nachteil dieses Verfahrens besteht darin, dass mehr Bandbreite benötigt wird.

6.2.7.2 Bandbreite

Die Bandbreite legt die Übertragungskapazität eines Trägermediums fest. Und die beeinflusst direkt die erzielbare Datenrate. Bandbreite meint den Frequenzbereich, innerhalb dessen die Signalübertragung stattfindet. Die übertragbare Informationsmenge pro Zeiteinheit ist also abhängig von der Bandbreite. Ihre Einheit ist Hertz (Hz) oder ein Vielfaches davon (kHz, MHz, GHz). Die Datenrate selbst wird in kbits/s oder Mbit/s gerechnet. Je nach Übertragungsrichtung unterscheidet man

- duplex (beide Richtungen gleichzeitig),
- simplex (nur eine Richtung) und
- halbduplex (wechselnde Verbindungsrichtungen, aber nicht gleichzeitig).

6.2.7.3   Reichweite von Funksignalen

Die Reichweite von Funksignalen hängt ab von

- der Dämpfung,
- der Frequenz und
- Störungen von außen.

Dabei haben schwache niederfrequente Wellen oftmals eine relativ große Reichweite, da sie u. a. auch physikalische Hindernisse durchdringen können. Höherfrequente Wellen sind dazu nicht in der Lage. Abb. 6.5 zeigt die Verteilung der Intensität von Funksignalen.

Das Übertragungsmedium eines Funknetzes weist gegenüber Kabelnetzen ganz spezifische Unterschiede auf:

- Keine sichtbaren Abgrenzungen
- Kein Schutz gegenüber Interferenzsignalen

Außerdem kann die gegenseitige „Sichtbarkeit" aller Stationen mit allen anderen innerhalb desselben Netzes nicht vorausgesetzt werden. Manche Stationen bleiben unter Umständen unsichtbar. Funkwellen haben die unangenehme Eigenschaft, dass sie schwanken und sich nicht unbedingt symmetrisch ausbreiten.

All das führt dazu, dass Funknetze auch physikalisch gesehen weniger zuverlässig sind, als man es von Kabelnetzen gewohnt ist.

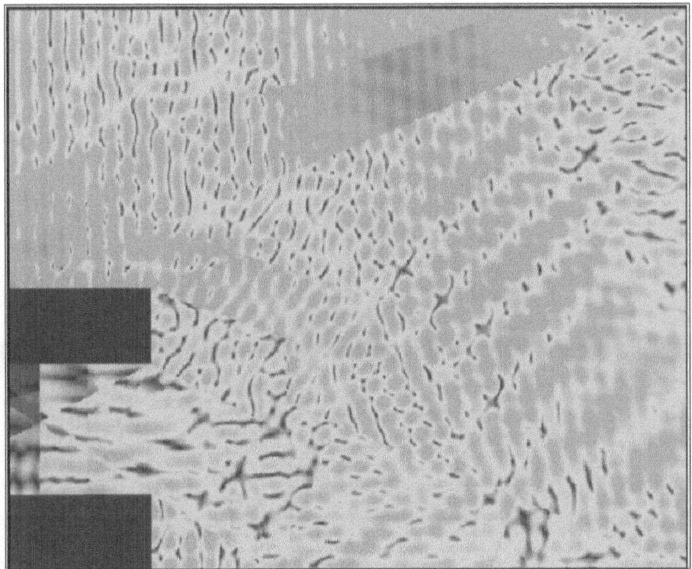

Abb. 6.5 Repräsentative Verteilung der Intensität von Funksignalen; Quelle: ANSI/IEEE 802.11, 1999 Edition

6.2.7.4   Kanalverteilung

Der Frequenzbereich für WLANs des ISM-Bandes wurde bereits mehrfach erwähnt. Dabei wird das 2,4-GHz-Frequenzband zwischen 2,4 und 2,4835 GHz in einzelne Kanäle aufgeteilt. Sie haben jeweils eine individuelle Breite von 22 MHz. Ihr Abstand beträgt 5 MHz. Dabei kann es zu Frequenzabweichungen kommen. Das wird durch das Spreizverfahren verursacht. Die Abweichungen können bis zu 12,5 MHz gegenüber der Zentralfrequenz in beide Richtungen betragen. Das ist die Ursache für eventuell auftretende Interferenzen zwischen benachbarten Kanälen. Abb. 6.6 zeigt eine beispielhafte Kanalverteilung.

6.2.7.5   Trennung von Kanälen

Nutzt man aber gleichzeitig jeweils nur Kanäle, die möglichst weit voneinander entfernt liegen (Kanaltrennung), lassen sich Interferenzen weitgehend vermeiden. Idealerweise sollte nur jeder fünfte Kanal gleichzeitig genutzt werden. Das würde allerdings dazu führen, dass höchstens drei unterschiedliche Kanäle im selben WLAN zum Einsatz kämen. Zur Optimierung der Leistung bliebe dann nur noch die Verhinderung von Störungen von außen. Die Tab. 6.1 zeigt die Frequenzverteilung im 2,4- bis 2,5-GHz-Band.

Das 5-GHz-Band ist breiter von der Ausgangslage her. Mit ihm können 19 Kanäle ohne Überlappung genutzt werden. Ein weiterer Vorteil besteht darin, dass weder Mikrowellenherde noch der Mobilfunk diese Frequenzen nutzen und deshalb die Störanfälligkeit geringer ausfällt.

6.2.8   Die wichtigsten Standards

Standards in Computernetzen aller Art sorgen dafür, dass Konventionen und Regeln festgelegt werden, die dann auch eingehalten werden müssen. Die Regeln sind in Protokollen

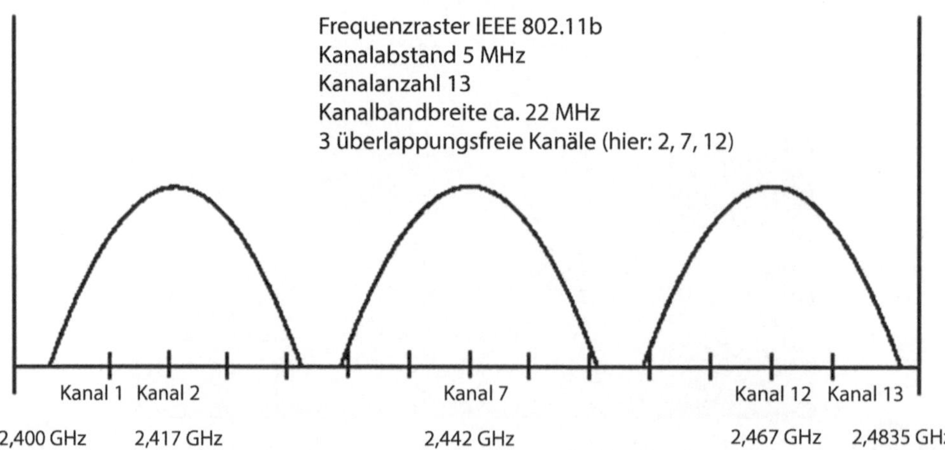

Abb. 6.6 Die Kanäle 2, 7 und 12 sind überlappungsfrei; Quelle: BSI Sicherheit im Funk-LAN 2003

Tab. 6.1 Frequenzen der verschiedenen Kanäle im 2,4- bis 2,5-GHz-Frequenzband

Kanal	Zentralfrequenz (MHz)	Frequenz-Spread (MHz)
1	2412	2399,5–2424,5
2	2417	2404,5–2429,5
3	2422	2409,5–2434,5
4	2427	2414,5–2439,5
5	2432	2419,5–2444,5
6	2437	2424,5–2449,5
7	2442	2429,5–2454,5
8	2447	2434,5–2459,5
9	2452	2439,5–2464,5
10	2457	2444,5–2469,5
11	2462	2449,5–2474,5
12	2467	2454,5–2479,5
13	2472	2459,5–2484,5

festgelegt. Die Standards selbst werden erarbeitet und weiter gepflegt von institutionalisierten Gremien, die eine entsprechende Anerkennung genießen. Wie bereits erwähnt, stellen die WLAN-Standards eine Untergruppe von LAN-Standards dar. Die Alleinstellungsmerkmale der WLAN-Standards beziehen sich hauptsächlich auf das Medium der Vernetzung. Im Folgenden soll das Verständnis für diese Standards geweckt werden. Das ist für das Verständnis der weiteren Materie hilfreich.

6.2.8.1 Überblick

6.2.8.1.1 Das OSI-Modell und Standards

Grundlage der 802.11-Standards ist das Open Systems Interconnection Model (OSI), das seinerzeit von der International Organization for Standardization (ISO) entwickelt wurde. OSI ist die Basis für alle Netzwerkprotokolle. Es definiert die Kommunikation von offenen und verteilten Systemen. Dazu bedient es sich sogenannter Protokollschichten – sieben insgesamt. Diese Schichten bauen aufeinander auf. Wenn von offenen Systemen die Rede ist, sind die Systeme nicht an einen gesonderten Firmenstandard gebunden, verteilt bedeutet eine dezentrale Systemlandschaft (s. Abb. 6.7).

6.2.8.1.2 Die physikalische Schicht

Wird eine Kommunikation zwischen zwei Partnern initialisiert, so wird ein Prozess angestoßen, in dessen Folge die verschiedenen Schichten mit den ihnen zugedachten Rollen durchlaufen werden. Das beginnt auf der „physikalischen" Schicht, dem Physical Layer PHY. Hier treten die Protokolle in Erscheinung, die für den Auf- und Abbau der Verbindung über die beteiligten Komponenten sorgen. Dabei werden die Daten in physikalische

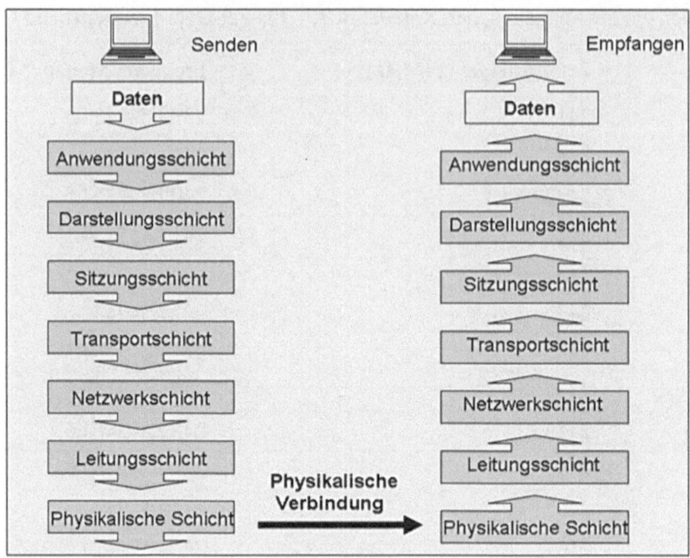

Abb. 6.7 Datenübertragung nach dem OSI-Modell

Signale umgesetzt. Das Protokoll regelt diesen Vorgang unabhängig vom Kommunikationsmedium. Abb. 6.8 zeigt den Zusammenhang zwischen OSI und dem 802-Standard.

6.2.8.1.3 Die Verbindungsschicht

Oberhalb der physikalischen Schicht ist die Sicherungs- oder Verbindungsschicht angesiedelt, die auch Data Link genannt wird. Sie ist zuständig für das Management der aufgebauten Verbindung zwischen Sende- und Empfangsstationen. Diese Schicht garantiert die Integrität der Datenübertragung. Die hierfür verwendeten Protokolle zerlegen die Daten, die aus der physikalischen Schicht herkommen, in Pakete und überwachen dabei gleichzeitig deren Übermittlung. Sie können Übertragungsfehler erkennen und gegebenenfalls auch korrigieren.

Eine dritte beteiligte Schicht, die Netzwerkschicht, sorgt für das korrekte Routing der Datensätze, die als fehlerfrei identifiziert worden sind. Weitere Protokolle betreffen

- Transportschicht,
- Sitzungsschicht,
- Präsentationsschicht und
- Anwendungsschicht.

Diese sind nicht Gegenstand der spezifischen WLAN-Standards.

6.2.8.1.4 Medium Access Control

IEEE 802.11 kümmert sich nur um die physikalische und die Verbindungsschicht – die beiden untersten Schichten des OSI-Modells, wobei die Verbindungsschicht nochmals in zwei Teilschichten zerlegt wird. Eine Teilschicht nennt sich Medium Access Control

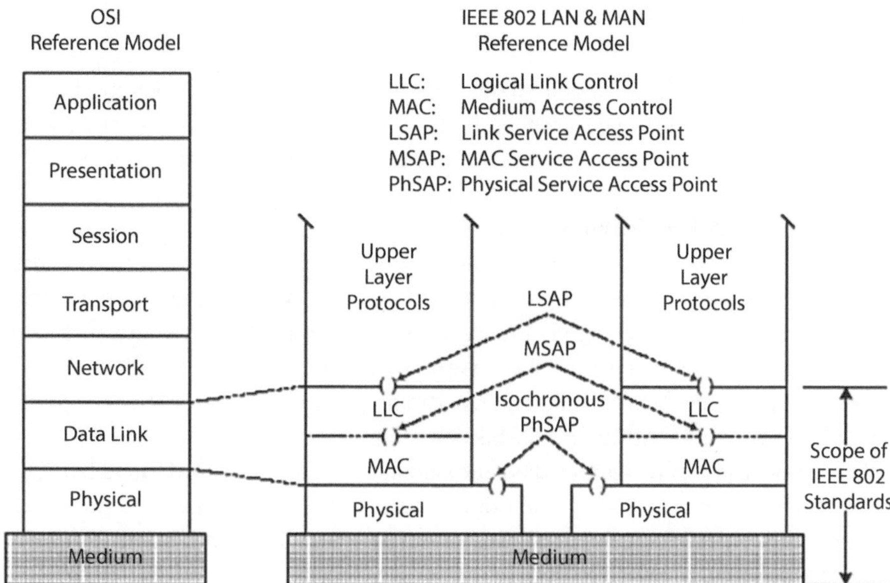

Abb. 6.8 Das OSI-Referenzmodell im Verhältnis zum IEEE-802-LAN/MAN-Referenzmodell; Quelle: IEEE Std 802-2001

(MAC); die Teilschicht darüber wird als Logical Link Control (LLC) bezeichnet. Für letztere wurde ein eigener Standard 802.2 geschaffen. Er bezieht sich auf alle Arten von LANs. Das zugehörige Protokoll managt die Kommunikation zwischen Computern.

Die MAC-Schicht selbst ist verantwortlich für die Zerlegung der zu transportierenden Daten in Pakete, die als MAC Protocol Data Units (MPDU) bezeichnet werden. Außerdem steuert es den Zugriff auf das Übertragungsmedium entsprechend dem auf der physikalischen Schicht festgelegten Arbeitsmodus. Das ist wichtig, wenn mehrere Stationen auf dasselbe Übertragungsmedium zugreifen. MAC verhindert Kollisionen und Datenverluste. Diese können eben bei gleichzeitigem Senden und Empfangen durch mehrere Stationen im selben Netz entstehen. Das CSMA/CA- Verfahren (Carrier Sense Multiple Access with Collision Avoidance) aus 802.11 sorgt dafür, dass immer nur ein Gerät zu einem gegebenen Zeitpunkt sendet.

6.2.8.1.5   WLAN und LAN

OSI bietet eine Reihe von Vorteilen, die hier noch einmal kurz aufgelistet werden sollen:

- Protokolle von höheren Schichten können problemlos auf Dienste unterer Schichten zugreifen.
- Für Protokolle einer höheren Schicht ist die Arbeit auf der darunterliegenden Schicht transparent.
- Hardwarekomponenten können in die Schichtenhierarchie eingeordnet werden (Netzwerkbrücken gehören zur Verbindungsschicht, Router zur Netzwerkschicht).

6.2.9   Der IEEE 802.11

Die Standards, die das IEEE in den letzten Jahren für drahtlose Netze verabschiedet hat, sind – wie schon erwähnt – von vornherein als Teil der 802-Familie entworfen, wodurch das Zusammenspiel mit klassischen Ethernetlösungen erleichtert wird.

6.2.9.1   Allgemeine Entwicklung

Der erste Standard für WLANs wurde unter der Nummer 802.11 im Jahre 1997 freigegeben. Diese Version bezieht sich stringent auf das OSI-Modell. Für die physikalische Schicht PHY wird der Datenweg via Funkverbindung festgelegt. Hier kommen Technologien zum Tragen, die bereits weiter oben erwähnt wurden: FHSS und DSSS zur Spreizung des Frequentspektrums. Die originären Übertragungsraten (brutto) sollten ursprünglich 1 Mbit/s für FHSS und 2 Mbit/s für DSSS betragen.

Außerdem wurde hier festgelegt, dass zur Datenübertragung das ISM-Band bei 2,4 GHz zu verwenden ist. Bereits jetzt wurden die beiden möglichen Modi der Kommunikation zwischen Teilnehmern festgelegt: ad hoc zwischen zwei Teilnehmern und Infrastruktur über Access Points.

Fernerhin erfolgte die Spezifikation der MAC-Teilschicht innerhalb der zweiten OSI-Schicht für den Medienzugriff; dazu die notwendigen Protokolle als Schnittstelle zur physikalischen Schicht.

WLAN-Komponenten im Handel können unterschiedliche Versionen von 802.11 bedienen. Die Frage der Kompatibilität sei an dieser Stelle zunächst einmal zurückgestellt. Allen ist gemeinsam, dass auf dem Typenschild oder an geeigneter Stelle die Standardversion ausgezeichnet ist, die diese Komponenten bedienen können, beispielsweise 802.11b. 802.11 meint den Standard an sich, der angehängte Buchstabe steht für eine spezifische Version. Er leitet sich ursprünglich aus der Identifizierung der jeweiligen Task Group her, die sich im Rahmen der Gesamt-Work-Group für alle WLAN-Standards mit dieser spezifische Version beschäftigt hat. Im Folgenden sollen diese Versionen im Einzelnen erläutert werden.

Die Version 802.11b hat die bisher weiteste Verbreitung gefunden. Das hängt mit dem Frequenzband zusammen. Das 2,4-GHz-Band steht in der überwiegenden Zahl der Länder lizenzfrei zur Verfügung. Es gibt natürlich mittlerweile Komponenten, die auch die anderen Mitglieder der 802.11-Familie unterstützen (z. B. 802.11g oder 802.11i). Einige dieser Varianten sind auch untereinander kompatibel. Außerdem kann man Komponenten erwerben, die gleichzeitig unterschiedliche Varianten unterstützen. So gibt es Access Points, die für 802.11a, b und g eingesetzt werden können.

Heutzutage befinden sich WLAN-Schnittstellen in allen Notebooks und Smatphones auf dem Markt.

6.2.9.2   Die Erweiterungen im Einzelnen

Wie bereits erwähnt, liegt im Kern der Spezifikation des Standards die Beschreibung von Verbindungen auf der physikalischen Schicht sowie für die Verbindungsschicht die Steuerung des Medienzugangs auf der MAC-Teilschicht.

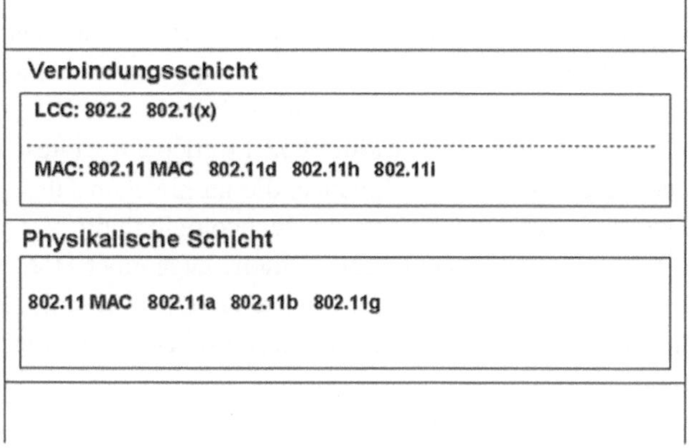

Abb. 6.9 Der IEEE
802.11-Standard und das
OSI-Modell

Verbindungsschicht

LCC: 802.2 802.1(x)

MAC: 802.11 MAC 802.11d 802.11h 802.11i

Physikalische Schicht

802.11 MAC 802.11a 802.11b 802.11g

Es war aber auch die Rede von der zweiten Teilschicht der OSI-Verbindungsschicht: LLC (Logical Link Control). Im 802.11 wurde hier nichts Spezifischen festgelegt. Der bereits vorhandene Standard 802.2, der für LANs allgemein gilt, wurde übernommen. Das bedeutet, dass die 802.11-Zugriffsprotokolle im Ergebnis LAN-kompatibel sein müssen. Abb. 6.9 zeigt den Zusammenhang zwischen OSI und 802.11.

6.2.9.2.1 Die Version 802.11a

Im Jahre 1999 wurde die 1997 freigegebene Version noch einmal grundlegend überarbeitet. Im selben Jahr kamen gleich zwei neue Versionen hinzu: 802.11a und 802.11b. Für 802.11a wurde ein Verfahren eingeführt, das die Datenübertragungsrate wesentlich steigert – das OFDM-Verfahren. Dieses nutzt außerdem ein anderes Frequenzband. Ab jetzt sind Übertragungsraten von zwischen 6 und 54 Mbit/s im 5-GHz-Band möglich – unabhängig von Steigerungen, die manche Hersteller durch Eigenlösungen zusätzlich anbieten. In der Praxis nutzen die Stationen die höchstmögliche Übertragungsrate. Stellen sich aus verschiedenen Gründen zu viele Fehler beim Datentransfer ein, kommen niedrigere Raten zum Einsatz.

Das 5-GHz-Band wurde in Deutschland seit November 2002 zur Nutzung durch WLANs freigegeben. Dazu gehören insgesamt 19 Kanäle mit je 20 MHz Kanalbreite und Abständen zwischen 5,15 und 5,35 GHz sowie 5,47 und 5,725 GHz untereinander. Der Abstand soll Interferenzen zwischen benachbarten Kanälen verhindern. Einschränkend darf das erste Band nur innerhalb von Gebäuden genutzt werden. Die Sendeleistung muss auf 200 mW begrenzt sein. Das bedeutet eine Reichweite von lediglich 10–15 m. Für das zweite Band liegt die Obergrenze bei 1 W.

6.2.9.2.2 Die Version 802.11b

Zeitgleich mit 802.11a wurde 802.11b veröffentlicht. Diese Version verbleibt im Frequenzbereich von 2,400–2,4835 GHz. Sie erreicht trotzdem eine Steigerung der Datenrate auf 5,5 bzw. 22 Mbit/s (brutto). Dies wird durch die HR/DSSS-Technologie sichergestellt. Sie ist abwärtskompatibel mit DSSS. Die Nettoübertragungsrate beträgt etwa 50 % davon.

Das ist mit der Rate in noch heute existierenden LANs von 10 Mbit/s vergleichbar. Auch gegenüber dem Internet kann sich diese Rate sehen lassen – was klassische Datenübertragung betrifft. Die neueren Anforderungen aus dem audiovisuellen Bereich stellen dafür jedoch ernsthafte Herausforderungen dar.

Ein weiterer Grund, warum 802.11b der am weitesten verbreitete Standard ist, ist in der WECA, jetzt Wi-Fi-Alliance, die im gleichen Jahr 1999 gegründet wurde, zu finden. Die Wi-Fi-Alliance förderte die Technologie durch Vergabe des Wi-Fi-Logos. Ansonsten gibt es eine Reihe technischer Vorteile gegenüber 802.11a, z. B. die größere Reichweite sowohl in Gebäuden als auch im Freien. Die Nachteile liegen – wie gesagt – in den möglichen Interferenzen mit anderen technischen Geräten im 2,4-GHz-Band.

6.2.9.2.3   Die Version 802.11d

Die Version 802.11d enthält Spezifikationen für die MAC-Schicht, die es ermöglichen, WLAN-Komponenten überall auf der Welt einzubinden. Für dieses Roaming werden die Sendeparameter entsprechend angepasst.

6.2.9.2.4   Die Version 802.11g

Der Standard 802.11 g wurde von der IEEE im Juni 2003 freigegeben. Er ist mit dem 802.11b abwärtskompatibel und nutzt ebenfalls das Frequenzband zwischen 2,4 und 2,4835 GHz. Da er zudem mit der OFDM-Technologie arbeitet, erzielt man mit ihm Übertragungsraten von 54 Mbit/s (Maximum). Bei der Reichweite hat sich aber gegenüber 802.11b nichts geändert. Somit können 802.11g-Komponenten problemlos in existierende 802.11b-WLANs integriert werden. In der Praxis wird das durch den Kompatibilitätsmodus erreicht mit dem Nachteil, dass die Übertragungsrate wiederum auf 10–15 Mbit/s heruntergefahren wird.

6.2.9.2.5   Die Version 802.11h

Die Version 802.11h dient dazu, Funkregulierungen im 5-GHz-Bereich, wie sie in Europa üblich sind, abzudecken. Dazu sind Anpassungen auf der MAC-Schicht erforderlich. Im Einzelnen geht es um den Einsatz des TPC-Verfahrens (TPC: Transmit Power Control). Dieses Verfahren setzt die Sendeleistung in Abhängigkeit von der Kommunikationsqualität herab. Dahinter verbarg sich eine Anforderung der ETSI.

Zusammen mit der ETSI sind auch die deutschen Regulierer vorstellig geworden. Die zuständige Behörde forderte den Einsatz von TPC als Voraussetzung für die Freigabe von Komponenten im 5-GHz-Band. Ansonsten würden bestimmte Obergrenzen greifen. Innerhalb von Gebäuden liegt die Obergrenze bei 30 mW für Access Points ohne TPC, mit TPC bei 60 mW zwischen 5,150 und 5,350 GHz. Für Geräte, die mit einem dynamischen Frequenzwahlverfahren ausgestattet sind, erhöht sich darüber hinaus die Obergrenze auf 200 mW.

TPC macht nichts anderes, als die Sendeleistung konstant innerhalb der zugelassenen Bandbreite zu halten, wenn einzelne Stationen miteinander oder mit einem Access Point kommunizieren. Dazu ist ein Regelbereich für automatische Leistungsanpassung definiert. In Deutschland liegt der bei 6 dB. Um dieses Verfahren zu realisieren, fordern die Stationen Statusinformationen über die Verbindungsstrecke zwischen den Kommunikationspartnern via TPC Request Frames an.

Ein weiteres Feature ist DSF: Dynamic Frequency Selection. Hierbei handelt es sich um eine Methode, die jeweils günstigste Frequenz auszuwählen. Im Zuge dieses Verfahrens wird immer dann automatisch ein Kanalwechsel vollzogen, wenn außer dem jeweiligen Benutzer noch andere User oder technische Fremdgeräte auf demselben Kanal innerhalb des 5-GHz-Bandes arbeiten. Eine entsprechende Prüfung erfolgt vor jeder einzelnen Kanalnutzung. Auf diese Weise werden Interferenzen in dem Frequenzband ausgeschlossen. In allen anderen Bereichen ist 802.11h mit 802.11a kompatibel.

6.2.9.2.6   Die Version 802.11i

Noch näher zurück liegt die Veröffentlichung von 801.11i. Erst im Jahre 2004 wurde sie mit einem zuverlässigeren Sicherheitsprotokoll freigegeben. Auslöser war das Verschlüsselungsverfahren WEP und die damit verbundenen Risiken. Als Ausweg hat man nicht ein Verfahren (WEP) durch ein besseres ersetzt, sondern eine ganze Sicherheitsarchitektur entwickelt, die RSN: das Robust Security Network. Dieses Sicherheitsprotokoll kann innerhalb der Versionen 802.11a/b/g und h zum Einsatz kommen.

Und erstmals lässt sich auch der Ad-hoc-Modus wirkungsvoll absichern. 802.11i verwendet eine Reihe von Verschlüsselungsverfahren. Dazu gehört auch AES: Advanced Encryption Standard. Das Schlüsselmanagement basiert auf dem Temporal Key Integrity Protocol (TKIP). Außerdem wird ein gesondertes Authentifizierungsverfahren für WLAN-Zugriffe angewendet, das im Detail im Standard 802.1x beschrieben wird. Dieses Authentifizierungsverfahren funktioniert entlang dem Extensive Authentication Protocol (EAP). Der Standard selbst gehört nicht der 802.11-Familie an, sondern dem allgemeinen Bereich von 802 für alle Arten von Netzwerken.

Ein weiterer Grund, warum 802.11i dringlich wurde, war die Tatsache, dass Teile davon bereits unter WPA der Wi-Fi-Alliance kursierten. Die Alliance hat nachher diesen Standard auch unter WPA2 geführt.

6.2.9.2.7   802.11-2007

In diesem Standard vom 8. März 2007 wurden acht Erweiterungen (802.11a, b, d, e, g, h, i, j) zu einem einzigen Standard zusammengefasst.

6.2.9.2.8   802.11n

Wie auch alle bisherigen Standards arbeitet 802.11n in den Frequenzbereichen 2,4 und 5,0 GHz. Ziel der neuen Entwicklung ist eine Übertragungsrate von 600 Mbit/s und eine Reichweite von bis zu 300 m. Hierbei handelt es sich jedoch um theoretische Werte. In der Praxis ist eine Rate von 100 Mbit/s eher wahrscheinlich. Das hängt mit dem Zusammenspiel von Komponenten unterschiedlichster Art in einem typischen Netzwerk zusammen. Weil der neue Standard rückwärtskompatibel mit 802a, b und g sein soll, wird die Rate wahrscheinlich noch niedriger sein.

Der Standard wendet hauptsächlich drei Technologien an: Multiple Input Multiple Output (MIMO), Channel Bonding und Frame Aggregation. Bei MIMO werden mehrere Sender und mehrere Empfänger gleichzeitig eingesetzt. Durch räumliches Multiplexing werden die Datenströme zerstückelt und als einzelne Einheiten über denselben Kanal simultan abgeschickt. Der Empfänger setzt aus diesen Strömen die Nachricht über einen komplexen Algorithmus wieder zusammen. Zusätzlich fokussiert MIMO die Energie des Funksignals in Richtung des vorgesehenen Empfängers. Die Channel-Bonding-Methode des 802.11n erweitert zwei 20-MHz-Kanäle zu einem einzigen 40-MHz-Kanal und verdoppelt somit die Übertragungsrate. Indem individuelle Frames zu größeren Datenpaketen kombiniert werden, wird die Gesamtzahl der Frames reduziert und damit auch die Overheads, sodass die transportierte Menge noch einmal gesteigert werden kann.

6.2.9.2.9   802.11p

Dieser Standard ist eine Erweiterung von 802.11a für den Einsatz in Fahrzeugen zur Kommunikation zwischen Fahrzeugen, veröffentlicht im Jahre 2010. Die Datenrate beträgt 27 Mbit/s brutto im Frequenzband von 5,850–5,925 GHz.

6.2.9.2.10   802.11-12

In diesem Standard, veröffentlicht am 29. März 2012, wurden zehn Erweiterungen zum 802.11-2007 (802.11k, r, y, n, w, p, z, v, u, s) zusammengefasst.

6.2.9.2.11   802.11ac

Hierbei handelt es sich um Erweiterungen zu 802.11n, veröffentlicht im Jahre 2013. Die Datenraten betragen 6,5–96,3 Mbit/s bei 20 MHz Kanalbreite, 13,5–200 Mbit/s bei 40 MHz Kanalbreite, 29,2–433 Mbit/s bei 80 MHz Kanalbreite, 58,5–867 Mbit/s bei zweimal 80 MHz oder 160 MHz Kanalbreite und bei mit MIMO ausgestatteten Geräten bei 80 MHz Kanalbreite bis zu 1299 Mbit/s – theoretisch mit bis zu 6936 Mbit/s.

Die ersten Geräte im Frequenzband von 5 GHz (Router, Laptops, Smartphones) kamen Ende 2013 auf den Markt.

6.2.9.2.12   802.11ad

Dieser Standard verfügt über eine große Bandbreite mit vier Kanälen im 60-GHz-Band. Die Datenraten im OFDM-Modus betragen 1540, 2310, 2695, 3080, 4620, 5390 und 6930 Mbit/s, im QAM-Modus: 26, 361–5280 Mbit/s mit einer maximalen Reichweite von 10 m.

6.2.9.2.13   802.11ah

Dieser Standard wurde Anfang 2016 veröffentlicht. Er operiert im Frequenzband von 900 MHz mit 26 1-MHz-Kanälen bzw. 13 2-MHz-Kanälen.

6.2.10 WLAN-Archtektur

WLAN-Architektur oder Topologie meint die Anordnung von Komponenten, und wie diese untereinander verbunden sind. Der 802.11-Standard beschreibt, wie solche Topologien aussehen können. Das Spektrum von unterschiedlichen Topologien beginnt bei der einfachsten Architektur, die nur zwei Geräte beinhaltet, bis zu ausgedehnten komplexen

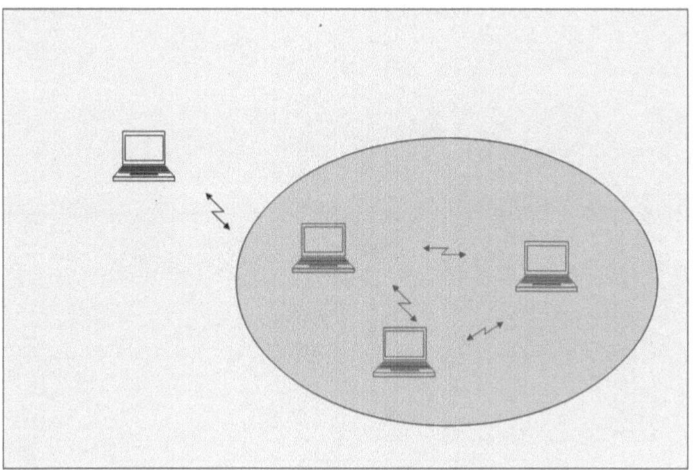

Abb. 6.10 Stationen innerhalb und außerhalb einer Funkzelle

Netzwerken. Die Sende- und Empfangsgeräte, die Elemente dieser Architekturen sind, werden als Stationen bezeichnet.

Entsprechend 802.11 setzen sich Funknetze aus Zellen zusammen (s. Abb. 6.10). Diese Zellen kombinieren ihrerseits wieder zu ausgedehnten Netzen. Die Reichweite der beteiligten Sender legt die Ausdehnung einer Funkzelle fest. Diese Ausdehnung ist abhängig von der Antenne und deren Leistung. Im Standarddokument lautet die Bezeichnung für eine solche Zelle Basic Service Set (BSS).

6.2.10.1 BSS

Ein BSS ist also definiert durch die Fläche bzw. den Raum, innerhalb dessen die zu dieser Zelle gehörigen Stationen untereinander kommunizieren können. Dabei werden die lokalen Grenzen bestimmt durch die jeweiligen Reichweiten. Eine weitere Voraussetzung ist, dass alle Stationen sich über den gleichen Kanal austauschen.

Stationen sind mobil. So kann es geschehen, dass die eine oder andere sich außerhalb der Reichweiten der Netzpartner bewegt. In diesem Fall sind die betroffenen Stationen nicht mehr Bestandteil des vorherigen BSS (s. Abb. 6.11).

Eine weitere Konstellation, die denkbar ist, sind sich überlappende Stationen. Das führt dazu, dass einige Stationen für alle anderen erreichbar sind, einige wiederum können nur eine begrenzte Anzahl von anderen Stationen erreichen. Um eine Funkzelle weiterzuentwickeln, kann man einfach weitere Stationen hinzufügen.

6.2.10.2 Der Ad-hoc-Modus

Am untersten Ende des Spektrums der Netzwerkarchitekturen steht die Zelle, die lediglich aus zwei Computern besteht (s. Abb. 6.12), die senden, empfangen und Daten austauschen können. Auf diese Weise bilden bereits zwei Laptops ein erstes WLAN. Auch wenn ein weiteres Gerät hinzugefügt wird, ist noch keine Zentralverwaltung erforderlich. Es nimmt

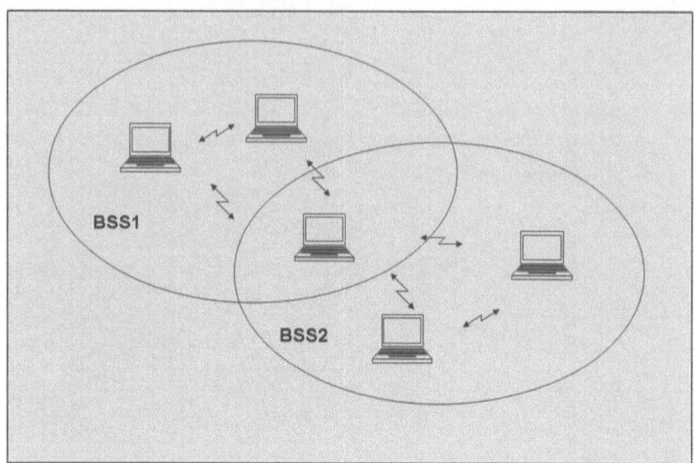

Abb. 6.11 Überlappende BSS

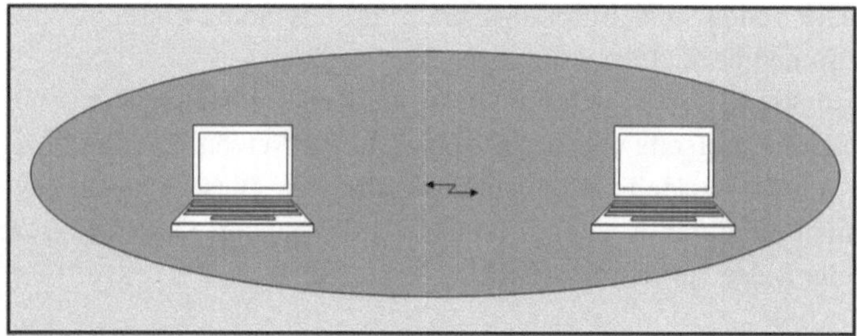

Abb. 6.12 Ad-hoc-Vernetzung von zwei Stationen

einfach an der Kommunikation teil. Bei normalen LANs müsste das über eine zusätzliche Verkabelung erreicht werden.

6.2.10.2.1 Von BSS zu IBSS

In der Praxis lassen sich solche Ad-hoc-Netzwerke bis zu einer gewissen Anzahl von Teilnehmern ständig erweitern. Diese Funkzellen werden in der 802.11-Spezifikation als Independent Basic Service Set (IBSS) bezeichnet. Zentrale Konfiguration und Steuerung werden nicht benötigt – daher der Name Ad-hoc-Netzwerke. Alle Stationen sind gleichberechtigt. Der Datenaustausch erfolgt direkt zwischen den einzelnen Teilnehmern. Man nennt diese Art von Zusammenarbeit auch Peer-to-Peer-Workgroup.

Voraussetzung für das Funktionieren eines solchen WLANs ist die Aktivierung des Ad-hoc-Modus auf allen Stationen sowie die Selektion eines gemeinsamen Übertragungskanals. Normalerweise werden Reichweiten von zwischen 30–50 m innerhalb desselben Gebäudes erzielt. Außerhalb kann es zwischen 100–300 m gehen. Nutzt man mehrere Kanäle, ist die Konstruktion von mehreren Netzen im selben geografischen Bereich möglich, ohne dass es zu Interferenzen kommt. Das Wandern einer Station von einem Netz zu einem anderen Ad-hoc-Netz ist so allerdings nicht möglich.

6.2.10.2.2 Die flexible Natur der Ad-hoc-Netze

Der Ad-hoc-Modus ist ideal für den Aufbau von kurzfristig erforderlichen und zeitlich begrenzt zu nutzenden Netzwerken. Das ist z. B. besonders interessant auf Tagungen oder Ausstellungen. Durch den Wegfall von aufwendigen Verkabelungen können Kosten eingespart werden, die auch durch die Verwendung von Netzwerkadaptern nicht aufgewogen werden. Die äußere Erscheinungsform eines solchen Netzes ist ein Maschennetz bzw. ein partielles Maschennetz.

6.2.10.3 Der Infrastrukturmodus

Neben dem Ad-hoc-Modus können WLANs auch im Infrastrukturmodus betrieben werden (s. Abb. 6.13). In diesem Modus sind die einzelnen BSS Teil eines weitverzweigten Netzwerks. Das führt dazu, dass die Stationen nicht mehr Punkt-zu-Punkt miteinander kommunizieren. Der Datenverkehr läuft über eine zentrale Stelle, den Access Point.

Ähnlich klassischer Zentralrechneranwendungen füllt der Access Point die Rolle einer Brücke aus, über die eine Station eine andere erreichen kann. Die Zellenreichweite um einen Access Point herum beträgt zwischen 30 und 250 m. Über seine Funktion im WLAN hinaus kann ein Access Point auch als Gateway zu einem existierenden LAN dienen.

6.2.10.3.1 LAN Gateway

WLANs ersetzen in der Regel keine existierenden oder konzipierten LANs. Außer im privaten Bereich und für kleinere Anwendungen sind sie als Ergänzungen zu LAN-Architekturen zu sehen. Somit spielt die Integration zwischen einem WLAN und einem LAN eine

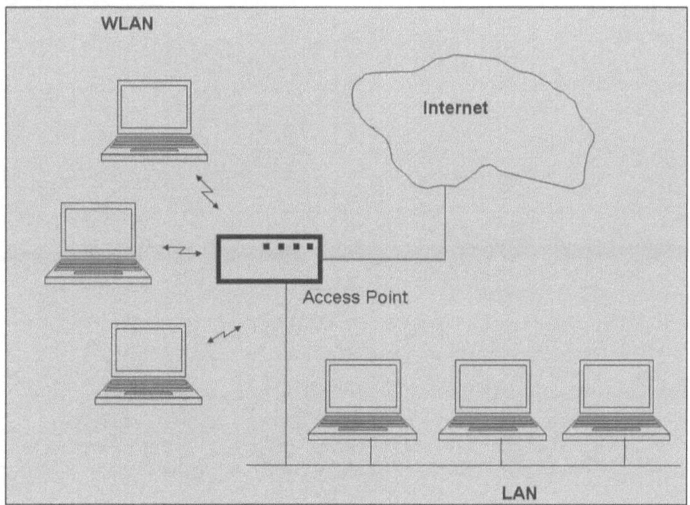

Abb. 6.13 Beispiel eines WLANs im Infrastrukturmodus

übergeordnete Rolle. Durch das Angebot leistungsfähiger und erschwinglicher WLAN-Komponenten ist jedoch ein relatives Ungleichgewicht zugunsten des WLANs eingetreten. Eine Schlüsselfunktion nimmt dabei der Access Point ein. Neben seiner Steuerungsfunktion im WLAN ermöglicht er auch den Zugang zu einem angebundenen LAN. Dadurch sind Zugriffe auf die im LAN vorhandenen Ressourcen möglich: Datenbanken, Peripheriegeräte etc. WLAN und LAN können so eine architektonische Einheit bilden, um ganz bestimmte Anwendungen in einer Organisation zu realisieren. Die Vorteile treten dann zu Tage, wenn definierte mobile Nutzergruppen eingebunden werden sollen, oder wenn sich eine Verkabelung aus unterschiedlichen Gründen verbietet (räumliche Gegebenheiten, Kosten etc.).

Die einfachste Architektur eines WLANs im Infrastrukturmodus besteht aus einem einzigen Access Point und einer oder mehrerer Stationen. Der Access Point ist dabei das zentrale Element. Darüber hinaus sind Erweiterungen über zusätzliche Stationen bzw. Access Points mit ihren jeweils zugeordneten Teilnehmern in fast unbegrenzter Kombinatorik denkbar.

6.2.10.3.2 Distribution Systems

Man spricht von Distribution Systems – Verteilsystemen –, wenn mehrere Funkzellen, je bestehend aus einem Access Point und seinen zugehörigen Stationen, zu größeren Einheiten zusammengeschlossen werden. In fest verdrahteten Netzen wäre diese Konfiguration eine statische. Die Beziehung einer Station zu einem BSS ist aber grundsätzlich dynamisch. Eben wegen des mobilen Grundprinzips kann sich eine Station zwischen unterschiedlichen BSS bewegen (s. Abb. 6.14).

Will man z. B. zwei LANs mit drahtloser Technologie verbinden, so bieten sich zwei Access Points an. Sie können als Brücke zwischen den LANs dienen. So lassen sich selbst

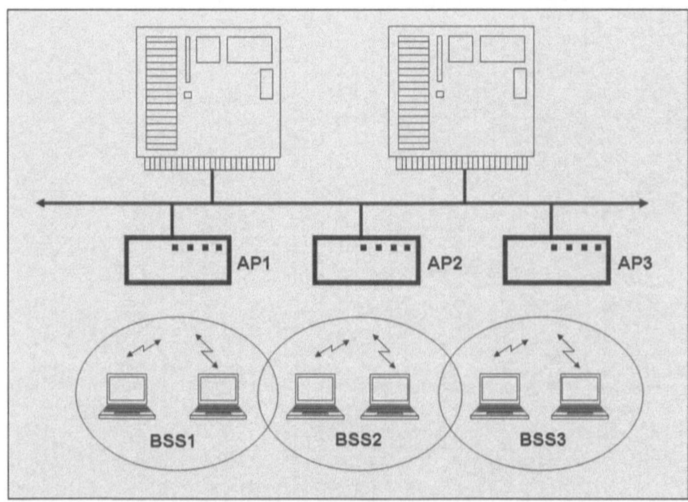

Abb. 6.14 Beispiel eines WLANs im Infrastrukturmodus

größere Entfernungen zwischen Gebäuden überbrücken, wenn die Antennenleistung stimmt.

Unter einem Extended Service Set (ESS) versteht man eine Konfiguration, in der mehrere Access Points miteinander in Verbindung treten. Auf diese Weise lassen sich auch größere Gebäudestrukturen abdecken. Auch hier können alle denkbaren Möglichkeiten der Mobilität ausgeschöpft werden, was die Beweglichkeit von Endgeräten innerhalb dieser Netzarchitektur betrifft.

Ad-hoc-Netzwerke haben den großen Nachteil, dass für sie keine ausgeprägte Sicherheitsarchitektur zur Verfügung steht, um sich gegen unbefugten Zugriff ausreichend schützen zu können. In Infrastrukturnetzwerken werden die erforderlichen Schutzmaßnahmen durch die Konfigurationsmöglichkeiten auf dem Niveau von Access Points wahrgenommen. Sie bestimmen das Kommunikationsverhalten der Teilnehmer untereinander.

6.2.10.4 Access Points

Im Folgenden sollen einige Optionen vorgestellt werden, die bei der Konfiguration von Access Points eine Rolle spielen. Die Ausgangslage ist ein Basic Service Set mit einer initialen Reichweite von 30–50 m. Die Reichweite lässt sich durch geschickte Anordnung der Access Points auf bis zu 100 m vergrößern. Zentrum ist immer ein Access Point mit den ihm zugehörigen Stationen darum herum. Die Stationen kommunizieren nicht direkt miteinander, sondern immer über den Access Point.

6.2.10.4.1 Dimensionierung

Ausgehend von dem theoretischen Wert, der eine Bedienung von bis zu 2007 Stationen durch einen Access Point ermöglicht, liegen die tatsächlichen Möglichkeiten in der Praxis weit darunter. Neben anderen Faktoren spielt die zu übertragende Datenmenge eine wichtige Rolle. Bei einer Übertragungsrate von 11 Mbit/s liegt eine handhabbare Anzahl von Access Points bei etwa 20. Erhöht sich die Zahl der Stationen signifikant, müssen weitere Access Points eingesetzt werden.

Ein Problem, das gelöst werden muss, wenn sich mehrere Access Points in einem Netzwerk aufhalten, besteht in der störungsfreien Datenübertragung von Stationen, die sich innerhalb der Reichweite von mehr als einem Access Point befinden. Der 802.11-Standard stellt sicher, dass zu einem gegebenen Zeitpunkt eine Station nur jeweils mit einem Access Point kommunizieren kann. D. h., es ist nur eine Zuordnung von Station und Access Point aktiv. Die Broadcasts anderer Access Points werden von der betreffenden Station ignoriert. Im Zuge einer möglichen Wanderung einer Station innerhalb des Netzwerks geschieht ein Wechsel von einem Access Point zu einem anderen, sobald sich die Signalstärke des ursprünglichen Access Points abschwächt gegenüber dem alternativen.

6.2.10.4.2 SSID

Die SSID ist der Name eines Netzwerks im Rahmen von 802.11. Dabei sind alle Access Points im selben Netzwerk über die identische SSID adressierbar. Das ermöglicht den einzelnen Stationen in dem WLAN, sicherzustellen, dass sie mit Access Points in

Verbindung treten, die auch wirklich zu dem zugehörigen Infrastrukturnetzwerk gehören. Auf der anderen Seite ergeben sich zusätzliche Steuerungsmöglichkeiten. So lassen sich willkürlich in ein und demselben WLAN verschiedene SSIDs jeweils bestimmten Access Points zuweisen. Auf diese Weise unterteilt man ein WLAN in Untereinheiten. Das kann Sinn machen, wenn z. B. mehrere Usergroups eingerichtet werden sollen. In der Praxis geschieht das durch eine entsprechende Zuordnung von Stationen zu bestimmten Access Points.

Stationen und Access Points finden über die gemeinsame SSID zusammen und etablieren auf diese Weise eine Verbindung untereinander.

Es kann nun die Anforderung bestehen, dass Stationen sich dennoch mit Access Points unterhalten möchten, die unterschiedlichen Netzbereichen zugeordnet sind. Hier besteht die Möglichkeit, einen Joker als Netzwerknamen zu verwenden. Dieser lautet z. B. „Any".

6.2.10.5   Internetzugang über das WLAN

Die Entwicklung hat dazu geführt, dass kleinere WLAN-Lösungen mittlerweile auch in Privathaushalten attraktiv sind. Die weite Verbreitung von DSLs war Voraussetzung für die Proliferation der Internetnutzung. Auch hierbei spielt der drahtlose Zugang eine immer wichtigere Rolle. Über ein WLAN lassen sich gleich mehrere Internetverbindungen herstellen (s. Abb. 6.15), wenn beispielsweise ein Access Point oder ein DSL-Modem in einem Router integriert sind.

6.2.10.5.1   Access Point und Router integriert

Die Herausforderung besteht darin, allen Stationen, die zu einer Funkzelle gehören, einen gemeinsamen Internetzugang zu ermöglichen. Das geschieht über ein Wireless Gateway. Der Access Point fungiert als Router bzw. DHCP-Server. Unter Verwendung des Network

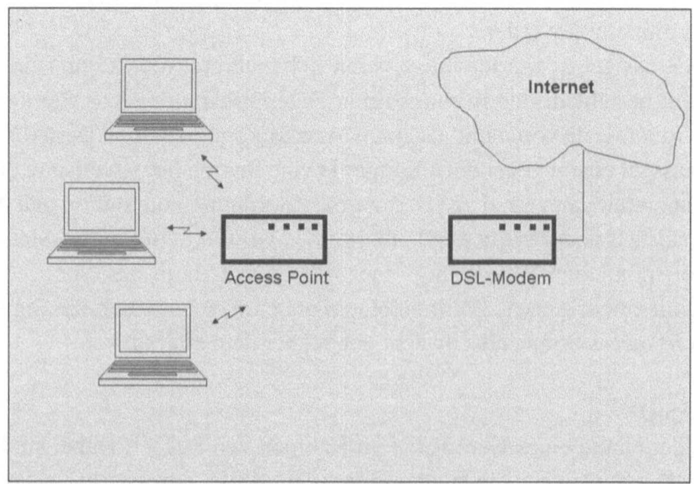

Abb. 6.15 Ein DSL-Anschluss an das Internet für mehrere Geräte

Address Translation Protocol (NAT) gelingt es, das WLAN mit einer einzigen IP-Adresse zu versehen, die sich dem Internet präsentiert.

Bei Verwendung eines DSL-Anschlusses für den Internetzugang wird zusätzlich das Point to Point Protocol over Ethernet (PPPoE) benötigt. Dann kann ein so ausgerüsteter Access Point direkt mit dem DSL-Modem verbunden werden, um Zugang zum Internet zu gewinnen. Mittlerweile gibt es diese Kombination auch integriert: DSL-Modem mit Router/Access Point.

6.2.10.5.2   Die IP-Adresse

Im Rahmen der oben erwähnten Konfiguration können nun Informationen von der Funkzelle ins Internet über die zugeteilten IP-Adressen geleitet bzw. abgefragt werden. Die automatische Zuteilung für die Stationen, die zu der Funkzelle gehören, erfolgt über DHCP. Das Mapping der Internet-IP-Adresse des Providers auf die einzelnen Stationen geschieht über NAT. Auf diese Weise können mehrere Stationen Internetzugang über eine einzige zugeteilte IP-Adresse erlangen (s. Abb. 6.16).

Das bedeutet andererseits aber auch, dass Stationen des WLANs über das Internet nicht direkt kontaktiert werden können, sodass sie unsichtbar für mögliche Attacken bleiben. Deren individuelle IP-Adressen sind auf diesem Wege nicht zu erkennen. Dieser Schutz ist insbesondere interessant für kleine Netze und für den privaten Bereich.

6.2.10.5.3   Unterhaltungsmedien

Drahtlose Vernetzungen mit Unterhaltungsmedien haben signifikant an Bedeutung gewonnen. Dazu gehören in diesem Zusammenhang z. B. Personalcomputer, Audio- und visuelle Medien. Eine Beispielanwendung ist die Wiedergabe einer DVD über einen Computer an einen Flachbildschirm in einem anderen Raum. Insbesondere bieten sich Angebote aus

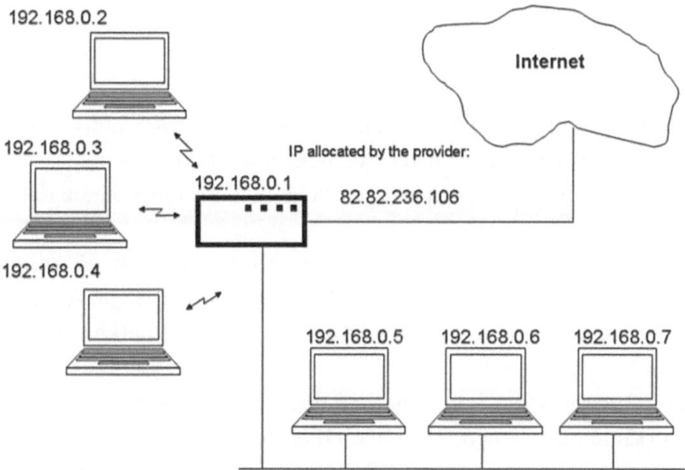

Abb. 6.16 Eine gemeinsame IP-Adresse für das Internet mit NAT

dem Internet (Radiosender, TV-Stationen) an. Voraussetzung ist das Vorhandensein entsprechender Funkschnittstellen an den zugehörigen Geräten.

6.2.10.6 Hotspots

Hotspots repräsentieren öffentlich nutzbare Funkbereiche, die durch entsprechend ausgestattete Access Points der Allgemeinheit oder bestimmten zugelassenen Gruppen zur Verfügung gestellt werden. Mittlerweile findet man Hotspots an den wichtigsten öffentlichen Einrichtungen: in fahrenden Zügen, Bahnhöfen, Hotels, Flughäfen, auf Messegeländen und in Tagungszentren und natürlich in Internetcafés. Ausgerüstet mit einem entsprechenden Endgerät kann ein User nunmehr an jedem wichtigen Ort der Welt seine E-Mails abrufen und beantworten.

Hotspots werden auch deshalb gerne angenommen, weil das Zugangsverfahren so einfach ist. Dabei spielen die operativen Kosten keine wichtige Rolle mehr. Wichtig ist eine einfache GUI, die auch unbedarfte User zu dem gewünschten Kontakt führt. Mit dem Anmelden wird gleichzeitig das Abrechnungsverfahren initialisiert, nach dem am Ende der Sitzung der Hotspotbetreiber seine Rechnung präsentiert. In vielen Hotels ist die Hotspotnutzung allerdings kostenlos. Der Zugang zu Hotspots kann aber auch durch spezielle Codes geschützt sein, sodass z. B. von Hotels betriebene Hotspots nicht von außerhalb genutzt werden können.

Eine weitere Restriktion besteht in einem temporären Zugriff über Prepaidkarten, die eine zeitlich begrenzte Dauer haben. Nach Ablauf ist der freigegebene Code dann nicht mehr gültig. Eine elegante Lösung ist die Vergabe von Zugangscodes per SMS und die anschließende Abrechnung über die Mobilfunkteleforechnung.

Natürlich gibt es auch Überlegungen, das Hotspotkonzept zu erweitern. So kann man sich Überlappungen der Reichweite von Hotspots denken, die sich zu ganzen Hotspotzonen auswachsen, sogenannten Hotzones. Diese Idee wird von Menschen aus der Open Source Community vorangetrieben. In großen Ballungszentren wie London oder Berlin existieren solche selbstorganisierte Zonen bereits.

6.2.10.7 Netzwechsel

Dynamischer Wechsel von einem Netz in ein anderes wird als Roaming bezeichnet. Jedem, der schon einmal sein Mobiltelefon ins Ausland mitgenommen hat, ist dieser Vorgang bekannt. Der Übergang sollte unbemerkt geschehen, allerdings können dadurch eventuell höhere Kosten entstehen.

Diese Möglichkeiten gibt es auch bei Infrastrukturnetzwerken. Roaming findet dann statt, wenn ein User mit seinem Endgerät die Empfangsbereiche von Access Points wechselt. Auch hierbei sollte der Nutzer den Übergang nicht bemerken, und Datenverluste sollten nicht vorkommen.

Dadurch, dass Access Points kontinuierlich ihre Beacon Frames aussenden, um auf ihre Existenz aufmerksam zu machen, wird auch das Roaming erst ermöglicht. Andererseits hören die einzelnen Stationen in einem WLAN ihre Umgebung ständig nach verfügbaren Übertragungskanälen ab – außer sie sind auf eine ganz bestimmte SSID konfiguriert. Die

Auswahl, an welchem Access Point eine Station sich andockt, wird über die Signalstärke getroffen. Beim Bewegen im Netz beispielsweise eines Laptops wird die Access-Point-Verbindung dann gewechselt, wenn die ursprüngliche Verbindung schwächer wird gegenüber einer neuen möglichen Verbindung mit einem anderen Access Point. Das geschieht unbemerkt vom User. Die Datenübertragung wird ebenfalls nicht gestört.

Das oben Gesagte ist also Voraussetzung für den Betrieb flächendeckender Netze z. B. in Kongresszentren oder auf Messegeländen, aber auch in weit verzweigten Unternehmen. Beim Wechsel des Standorts bleibt man trotzdem im Netz. In der Praxis bedeutet das aber auch, dass entsprechend 802.11 auf der physikalischen Ebene mit getrennten Kanälen gearbeitet werden muss. Gelegentliche Probleme lassen sich dabei nicht immer ausschließen.

Die Anzahl nutzbarer Kanäle ist natürlich nicht unbegrenzt. Um Störungen auszuschließen, wenn Kanäle wieder verwendet werden sollen, sobald Funkzellen ausreichend weit voneinander entfernt sind, wird das SDMA-Verfahren (Spatial Division Multiple Access) eingesetzt.

Wie oben bereits angedeutet, spielt zukünftig das Roaming auch im Hotspotkonzept eine wachsende Rolle. Für eine Hotzone meldet man sich nur einmal an und wandert dann beliebig von einem Hotspot zum nächsten – bis man endgültig aus allen Zonen heraus ist.

Damit diese Vision sich auch tatsächlich realisieren lässt, ist eine Vereinheitlichung der Zugangsverfahren erforderlich. Es gibt Tools, die eine Vereinfachung des Suchens und der Verbindungsverwaltung von Hotspots ermöglichen, beispielsweise WPS (Wireless Provisioning Service) von Windows. Das integrierte Abrechnungssystem erfordert allerdings eine Authentifizierung über einen RADIUS-Server.

6.3　Mobilfunkgeräte

6.3.1　Einordnung

Es wird zunächst auf die Architektur von klassischen Mobiltelefonen eingegangen. Auf diesen Grundlagen aufbauend werden kurz die zurzeit gängigen Betriebssysteme vorgestellt. Diese Betriebssysteme erlauben die Nutzung verschiedener Dienste, die für unsere Thematik von Belang sind.

6.3.2　Grundlagen

Zu unterscheiden sind zunächst

- die externe Kommunikationsstruktur und
- die interne Gerätearchitektur.

Um das verstehen zu können, werden die Grundsätze der Kommunikation und der Gerätearchitektur und ihrer Funktionsweise nacheinander betrachtet.

6.3.2.1   Kommunikationsstruktur

Die allgemeine Struktur eines Mobilfunknetzes ist aus Abb. 6.17 ersichtlich.

Dabei handelt es sich um ein zellulares Netz in hierarchischer Gliederung. Die Hauptkomponenten sind

- das Telefon selbst,
- Basisstation,
- Kontrollstation,
- Sendestationen und
- Vermittlungsknoten.

Netzbetreiber und Enduser sind über die Basisstation verbunden. Basisstationen können mehrere Zellen bedienen. Sie selbst werden von den Kontrollstationen verwaltet. Das Routing und die Dienstvermittlung übernehmen die Vermittlungsknoten. Als weitere Voraussetzungen dienen eine Anzahl von Registern, in denen u. a. Teilnehmerdaten verwaltet werden. Darauf soll an anderer Stelle weiter unten eingegangen werden.

Wesentlich ist die Feststellung, dass es normalerweise – anders als z. B. im WLAN bei bestimmten Endgeräten – keine End-to-End-Verbindungen zwischen den Mobilfunkgeräten selbst gibt, sondern dass jede Kommunikation über das Netz geroutet werden muss.

Die Nutzung eines Mobiltelefons für WLAN-Kommunikation ist in Abb. 6.18 dargestellt.

Dabei ist ersichtlich, dass es sich um separate Protokolle handelt. Bei den zurzeit auf dem Markt befindlichen Lösungen ist eine Route über das Mobilfunknetz nicht notwendig.

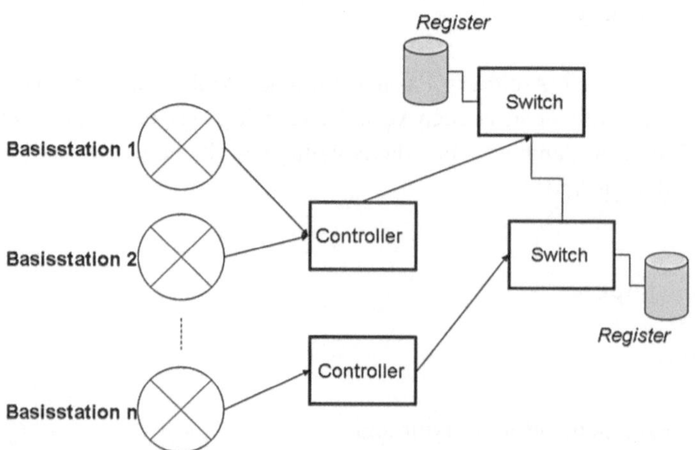

Abb. 6.17 Struktur eines Mobilfunknetzes

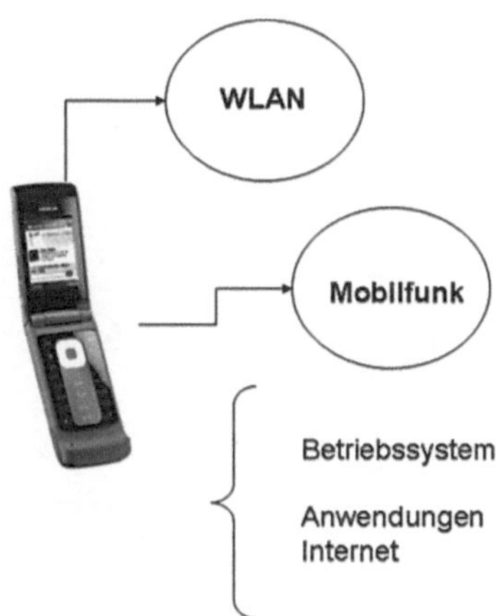

Abb. 6.18 Mobilfunkgerät im WLAN

Das Mobiltelefon, das für solche Kommunikation ertüchtigt ist, kann direkt über z. B. einem Access Point mit einem WLAN in Verbindung treten.

6.3.2.2 Gerätearchitektur

Mobile Telefone besitzen heute ähnliche Fähigkeiten wie ein PC. Sie sind also über ihre ursprüngliche Funktionalität der Sprachkommunikation hinaus mit weitaus mehr Anwendungen ausgestattet. Diese Leistungsfähigkeit hat natürlich auch ihren Preis bezogen auf Sicherheitsaspekte, da sie den Benutzern erhebliche Freiheitsgrade zumutet. Dem haben alle Hersteller dadurch Rechnung getragen, dass sie von der Grundausstattung her das Gerät in einen funktionalen und in einen Sicherheitsteil ausgestaltet haben. Der funktionale Teil wiederum gliedert sich in

- den Kommunikationspart und
- die lokalen Anwendungen.

Der Sicherheitsteil konzentriert sich lokal im Wesentlichen um die sogenannte SIM-Karte (Subscriber Identity Module). Auf dieser Karte sind gespeichert

- die Kundennummer des Besitzers,
- die IMSI (International Mobile Subscriber Identity),
- die Rufnummer und
- Authentisierungsdaten.

Die physische Trennung von SIM und Gerät ermöglicht die Nutzung unterschiedlicher Geräte durch ein und denselben Enduser dadurch, dass er seine SIM-Karte mitnimmt. Die logische Bindung des Nutzers besteht also zu seiner SIM-Karte und nicht zu seinem Gerät.

Abb. 6.19 zeigt die typische Architektur eines Mobilfunkgerätes mit den diversen Schnittstellen.

Abb. 6.19 Architektur eines
Mobilfunkgerätes

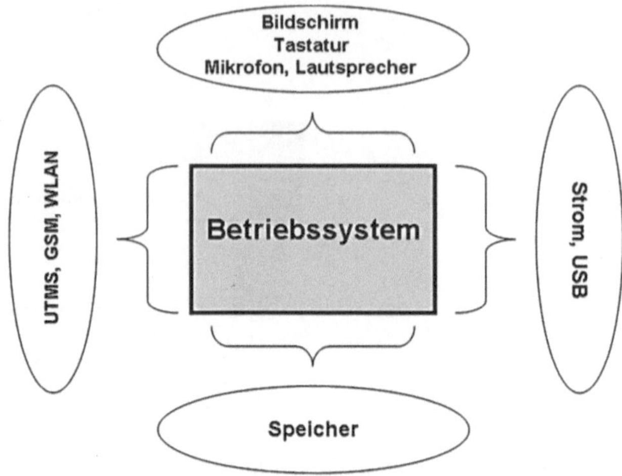

Man unterscheidet vier Klassen von Schnittstellen für:

- Benutzer
- Kommunikation
- Speicher
- Geräte

6.3.2.3   Smartphones

Smartphones sind Weiterentwicklungen von normalen Mobiltelefonen, die zu einer Integration von umfassenden Mobilfunkdiensten und einer unübersehbaren Vielzahl von Anwendungen (Apps) geführt haben, wie sie bis dahin nur bei PCs oder Laptops möglich waren. Dazu gehört insbesondere die intensive Nutzung des Internets.

Hier finden sich also mindestens die folgenden Dienste und Funktionalitäten

- GSM
- UTMS
- GPRS
- HSCSD
- WLAN

als Protokolle sowie

- SMS, MMS
- E-Mails
- Internetzugang

für die Kommunikation. Daneben finden sich weitere Anwendungen, wie z. B.

- GPS
- Office-Pakete
- MP3-Player
- Digitalkameras

und jede Menge Apps, die der Benutzer selbst verwaltet, herunterlädt und zur Anwendung bringt. Der Phantasie sind keine Grenzen gesetzt.

Viele Smartphones nutzen das Betriebssystem Android. Es wurde von Google entwickelt. Sein Programmcode ist als Freeware zu haben. Auf diese Weise gibt es eine Vielzahl von modifizierten Versionen, die von den Anbietern von Mobilfunkgeräten ihren Produkten entsprechend angepasst wurden. Das bedeutet, dass Updates von den Anbietern selbst organisiert werden müssen. Dabei kann es gelegentlich zu Phasenverschiebungen zwischen den originären Android-Versionen und den angepassten kommen. Apps können vom Google Play Store, aber auch aus anderen Quellen heruntergeladen werden. Smartphones mit Android ermöglichen Speichererweiterungen und können per USB-Stick an z. B. Laptops angeschlossen werden, um Dateien hoch- oder herunterzuladen oder zu synchronisieren. Synchronisierung von Adressen und Kalender können auch über das Internet erfolgen.

Abb. 6.20 zeigt den Aufbau des Android-Betriebssystems. Ganz unten befindet sich der Kernel mit den Drivern für die Grundfunktionen:

- Display
- Kamera
- Bluetooth

Abb. 6.20 Android-Struktur

- USB
- Tastatur
- Wi-Fi
- Audio
- Power etc.

Im Layer darüber finden sich die Java-Laufzeitbibliotheken. Es folgen nach oben die Anwendungen bzw. das Anwendungsframework. Im Android sind diese Bereiche so flexibel gehalten, dass ein Entwickler selbst neue Anwendungen einfügen bzw. vorhandene ersetzen kann.

6.3.2.4   iPhone

iPhone ist ein Produkt der Firma Apple (s. Abb. 6.21). Neben seinen klassischen Funktionalitäten als Telefon besteht seine Hauptattraktivität in der Unterstützung medialer Dienste als quasi erweiterter iPod für Videos und Musik. Sein Betriebssystem iOS ist eine Anpassung von Mac OS X. Zu den Hauptanwendungen gehören

- Webbrowser
- E-Mail-Programm
- Kalender
- Kartendienst
- Notizen
- YouTube-Player
- Taschenrechner
- Wetterdienst
- Aktiendienst

Abb. 6.21 iPhone

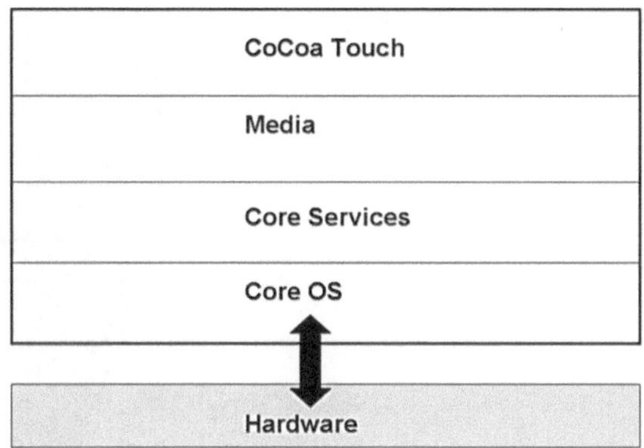

Abb. 6.22 iOS-Architektur

und alles, was man sich aus dem App-Store sonst noch herunterladen möchte.

iPhones besitzen eine hohe Datenspeicherkapazität und gleichzeitig die Möglichkeit, sich über WLAN mit zentralen Anwendungen zu verbinden.

iOS wird neben dem iPhone auch auf dem iPod Touch und auf dem iPad eingesetzt. Allerdings lassen sich Apps nur aus dem App-Store von Apple installieren. Dazu muss man sich als Nutzer registrieren lassen. Eine Speichererweiterung per Karte ist nicht möglich. Für den Datenaustausch mit einem PC ist das Programm iTunes erforderlich.

Wie bei anderen Systemen auch besteht die Architektur des iOS aus übereinander liegenden Schichten (s. Abb. 6.22).

Hierin bedeuten:

- Cocoa Touch: adaptiert von Mac OS X mit Schnittstellen und Frameworks
- Media: Framework für Audio, Video etc.
- Core Services: grundlegende Systemdienste, Speicher- und Datenverwaltung
- Core OS: Kernel und Netzwerkfunktionen

6.3.2.5 BlackBerries

Bei den BlackBerries handelt es sich eigentlich um eine besondere Ausführung von PDAs (Personal Digital Assistants), die zunächst von Research in Motion (RIM) angeboten wurde. Sie bilden allerdings für sich eine Geräteklasse, die wiederum ihre eigenen Nutzungsmöglichkeiten hat.

Bei den BlackBerries wurden die klassischen PDA-Funktionalitäten signifikant erweitert (s. Abb. 6.23). Ein BlackBerry wird in erster Linie zum Austausch von emails und von PIM-(Personal Information Manager-)Daten eingesetzt. Es bedient sich dazu einer speziellen Echtzeitbetriebssoftware sowie eines eigenen Protokolls zur Kommunikation.

Neben funktionalen und ergonomischen bietet ein BlackBerry gegenüber dem gängigen PDA noch weitere Vorteile. So werden alle Daten zwischen Server und Endgerät immer synchron gehalten, solange die Verbindung aufrechterhalten bleibt. Sein integrierter MDS (Mobil Data Service) ermöglicht einen einfachen Zugang zu firmeninternen

Abb. 6.23 BlackBerry (Quelle: Karlis Dambrans – Blackberry Q10, Flickr)

Datenbanken. Ein weiteres Feature besteht in der Komprimierung von großen Datenmengen durch den BlackBerry Enterprise Server (BES), der diese dann als Datastream mit akzeptabler Performance auf das Endgerät transportiert. Dafür bestehen auch spezielle Verschlüsselungsmöglichkeiten.

Desgleichen ist das BlackBerry-Endgerät befähigt, über den BES und Instant Messaging an anderen unternehmensinternen Kommunikationssystemen teilzunehmen.

Ergonomisch gesehen ist das Gerät wegen seines Trackwheels und der Tastenanordnung grundsätzlich mit einer Hand bedienbar. Neuere Versionen verzichten auch auf das Trackwheel und bieten stattdessen eine Sure-Type-Tastatur.

BlackBerries sind also geeignet, in Unternehmen und anderen Organisationen in einer entsprechenden Serverarchitektur zu operieren. Dadurch wird mittlerweile ein Komplexitätsgrad erreicht, der wiederum ein entsprechendes Management erfordert. Dafür wurden inzwischen entsprechende Plattformen und Tools entwickelt:

- Push-Software-Anwendungen für spezifische Usergroups
- Versionsmanagement
- Spezielle Sicherheitsmodule
- Monitoring-Möglichkeiten

All diese Funktionen lassen sich heute über eine einzige Administratorkonsole ausüben – und das innerhalb der Standard Windows-Betriebssysteme mit entsprechendem Firewallschutz.

6.3.3 Kommunikationsprotokolle

Die Betriebsysteme von Mobiltelefonen unterstützen unterschiedliche Kommunikationsverfahren und Protokolle. Zusätzlich zu den einfachen Standardfunktionen kann es Zusatzfunktionen wie z. B. Speicherverwaltung und Dateisysteme geben. Integraler Bestandteil aller Betriebssysteme sind kryptografische Verfahren und Zugangskontrollen zur Absicherung des Geräts und der Kommunikation. Im Folgenden werden die gängigsten Betriebssysteme vorgestellt:

- GSM
- GPRS
- UMTS

6.3.3.1 GSM

In der Abb. 6.24 wird die Kommunikationslandschaft für GSM schematisch dargestellt.

Das gesamte Netz ist in Zellen unterteilt. Diese Zellen werden von Basisstationen (BTS) bedient. Sie sind gleichzeitig die Schnittstelle zwischen dem Netzbetreiber und dem Enduser. Darüber hinaus gibt es Kontrollstationen (BSC), die die Ressourcen der BTS verwalten. Gesteuert werden die BTS über Vermittlungsknoten (MSC). Die MSC übernehmen das klassische Routing mit zugehöriger Bearbeitung auch in das Festnetz hinein. Daneben existieren eine Reihe von Registern, die Informationen speichern, ohne die das Routing nicht funktionieren kann:

- HLR/Home Location Register: Informationen über Netzteilnehmer (ID, Dienste etc.)
- VLR/Visitor Location Register: Status des Teilnehmers
- AUC/Authentication Center: Informationen zur Berechtigungsprüfung
- EIR/Equipment Identity Register: Liste aller zugelassenen Endgeräte

6.3.3.2 HSCSD

HSCSD ist eine Erweiterung von GSM, die es ermöglicht, mehrere GSM-Funkkanäle gleichzeitig zu nutzen. Das erlaubt eine höhere Datenübertragungsrate.

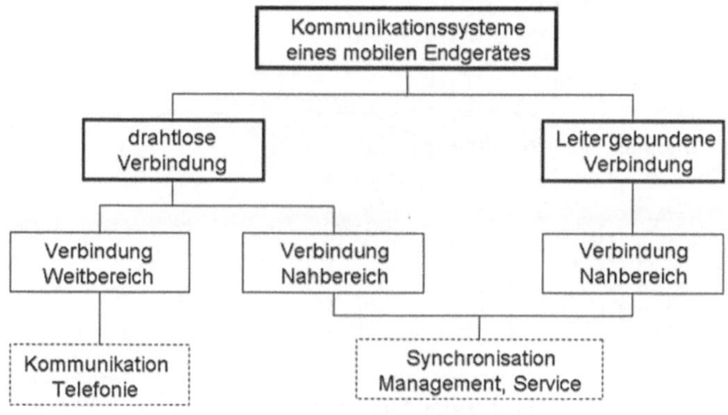

Abb. 6.24 GSM-Kommunikationsschema

6.3.3.3   GPRS

GPRS kann mehrere Funkkanäle bündeln und eignet sich insbesondere zur Übertragung von Daten z. B. aus dem Internet und für den Versand von E-Mails. Dafür kommen ganz bestimmte Dienste infrage, z. B. i-mode oder WAP.

6.3.3.4   UMTS

UMTS (Universal Mobile Telecommunications System) steht für eine neue Generation von Mobilfunkbetriebssystemen. Wegen seines optimierten Übertragungsverfahrens können neben Sprache und Text auch aufwendigere Formate mit hoher Geschwindigkeit verschickt werden: Video, Internet etc. Das führt natürlich zu neuen Möglichkeiten bei den Diensten.

6.3.3.5   HSDPA

Eine Weiterentwicklung innerhalb von UMTS stellt der Standard HSDPA dar, der insbesondere für WLAN-Anwendungen geeignet ist.

6.3.4   Dienste

Neben der klassischen Telefonie stehen heute zusätzliche Dienste zur Verfügung, die man nach den Kriterien

- Informationsdienste,
- Kommunikationsdienste und
- Datentransferleistungen

klassifizieren kann. Die Abb. 6.25 zeigt ein Grundsatzschema, wie diese Dienste architektonisch eingebunden sind.

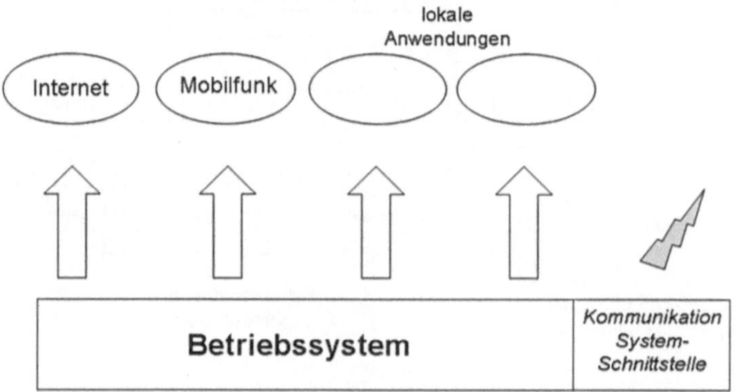

Abb. 6.25 Benutzerdienste

Im Folgenden werden näher betrachtet:

- SMS/EMS/MMS
- WAP
- i-mode

6.3.4.1   SMS, EMS und MMS

Die Abkürzungen stehen für:

- Short Message Service (SMS)
- Enhanced Message Service (EMS)
- Multimedia Message Service (MMS)

Der Basisdienst ist SMS. Dieser Dienst erlaubt den Versand von reinen Textnachrichten. Aus diesem Dienst haben sich später EMS und MMS weiterentwickelt. Abb. 6.26 zeigt diese Entwicklung. EMS ermöglicht Nachrichten, die über die Textzeichenbegrenzung von 160 bei SMS hinausgehen, sowie einfache Grafiken. MMS erschließt nunmehr die Möglichkeiten, Fotos und kurze Videos per Mobilfunk zu verschicken.

Allen gemeinsam ist, dass die Nachrichten nicht direkt an den Empfänger gehen. Er erhält stattdessen einen Hinweis, dass für ihn eine solche Nachricht bereitsteht. Erst wenn der Empfänger den Abruf selber tätigt, wird ihm die Nachricht, die auf dem Server des Providers zwischengespeichert ist, zugestellt.

6.3.4.2   WAP

WAP steht für Wireless Application Protocol. Dieser Dienst ermöglicht die Übertragung von Internetinformationen. Um diesen Dienst zu nutzen, müssen die Endgeräte mit entsprechenden Browsern ausgestattet sein. Die WAP-Architektur entspricht derjenigen von anderen Datennetzen, wie sie auch im Rahmen normaler Client-Server-Konstellationen zu finden sind.

6.3.4.3   i-mode

i-mode ist ein weiterer Internetzugang per Mobilfunk und damit direkter Konkurrent zu WAP. Um die volle Funktionsfähigkeit nutzen zu können, müssen die Endgeräte entsprechend ausgestattet sein.

Abb. 6.26 Entwicklung der Message-Services

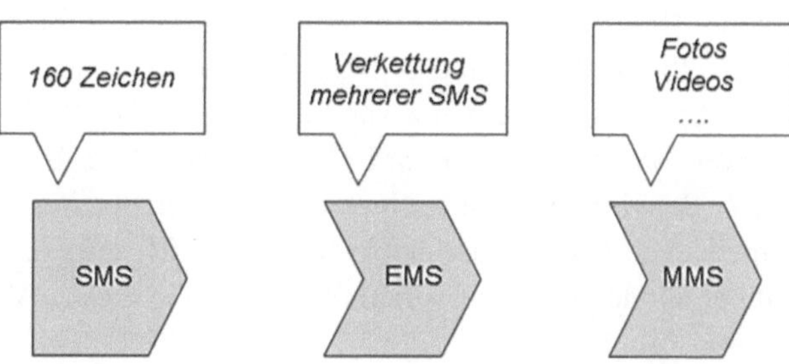

6.3.4.4   VoIP

Bei Voice over IP (VoIP) handelt es sich um Telefonie, die über das Internet betrieben wird. Diese Technologie ermöglicht es, klassische Telefoninfrastruktur zu vermeiden. Diverse Endgeräte können dabei zum Einsatz kommen. Mit der Entwicklung von Smartphones stehen diese Möglichkeiten auch dem Mobilfunk offen. Dabei nutzen die Smartphones das WLAN-Protokoll, um über Access Points in das Internet zu gelangen.

6.4   Bluetooth

6.4.1   Einleitung

Im Folgenden wird der Kommunikationsstandard im engen Nahbereich, Bluetooth, vorgestellt. Es wird zunächst Bezug genommen auf die technischen Grundlagen wie Protokolle und Systemtopologien. Danach folgen Hinweise bezüglich Einrichtung und Konfiguration. Schließlich wird ein Blick in die aktuelle Weiterentwicklung und die Zukunft dieser Technologie getan.

6.4.2   Technische Grundlagen

Zu den technischen Grundlagen von Bluetooth gehören insbesondere

- Protokolle und
- Systemtopologien.

Die Protokolle unterliegen – wie in anderen drahtlosen Kontexten auch – kontinuierlichen Weiterentwicklungen. Das soll im folgenden Unterabschnitt nachvollzogen werden. Dementsprechend gestalten sich danach die Möglichkeiten der Netzwerkbildung.

6.4.2.1   Protokolle

Im Jahre 1998 wurde die Bluetooth Special Interest Group (SIG) mit dem Ziel gegründet, einen verbindlichen Kommunikationsstandard für sehr kurze Distanzen zu entwickeln. Ein Jahr später lag der Standard 1.0a vor, Ende desselben Jahres bereits die Version 1.0b. Anfang 2001 erschien dann Version 1.1 – als erster brauchbarer Marktstandard. Es folgten Bluetooth 2.0 (2004) und 2.1+EDR (Enhanced Data Rate) (2007). Die Version 3.0+HS (High Speed) stellte einen zusätzlichen Kanal für WLAN-Nutzung zur Verfügung (2009). Die Version 3.0 war auch mit Enhanced Data Rate (EDR) verfügbar.

Der Standard 4.0, auch Bluetooth Low Energy, dessen Spezifikationen in 2009 verabschiedet wurden, und der erstmalig Ende 2010 auf den Markt kam, ist nicht abwärtskompatibel mit den Vorläuferversionen. Seine wichtigsten Vorteile sind:

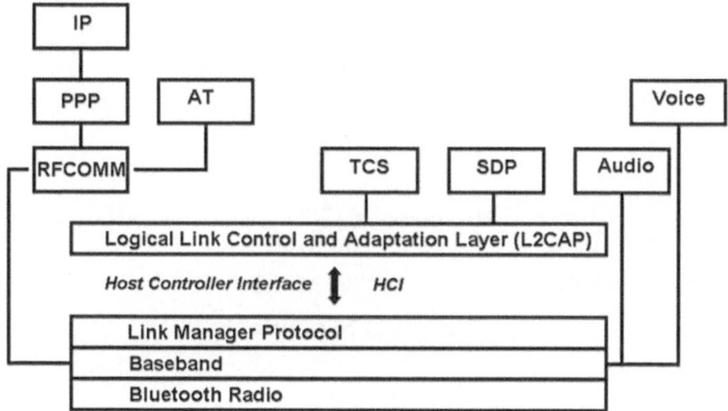

Abb. 6.27 Protokollaufbau Bluetooth

- Reduzierung des Stromverbrauchs (wichtig für Smartphones)
- Verbindungsaufbau in weniger als 5 ms
- Verbindung bis zu 100 m

Die verbesserten Versionen, insbesondere was Sicherheit betrifft, erschienen 2013 (4.1) und 2014 (4.2 Smart).

Version 5.0 wird weiter unten in einem gesonderten Abschnitt behandelt.

In der Abb. 6.27 ist der Protokollaufbau von Bluetooth dargestellt.

Neben den üblichen Kommunikationselementen ist hier besonders auf die im Link Manager Protocol (LMP) gelagerten Sicherheitschecks hinzuweisen.

Die übrigen Abkürzungen bedeuten:

- IP: Internet Protocol
- L2CAP: Logical Link Control and Adaptation Protocol
- OBEX: Object Exchange Protocol
- PPP: Point-to-Point Protocol
- RFCOMM: Radio Frequency Communications
- SDP: Service Discovery Protocol
- TCS: Telephony Control Specification
- Cal: Calendar
- WAE: Wireless Application Environment
- WAP: Wireless Application Protocol

Die Tab. 6.2 listet die Bluetooth-Versionen mit ihren Leistungsmerkmalen.

Außerdem unterscheidet man unabhängig davon drei Leistungsklassen (s. Tab. 6.3).

Bluetooth-Protokolle eignen sich zur Datenübertragung über kurze Distanzen für

Tab. 6.2 Bluetooth-Versionen

Version	Übertragungsrate
1.0	**732,2 Kbit/s**
1.1	**732,2 Kbit/s**
1.2	**732,2 Kbit/s**
2.0 + DER	**2,1 Mbit/s**
2.1 + DER	**2,1 Mbit/s**
3.0	**24 Mbit/s**

Tab. 6.3 Bluetooth-Leistungsklassen

Klasse	Leistung in mW	Reichweite in m
1	**100**	**100**
2	**2,5**	**10**
3	**1**	**1**

- Mobiltelefone
- Mäuse
- Laptops
- PDAs
- Drucker
- Digitalkameras
- Videokameras
- Web-Pads
- Lautsprecher
- Fernsehgeräte
- Kopfhörer
- Freisprecheinrichtungen
- und andere ähnliche Geräte

Mittlerweile hat Bluetooth auch Eingang in die Unterhaltungs- und Spielzeugbranche gefunden; diese Anwendungen sollen hier nicht weiter betrachtet werden.

Ein besonderes Feature besteht in der Möglichkeit, bestimmte Nutzungsprofile einzurichten, über die der Datenaustausch stattfinden soll. Diese Profile teilen den kommunizierenden Geräten mit, welche Dienste beansprucht werden. Die Tab. 6.4 liefert eine Auswahl solcher Profile.

Tab. 6.4 Bluetooth-Profile

Abkürzung	Bedeutung	Nutzung
A2DP	Advanced Audio Distribution Profile	Streaming von Audiodaten
AVRCP	Audio Video Remote Control Profile	Fernbedienung für Audio/Video
BIP	Basic Imaging Profile	Übertragung von Bilddaten
BPP	Basic Printing Profile	Drucken
CIP	Common ISDN Access Profile	ISDN-Verbindungen über CAPI
CTP	Cordless Telephony Profile	Schnurlose Telefonie
DIP	Device ID Profile	
DUN	Dial-up Networking Profile	Interneteinwahlverbindung
ESDP	Extended Service Discovery Profile	Erweiterte Diensteerkennung
FAX, FAXP	FAX Profile	Faxen
OBEX-FTP	File Transfer Profile	Dateiübertragung
GAP	Generic Access Profile	Zugriffsregelung
Basisprofil		
GAVDP	Generic AV Distribution Profile	Übertragung von Audio-/ Videodaten
GOEP	Generic Object Exchange Profile	Objektaustausch
HCRP	Hardcopy Cable Replacement Profile	Druckanwendung
HDP	Health Device Profile	Sichere Verbindung zwischen medizinischen Geräten
HFP	Hands Free Profile	Schnurlose Telefonie im Auto
HID	Human Interface Device Profile	Eingabe – aus der USB-Spezifikation übernommen
HSP	Headset Profile	Sprachausgabe per Headset
ICP, INTP	Intercom Profile	Sprechfunk
LAP	LAN Access Profile (nur Version <1.2)	PPP-Netzwerkverbindung (neu siehe PAN)
MAP	Message Access Profile	Nachrichtenaustausch zwischen Geräten
OBEX	Object Exchange	Generische Datenübertragung zwischen zwei Geräten
OPP	Object Push Profile	Senden von einzelnen Dateien (Bilder, Lieder, Visitenkarten, Termine)

Tab. 6.4 (Fortsetzung)

PAN	Personal Area Networking Profile	Netzwerkverbindungen
PBA, PBAP	Phonebook Access Profile	Zugriff auf Telefonbuch (nur lesend)
RS-232	Serial Port Profile	Virtuelle serielle Schnittstelle
SAP, SIM, rSAP	SIM Access Profile	Zugriff auf SIM-Karte (auch rSAP wegen engl. remote)
SCO	Synchronous Connection-Oriented Link	Zugriff sowohl auf das Mikrofon als auch auf den Ohrhörer eines Headsets
SDAP	Service Discovery Application Profile	Ermittlung vorhandener Profile
SPP	Serial Port Profile	Serielle Datenübertragung
SYNCH, SYNC	Synchronisation Profile	Datenabgleich
VDP	Video Distribution Profile	Übertragung von Videodaten
WAPB	Wireless Application Protocol Bearer	

6.4.3 Systemtopologie

6.4.3.1 Übertragung

Bluetooth verwendet einen Frequenzbereich zwischen 2400–2480 MHz. Zudem ist eine funktechnische Anbindung an Festnetztelefonie möglich. Insgesamt stehen zwei unterschiedliche Datenkanäle zur Verfügung:

- Synchron (SCO) für Sprache
- Asynchron (ACL) für alle anderen Datenarten

Das Netzwerk, innerhalb dessen Bluetooth-Geräte kommunizieren, nennt sich Piconet. Ein solches Piconet wird durch die beteiligten Geräte selbst aufgebaut. Die Anzahl der Geräte, die in einem solchen Netz zusammengeschlossen werden können, beträgt theoretisch 255 – allerdings können gleichzeitig nur acht Geräte aktiv sein. Dazu muss jeweils ein Gerät als Master fungieren, der dann bis zu sieben Slaves steuert. Daneben kann ein und dasselbe Bluetooth-Gerät gleichzeitig in mehreren Piconets angeschlossen sein – solange es nicht als Master fungiert (s. a. die Abb. 6.28 und 6.29).

Jedes Bluetooth-Gerät besitzt eine Device Address (BDA: Bluetooth Device Address) von 48 bit Länge. Ein Bluetooth-Gerät sucht seine Umgebung („inquiry") ständig ab, ob sich innerhalb seiner Reichweite ein anderes Bluetooth-Gerät befindet, das kommunizieren möchte. Werden Geräte erkannt, kann eine sogenannte Paging-Aufforderung

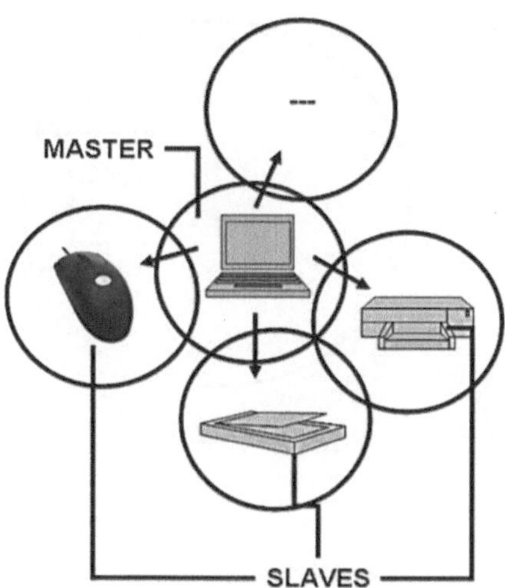

Abb. 6.28 Piconet

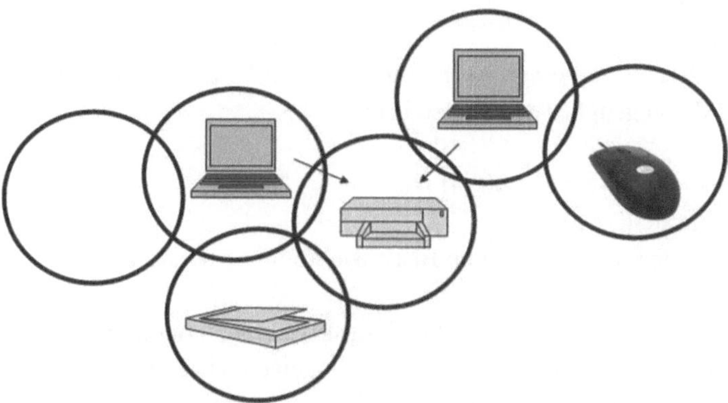

Abb. 6.29 Ein Gerät in mehreren Piconets

initialisiert werden, um eine konkrete Verbindung aufzubauen. Das Paging-Gerät fungiert dann als Master und gibt seine Adresse bekannt. Innerhalb eines Piconets können über Punkt-zu-Punkt-Verbindungen hinaus auch 1-zu-n-Verbindungen hergestellt werden.

Ein Verbindungsaufbau (s. Abb. 6.30) kann erst entstehen, wenn das Gerät in Betrieb ist. Dann wird diese Geräteadresse alle zwei Sekunden ausgestrahlt. Gleichzeitig sucht das Gerät nach anderen Geräten im Sendebereich in Abständen von bis zu 5,6 Sekunden („inquiry"). Dazu muss die Suchfunktion am Gerät aktiviert sein. Das Gerät, von dem die Verbindung ausgeht, wird bei erfolgter Verbindung zum Master.

Abb. 6.30 Verbindungsaufbau

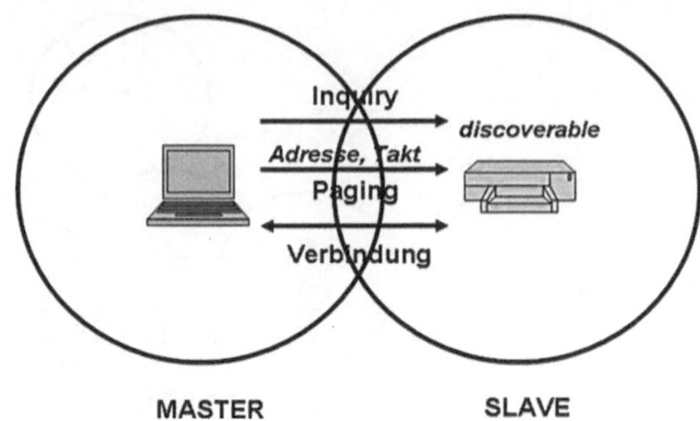

Das Mastergerät sendet nun an den oder die Slaves per „paging" seine Adresse und seinen Zeittakt. Erst danach ist die Verbindung als solche etabliert.

6.4.4   Version 5

Hier die wesentlichen Verbesserungen von Bluetooth V 5.0, die im Dezember 2016 veröffentlicht wurde, gegenüber den Vorläufern:

- Größere Reichweite (bis zu 200 m)
- Höhere Datenrate (2 Mbit/s)
- Energieeffizienter (für die Variante BLE: Bluetooth Low Energy)

Mit Bluetooth V 5.0 werden auch die Leistungsklassen neu definiert (s. Tab. 6.5).

Wird allerdings ein Fehlerkorrekturmodus angewendet, kann die Datenrate auch auf 500–125 Kbit/s abfallen. Der Stromsparmodus geschieht einerseits durch Vergrößerung der Zeitintervalle zwischen den Paging-Rufen, andererseits durch das „Beipacken" von Nutzerdaten mit den Paging-Rufen, ohne dass zunächst eine dauerhafte Verbindung zu einem anderen Gerät erforderlich ist.

Tab. 6.5 Leistungsklassen in V 5.0

Klasse	Leistung in mW
1	100
1.5	10
2	2,5
3	1

6.5 Infrarotkommunikation

6.5.1 Hintergrund

Neben den drahtlosen Anwendungen, die auf WLAN- bzw. Bluetooth-Technologien basieren, wird seit einigen Jahren die Kommunikation mithilfe der Infrarotstrahlung angeboten. Infrarot ist Licht mit einer Wellenlänge zwischen $7{,}8 \times 10^{-7}$ m und 10^{-3} m entsprechend einem Frequenzbereich von 3×10^{11} Hz bis ca. 4×10^{14} Hz. Ein Vorteil der Infrarotstrahlung ist ihre geringe Schädlichkeit und Anfälligkeit für elektronische Störungen. Ein Nachteil ist die geringe Reichweite. Als weitere Vorteile werden genannt:

- Einfache und kostengünstige Implementierung
- Niedrige elektrische Leistungsanforderung
- Gerichtete Punkt-zu-Punkt-Verbindung
- Effiziente und zuverlässige Datenübertragung

Für Infrarotkommunikation wurden Standards entwickelt, die sich an den möglichen Anwendungen ausrichten. Im Folgenden sollen diese Standards bezüglich deren Architektur sowie der Übertragungsprotokolle dargestellt werden. Anschließend wird ein Blick auf typische Anwendungen geworfen.

6.5.2 IrDA

Infrarot wurde schon früher als Übertragungsmedium für Controller, Drucker, Taschenrechner und PDAs genutzt. Im Jahre 1993 wurde eine Gruppe auf Initiative von HP, IBM und Sharp ins Leben gerufen, die Infrared Data Association (IrDA), um einen Industriestandard für Infrarotkommunikation zu entwickeln. Schon 1995 wurden Produkte, die diesem Standard folgten, auf den Markt gebracht. Dazu gehören: Notebooks, die mit einer Infrarotschnittstelle ausgestattet sind, PDAs, Drucker sowie Infrarotadapter für PCs. Im Gegensatz zu den Vorläufern, die proprietäre Protokolle nutzten, haben IrDA-konforme Geräte die Möglichkeit, zwischen unterschiedlichen Anwendungen auf der Hardware unterschiedlicher Anbieter und Plattformen zu kommunizieren.

Die Tab. 6.6 gibt die unterschiedlichen Datenraten bei einer Reichweite von ca. 1 m in „line of sight" (LOS) wieder, die mit entsprechenden IrDA-Protokoll-Spezifikationen erreichbar sind:

6.5.2.1 Allgemeines

Abb. 6.31 zeigt schematisch die Gegenüberstellung von klassischer, drahtgebundener und Infrarotverbindung.

Entscheidend sind die beiden Elemente

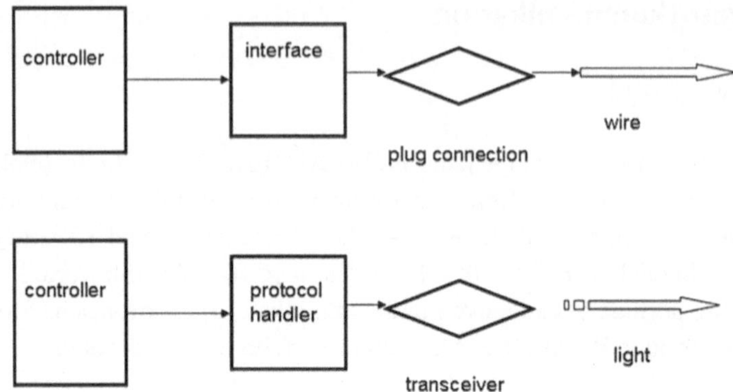

Abb. 6.31 Infrarotverbindung

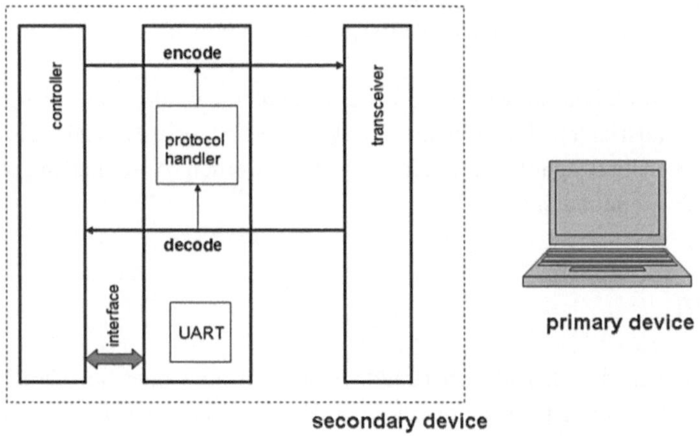

Abb. 6.32 IrDA-Systematik

- Protocol Handler und
- der optische Transceiver (Sende- und Empfangseinheit).

Abb. 6.32 zeigt schematisch das Zusammenspiel zwischen einem Peripheriegerät – in diesem Falle ein Laptop – und der Schnittstelle eines anderen Systems.
   Von rechts nach links sind folgende Elemente dargestellt:

- Laptop
- Optischer Transceiver
- Protokolltreiber
- Host Controller
- Universale asynchrone Sende-/Empfangseinheit

Bei den wichtigsten Schichten des Protokolls, das dem OSI-Standard folgt, handelt es sich um

- den Physical Layer,
- den Link Access Layer,
- den Link Management Layer und
- den Application Layer.

Link Management und Application Layer sind in sich noch einmal in Unterschichten strukturiert. Im Folgenden werden die Protokolle im Einzelnen besprochen. Alle Schichten sind im Protokolltreiber implementiert.

6.5.2.2   Protokoll

Ganz unten befindet sich der Physical Layer (s. Abb. 6.33).

Der Physical Layer legt das Datenformat fest. Bis zu drei Spezifikationen aus Tab. 6.6 können eingerichtet werden. Die meisten Geräte wie z. B. PDAs nutzen SIR (Serial IR). PCs und einige Drucker verlangen FIR (Fast Serial IR).

Die nächste Schicht ist der Link Layer – diejenige Schicht, die die Verbindung festlegt (s. Abb. 6.34). Der Link Layer ist unterteilt in Unterschichten („sub layers"):

asynchron Serial IR (SIR) 9600-115200 baud	synchron Serial IR (SIR) 1,15 Mbaud	synchron Fast IR (FIR) 4 Mbaud

Abb. 6.33 Physical Layer

Tab. 6.6 IrDA Data Specifications

IrDA-Daten-Spezifikation	Übertragungsraten in kbit/s
Sir	9,6–115,2
MIR	576–1152
FIR	4000
VFIR	16.000
UFIR	96.000

LM-IAS	Tiny Transport Protocol (Tiny TP)
IR Link Managment (IrLMP)	
IR Link Access Protocol (IrLAP)	

Abb. 6.34 Link Layer

- Link Access Protocol (IrLAP)
- Link Management (IrLMP)
- Optionale Transportprotokolle

Diese Schichten sorgen für:

- Data Routing
- Fehlerkorrekturen in Datenpaketen
- Link Management
- Strukturierung der Informationen für den Application Layer des Protocol Stacks

Darüber liegt nun der Application Layer (s. Abb. 6.35).

Hier residieren die unterschiedlichen Anwendungsprotokolle und wird die tatsächliche Objektübertragung (Datei, Programm, Foto etc.) geregelt. Die relevante Technik im Einsatz nennt sich IrObex (Ir Object Exchange). Die Charakteristika der jeweiligen Objekte müssen vorher definiert sein.

IrCOMM steht für die IrDA-Standardspezifikation, die die traditionellen seriellen und parallelen Schnittstellen ersetzt.

6.5.3   Anwendungen

Wenn IR-Kommunikation eingerichtet werden soll, sind für bestimmte Endgeräte zunächst die technischen Voraussetzungen zu prüfen bzw. zu schaffen. Das Einrichten selbst ist dann relativ einfach. Die Kommunikation läuft entsprechend des Protokolls ab.

6.5.3.1   Endgeräte
IrDA-Standardschnittstellen sind verfügbar auf:

- PDAs
- Notebooks
- Mobiltelefone
- Drucker
- Pager
- Spezielle Uhren, um z. B. den Herzschlag zu messen

IrTRAN-P	IrObex	IrLAN	IrCOMM	IrMC

Abb. 6.35 Application Layer

6.5.3.2   Voraussetzungen

Um IrDA-Kommunikation für Notebooks, PCs oder PDAs zu ermöglichen, wird ein Digital Interface benötigt sowie eine analoge Front-End-Komponente. Letztere kann sowohl über die RS-232-Schnittstelle bis zu bestimmten Geschwindigkeiten (SIR) oder über USB-Adapter angebunden werden. Viele Geräte auf dem Markt verfügen über eingebaute Infrarotports: Labtops, PDAs, Mobiltelefone. Außerdem ist das Vorhandensein entsprechender Treibersoftware erforderlich.

6.5.3.3   Kommunizieren

Abb. 6.36 zeigt die Verbindungssequenz gemäß dem Standard-IrDA-Protokoll.

Es gibt dabei drei Zustände:

- Normal Disconnect Mode (NDM)
- Discovery Mode
- Normal Response Mode (NRM)

Diese Modi sollen jetzt im Einzelnen besprochen werden.

Normal Disconnect Mode

Abb. 6.37 illustriert diesen Modus. NDM ist der Modus, in dem ein Gerät nach anderen Standard-IrDA-Geräten sucht. In diesem Fall sendet das Gerät XID-Befehle (Exchange

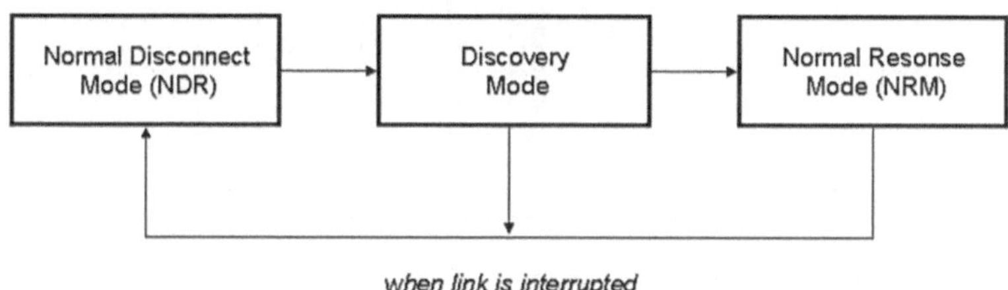

Abb. 6.36 Verbindungssequenz

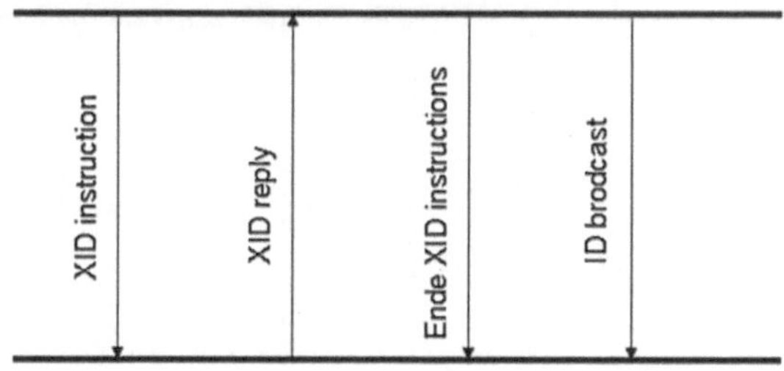

Abb. 6.37 Normal Disconnect Mode

Identification) mit einem Zeitfenster zwischen 0 und 7. Sobald ein anderes Gerät in Reichweite des ersten gelangt, antwortete es und reserviert das Zeitfenster. Danach wird das zweite Gerät alle weiteren XID-Nachrichten ignorieren. Das Standard-IrDA-Protokoll ermöglicht es, neben dem ersten Gerät bis zu acht verschiedene weitere Geräte zu unterscheiden. Das erste Gerät emittiert eine „broadcast ID", auf die das andere Gerät nicht antwortet.

Discovery Mode

Abb. 6.38 illustriert diesen Modus. Im Discovery-Modus stellen die kommunizierenden Geräte ihre Leistungsparameter fest. Das erste Gerät sendet eine SNRM-(Set Normal Response Mode-)Anweisung mit bestimmten Parametern und Verbindungsadressen. Das andere Gerät schickt eine UA-Antwort mit Parametern, indem es die vorgegebene Verbindungsadresse benutzt. Dann öffnet das erste Gerät einen Kanal für IAS-Queries, den das zweite Gerät bestätigt. Zu den Leistungsparametern gehören:

- IR-Baudrate
- Größe der Datenpakete
- Übergabezeit und andere

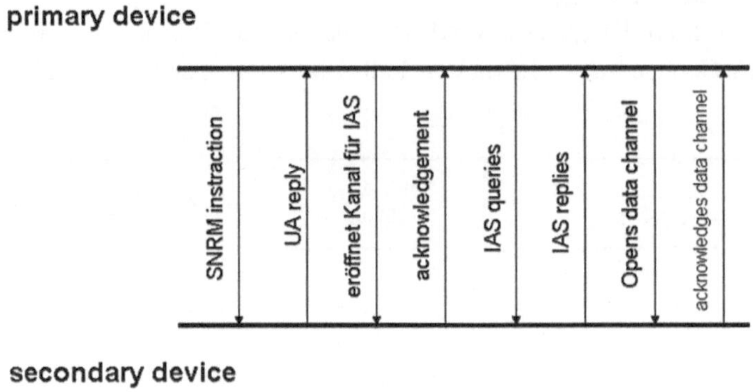

primary device

secondary device

Abb. 6.38 Discovery Mode

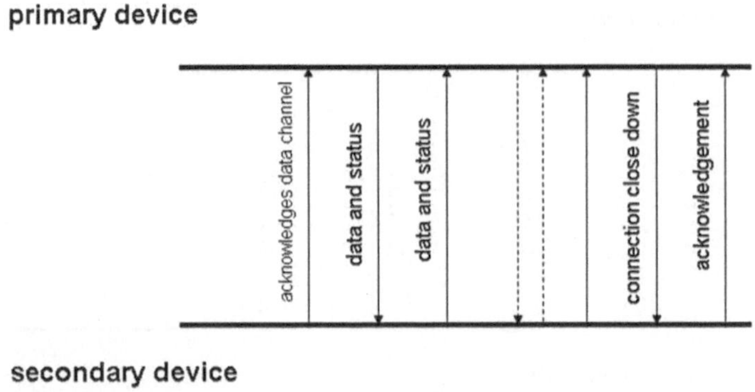

primary device

secondary device

Abb. 6.39 Normal Response Mode

Diese Parameter werden nun ausgetauscht, um den größten gemeinsamen Nenner zwecks Performance-Optimierung zu finden. Jetzt muss das erste Gerät die Datenanfrage starten. Für PCs ist dafür ein entsprechendes Programm erforderlich, das dem IR-Port zugewiesen ist. Auf einem PDA geschieht das, wenn das erste Datenpaket zum Transfer bereitsteht. Das zweite Gerät bestätigt, dass der Kanal für Daten geöffnet ist.

Normal Response Mode

Abb. 6.39 illustriert diesen Modus.

NRM ist der Modus, bei dem Daten und Statusinformationen hin und her gesendet werden. Statusinformationen sind wichtig, um festzustellen, ob eine Verbindung noch besteht und nicht blockiert ist. Sollte die Verbindung über das Time-out hinaus blockiert sein, wird das Gerät in den NDM-Zustand zurückgesetzt. Sobald die Kommunikation beendet ist, unterbricht das erste Gerät die Verbindung. Das zweite Gerät bestätigt dies, und beide kehren zum NDM-Zustand zurück.

Performance 7

Performance von Computerleistung hat zu Zeiten, als Hardware noch teuer war, eine große Rolle gespielt, weil Hardware optimal genutzt werden musste. Später war dieses Kriterium nicht mehr so wichtig, da Hardware erschwinglich wurde. Inzwischen hat man erkannt, dass trotz allem Performance wieder eine Rolle spielt – eben auch wegen der großzügigen Handhabung von Ressourcen bei der Entwicklung komplexer Anwendungen. In diesem Kapitel wird differenziert zwischen drei Ebenen der Performance-Optimierung: Systeme, Anwendungen und die unterstützten Geschäftsprozesse. Auf allen drei Ebenen lassen sich Optimierungen erzielen und Kostenpotenziale erschließen.

7.1 Begrifflichkeiten

Das Thema Performance-Optimierung gliedert sich in drei Hauptteile:

- Systemperformance
- Anwendungsperformance
- Prozessperformance

Für alle drei Bereiche existieren wiederum (Abb. 7.1):

- Theorie
- Messung
- Analyse
- Optimierung

© Springer-Verlag GmbH Deutschland 2017
W.W. Osterhage, *IT-Kompendium*, Xpert.press,
https://doi.org/10.1007/978-3-662-52705-4_7

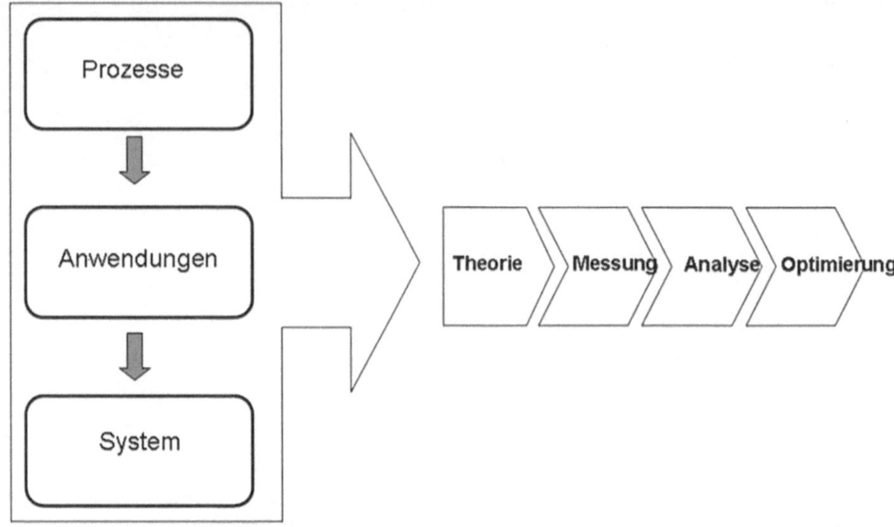

Abb. 7.1 Performance-Dimensionen

7.2   Drei Ebenen

Wenn von Performance die Rede ist, wird sehr häufig implizit nur die Systemperformance gemeint – oder noch mehr vereinfacht: die Leistungsfähigkeit der Hardware, d. h. Prozessor und Hauptspeicher. Das ist mit ein Grund dafür, dass das Thema Performance in den zurückliegenden Jahren vernachlässigt worden ist. Hardware wurde irgendwann so billig, dass sich programmtechnische Optimierungen nicht mehr zu lohnen schienen, da Manpower eben im Verhältnis zu teuer geworden war. Man kaufte Hardware und Erweiterungen dazu, und schon liefen die Systeme wieder schneller. Oder man war von vornherein so ausgestattet, dass Performance-Probleme einfach nicht auftreten sollten.

Die Enduser-Erfahrungen jedoch sprachen immer schon eine andere Sprache. Nach wie vor spielt negativ empfundenes Antwortzeitverhalten eine nicht nur psychologisch wichtige Rolle, sondern auch bei der Bewältigung des Durchsatzes im Tagesgeschäft. Das Verhältnis von Hardwareinvestitionen zu Optimierungen ist quasi immer konstant geblieben. Die Ursache liegt darin, dass großzügige Hardwareressourcen eben so großzügig ausgebeutet werden.

Vor noch 40 Jahren konnte man sich eine Speicherbelegung mit Leerzeichen oder binären Nullen nicht erlauben. Bereits auf der Ebene der Variablendeklarationen und sukzessive bei der Adressierung musste bewusst jedes Byte ausgespart werden. Ansonsten wären Großanwendungen nicht ausführbar gewesen. Spätestens seit Einführung grafischer Oberflächen mit C++, Java und deren Derivaten war es mit der strukturierten Programmierung im klassischen Verständnis zu Ende. Ansprüche an Bedienkomfort, Enduser-Queries etc. haben das ihrige getan, um alte Flaschenhälse in neuem Gewand wieder auferstehen

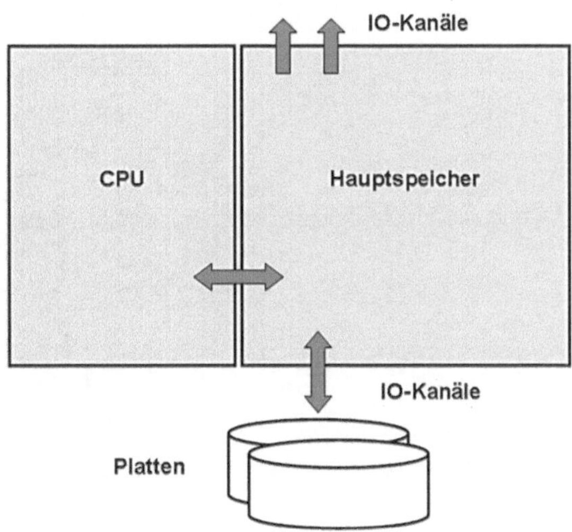

Abb. 7.2 Untergliederung Systemperformance

zu lassen. Somit ist die Performance-Debatte wieder aktuell geworden – und eben nicht nur auf Systeme und Hardware allein beschränkt.

Die Systemperformance schließt ein (Abb. 7.2)

- Hardwareauslastung (Speicher, Prozessor)
- Konfiguration der Systemtabellen
- Ein-/Ausgabe

mit allen für das Systemmanagement relevanten Vorgängen und Parametern.

Bei der Anwendungsperformance und deren Analyse gibt es natürlich über den Aufruf von Systemressourcen, die Datenspeicherung und Ein-Ausgabe-Vorgänge mehr oder weniger starke Verquickungen mit den Systemressourcen im Detail. Insgesamt aber existiert der große Zusammenhang, dass zum Ausführen von Anwendungen eben Systeme benötigt werden. Abb. 7.3 zeigt diesen Gesamtzusammenhang auf. Bei Performance-Betrachtungen können beide Ebenen letztendlich nicht als getrennt nebeneinander existierend betrachtet werden.

Die wesentlichen Elemente, die bei der Anwendungsanalyse eine Rolle spielen, sind:

- Programmstruktur (Gesamtanwendung und Module)
- Datenhaltungskonzept
- GUI (General User Interface)

Auf der obersten Ebene schließlich steht die Prozessperformance. Damit ist nicht der systemische Prozessor gemeint, sondern diejenigen Unternehmensprozesse, die durch die zu untersuchenden Anwendungen auf ihren Systemen unterstützt werden. Insofern werden bei dem Thema auch nicht die üblichen Managementberatungswerkzeuge wie Balanced

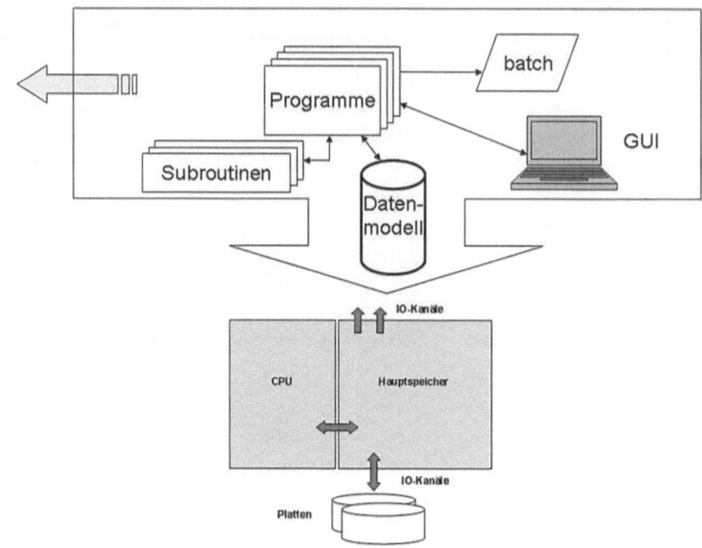

Abb. 7.3 Zusammenspiel zwischen Anwendungen und System

Scorecard, Durchlaufzeiten etc. ins Spiel gebracht. Die Bedeutung der Prozesse für die IT-seitige Gesamtperformance liegt darin, bei einer Optimierung gleichzeitig die prozessuale Notwendigkeit bestimmter Abläufe und deren mehr oder weniger ressourcenintensive Systemstützung zu hinterfragen:

- Welche Systemstützung ist wirklich erforderlich?
- Wie wird mein Durchsatz durch Anwendungsperformance beeinflusst?

Auf dieser Basis ist schließlich zu entscheiden, wo beim Tuning am ehesten angesetzt werden muss. An dieser Stelle kommt die Kosten-Nutzen-Frage zu ihrer wahren Bedeutung.

Zusammenfassend lässt sich sagen:

Performanceprobleme werden auf der Prozessebene zuerst erkannt, wenn das Tagesgeschäft leidet. An neuralgischen Punkten werden die kritischen Anwendungen identifiziert. Sie wiederum sind abhängig von den Systemen, auf denen sie laufen.

Performancemessung startet auf der Systemebene und identifiziert Engpässe, die wiederum auf den Ressourcenverbrauch von Anwendungen zurückzuführen sind. Anwendungsanalyse führt letztendlich zur Infragestellung bestimmter Teilprozesse.

Das gesamte Tuningpaket schließlich beinhaltet einen Mix von Maßnahmen auf allen drei Ebenen. Deren Priorisierung zur Umsetzung hängt von dem zu erwartenden wirtschaftlichen Nutzen in einer Organisation gegenüber den zur Umsetzung erforderlichen Kosten ab.

7.3 Performance-Theorie im engeren Sinn

7.3.1 Hardwareparameter

Es gibt eigentlich nur vier Hardwareparameter, die losgelöst von anderen Einflüssen für sich betrachtet werden können:

- CPU-Leistung
- Hauptspeicher
- Plattenspeicher
- Leistung der Kommunikationskanäle

Die CPU- oder Prozessorleistung misst sich in Anzahl ausführbarer Instruktionen pro Sekunde – MIPS. Diese Zahl ist ein theoretischer Wert, der in der Praxis durch Overheads (Beschäftigung des Systems mit sich selbst) und I/O-Waits beschnitten wird. Die Prozessorleistung ist wichtig für Anwendungen, die stark Prozessor lastig sind – z. B. für technische oder wissenschaftliche Berechnungen. Betriebswirtschaftliche Anwendungen dagegen sind I/O-lastig, sodass die Prozessorleistung erst dann ins Spiel kommt, wenn andere Engpässe beseitigt sind. Interessanterweise bedingt eine Hauptspeichererweiterung in der Regel auch einen Prozessorupgrade, um mehr Prozesse parallel laufenlassen zu können.

Die CPU kann einen der folgenden Zustände annehmen:

- Busy
- Overhead Processing
- Waiting
- Idle

Overhead processing wiederum unterteilt sich in:

- Memory Management (Paging)
- Process Interrupt Control
- Cache Management

Der Wait-Status kann weiter analysiert werden, indem man sich die Prozesswarteschlangen anschaut und deren Beziehungen wiederum zu den einzelnen Prozessen herstellt.

Der Hauptspeicher wird benötigt für:

- Programmsegmente
- Daten
- Cache-Partitionen
- Betriebssystemfunktionen

Die Daten im Hauptspeicher kommen aus folgenden Quellen:

- User Stack
- User Tables
- Zusätzliche Datensegmente
- Systempuffer

Die Größe des Hauptspeichers wird kritisch, wenn zu viele Prozesse laufen oder Programme zu groß sind. Im Ergebnis erfolgt ein massives Swapping mit entsprechender Verlängerung der Antwortzeiten: intensives Memory Management und Prozessunterbrechungen.

Bezüglich des Plattenspeichers gibt es die beiden Gesichtspunkte der absoluten Belegung und der Fragmentierung. Die Leistung der Kommunikationsschnittstellen hat wiederum Auswirkungen auf I/O-Waits und Swapping.

7.3.2 Betriebssystemparameter

Jedes Betriebssystem bringt neben seinen Fähigkeiten, Anwendungen zu unterstützen, auch eigene Funktionalitäten mit, die Systemressourcen beeinflussen. Dazu gehören:

- Programmaufrufe
- Bestimmte Befehle
- Systemsteuerungsfunktionen
- Konfigurationsparameter
- Systemtabellen
- Funktionale Subsysteme: Utilities

Direkten Einfluss auf die Performance haben Systemsteuerungsfunktionen und Konfigurationsparameter, die folgendes bewirken:

- Kommunikationseinstellungen
- Joblimits
- Logging
- Memory Allocation
- Priority Scheduling
- Dateisystem-relevante Einstellungen
- Spool-Parameter
- Time-outs
- Cache Sizes
- Systemtabellen

7.3.3 Anwendungsparameter

Obwohl ein Performance-Tuning auf der Basis von Anwendungsoptimierungen meistens zeitaufwendig ist und deshalb in der Regel kurzfristig keine sichtbaren Ergebnisse zeigt, ist es dennoch manchmal unerlässlich. Hier sind die Einflussfaktoren:

- Programmiersprache
- Modularer Programmaufbau
- Anzahl Subroutinen und externer Aufrufe
- Dateimanagement
- Ein-/Ausgabeprozeduren
- GUI oder Batchverarbeitung
- Größe von Codesegmenten
- Kommunikationsprozesse mit anderen Anwendungen

Bestimmte Faktoren lassen sich manchmal mit geringem Aufwand tunen, wie z. B. Ein-/Ausgabeprozeduren oder Wechsel von GUI auf Batch. Andere erfordern größere Investitionen. Dazu gehören sicherlich die Transskription in andere Programmiersprachen oder Änderungen am Datenmodell.

7.4 Datensammlung

Hier wird unterschieden zwischen dynamischen Daten, die durch die tatsächlichen Belastungen auf einem System gemessen werden, und statischen Daten, die im Wesentlichen auf die Konfiguration selbst zurückgeführt werden können. Die Daten werden aus unterschiedlichen Quellen zusammengetragen, ausgewertet und führen zu ersten Erkenntnissen, bevor eine vertiefende Analyse angestellt werden muss.

7.4.1 Dynamische Daten

Um dynamische Performancedaten zu ermitteln, gibt es auf dem Markt bzw. von den Herstellern der Betriebssysteme entsprechende Monitore, die diese Daten sammeln und visualisiert am Bildschirm ausgeben. In Abhängigkeit des zu untersuchenden Problems und der Anwendungsumgebung laufen solche Monitore Stunden, Tage oder gar Wochen mit. Die Informationen, die dabei ausgegeben werden, beinhalten unter anderem:

- Programme, die gerade genutzt werden
- Prozessorauslastung
- Hauptspeicherbelegung

* Speichermanagement
* Anzahl laufender Prozesse
* Häufigkeit von Datenzugriffen (Tabelle öffnen)
* Overheads und Interrupts
* Warteschlangen
* Füllgrad der Systemtabellen
* I/Os
* Swap-Rate

Die Monitordaten können durch die Logdateien für Systemereignisse sowie durch den Produktionsplan ergänzt werden.

7.4.2   Statische Daten

Diese Informationen erhält man aus Systemtabellen und der Anwendungsumgebung. Dazu gehören:

* Verteilung der Benutzerhäufigkeiten über längere Zeiträume
* Account-Statistiken
* Database-Schemata, Dateiverwaltungssystem
* Cache-Größe und -Adresse
* Temporary File Space Allocation
* Allgemeine Konfigurationsparameter:
  - Speichergröße
  - Version des Betriebssystems
  - Anzahl Peripheriegeräte
  - Job-, Session-Parameter
  - Spool-Parameter
  - Auslegung der Systemtabellen
  - Virtueller Speicher
  - Systempuffer
* Kommunikationsparameter:
  - Protokolle
  - Ports
  - Datentransferraten
* Kommunikationspuffer
* Plattenbelegung
* Produktionspläne
* Inaktive Daten seit einem vorgegebenen Datum

7.5   Datenauswertung

Neben den statischen Informationen, die nicht weiter konsolidiert zu werden brauchen, sind die folgenden Berichte aus dem dynamischen Bereich von Interesse:

- Durchschnittliche Prozessorleistung
- Zeitabhängige Prozessorleistung
- Durchschnittliche Speicherauslastung
- Zeitabhängige Speicherauslastung
- Offene Dateien
- Laufwerksbelegung
- Kommunikationsverkehr

Einige dieser Ergebnisse werden unten in den Abb. 7.4–7.7 dargestellt (Bildschirmausgaben des TuneUp©-Tools mit freundlicher Genehmigung des gleichnamigen Unternehmens).

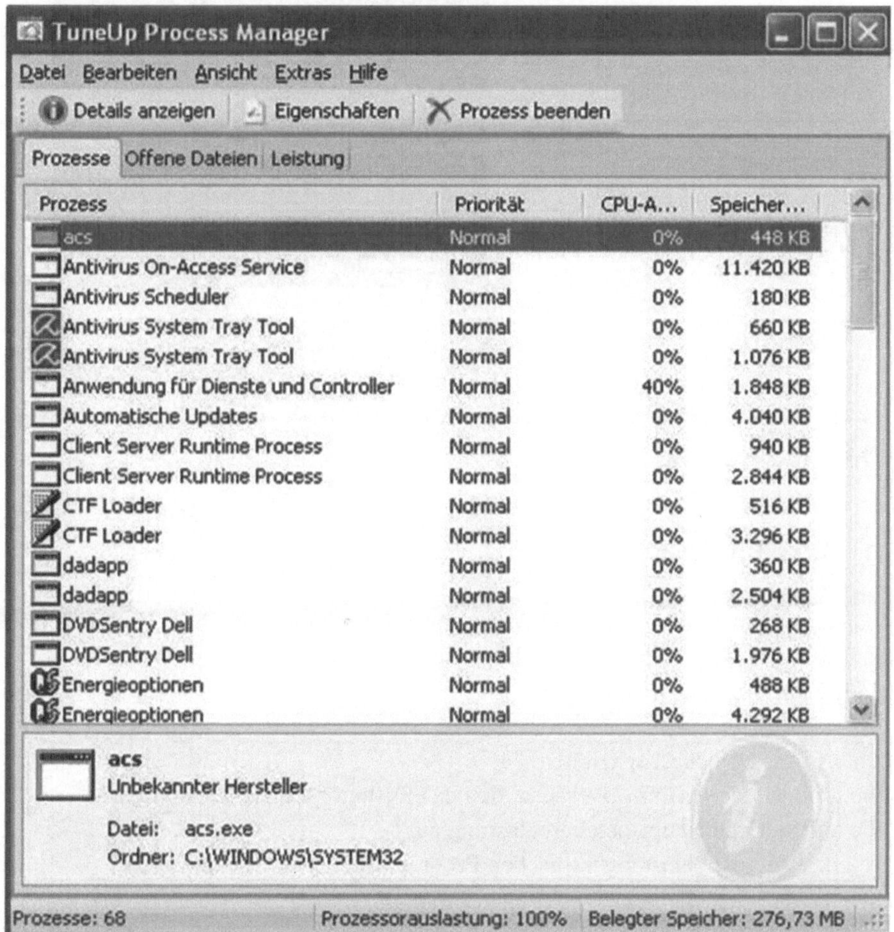

Abb. 7.4 Prozessorleistung insgesamt

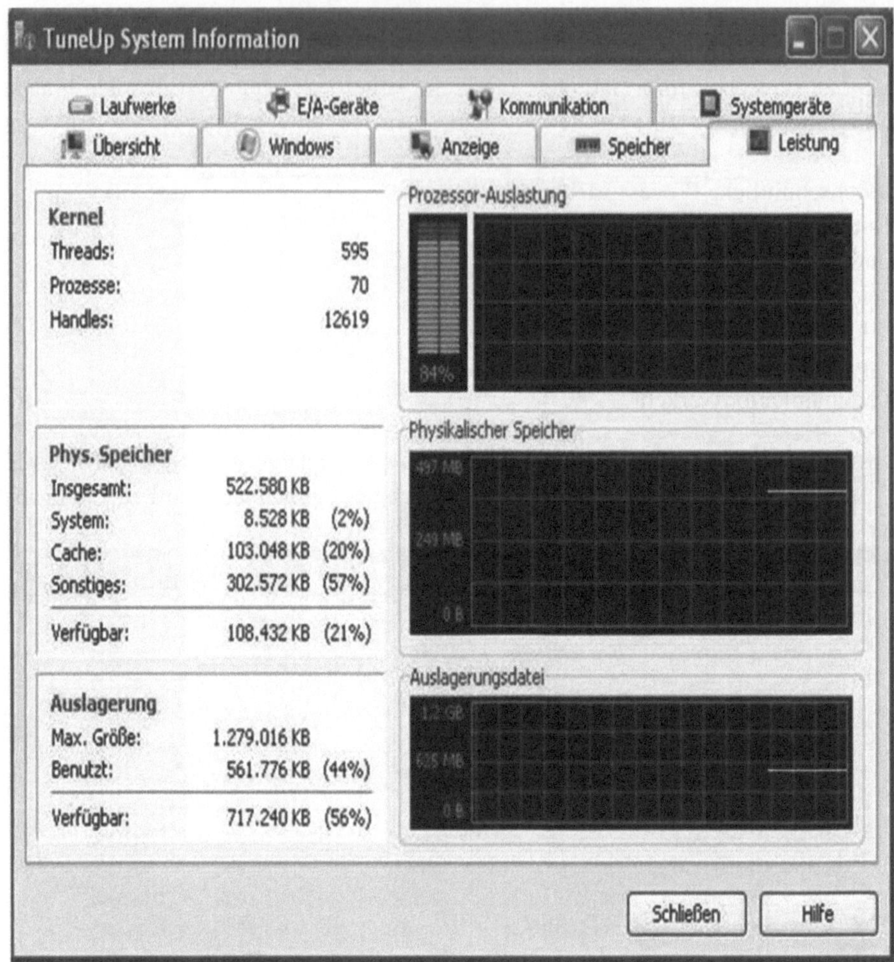

Abb. 7.5 Prozessorleistung differenziert

7.5.1　Erkenntnisse

Alle Daten zusammen können einen Wust von Informationen ergeben. Um zu konkreten Erkenntnissen zu kommen, ist es wichtig, zielgerichtet zu suchen. Dabei kann man sich folgende Ziele vor Augen halten:

- Gibt es freie Speicherkapazitäten?
- Wie groß ist der gesamte Overhead, den das System für sich beansprucht?
- Wie teilt sich die Hauptspeicherbelastung auf?
- Welches sind die belastungskritischen Programme?
- Haben Systemtabellen einen kritischen Füllgrad erreicht?

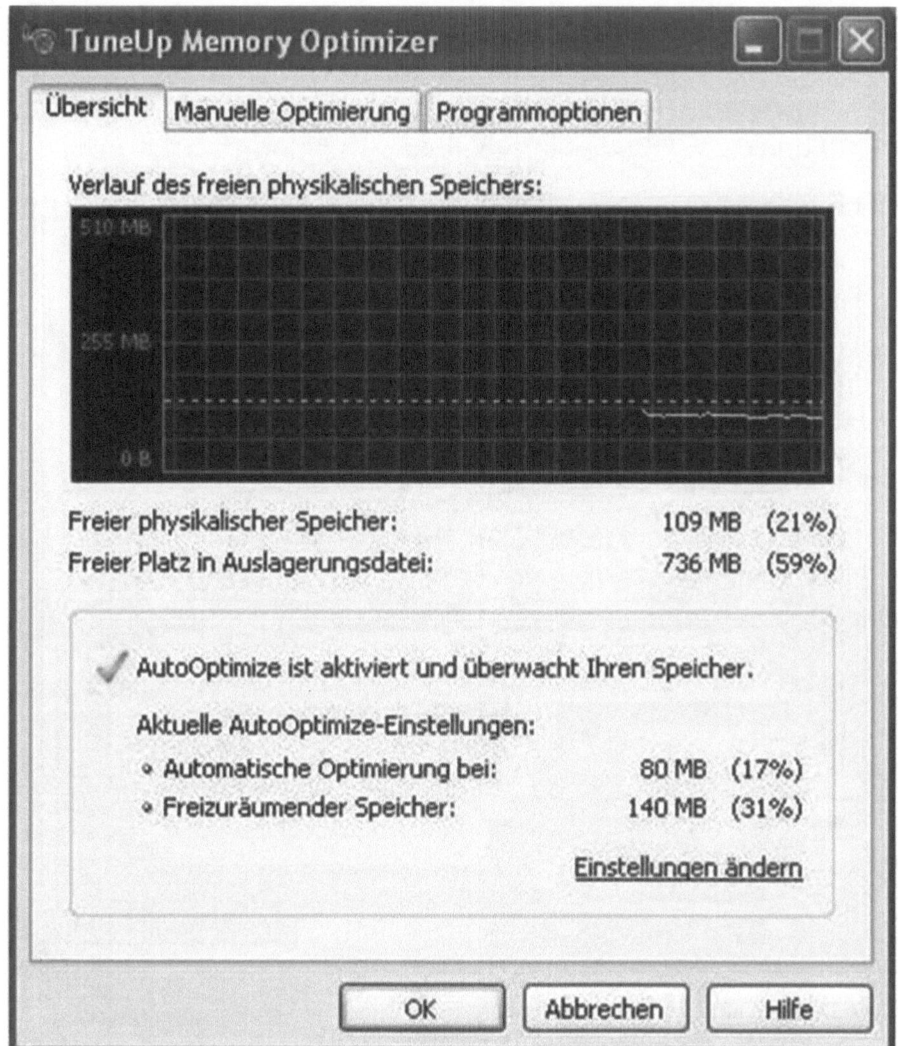

Abb. 7.6 Memory Optimizer

- Wie ist die Häufigkeit der Nutzung von Dienstprogrammen in Anwendungen?
- Wie ist die Account-Belegung?
- Gibt es Reserven beim Plattenspeicher?
- Welche Sprachen werden verwendet?
- Sind Directories und Registries sauber?
- Wie ist das Verhältnis batch zu online?
- Gibt es Engpässe bei den Kommunikationskanälen?
- Wie ist der Stand von Hardware und Betriebssystemen?

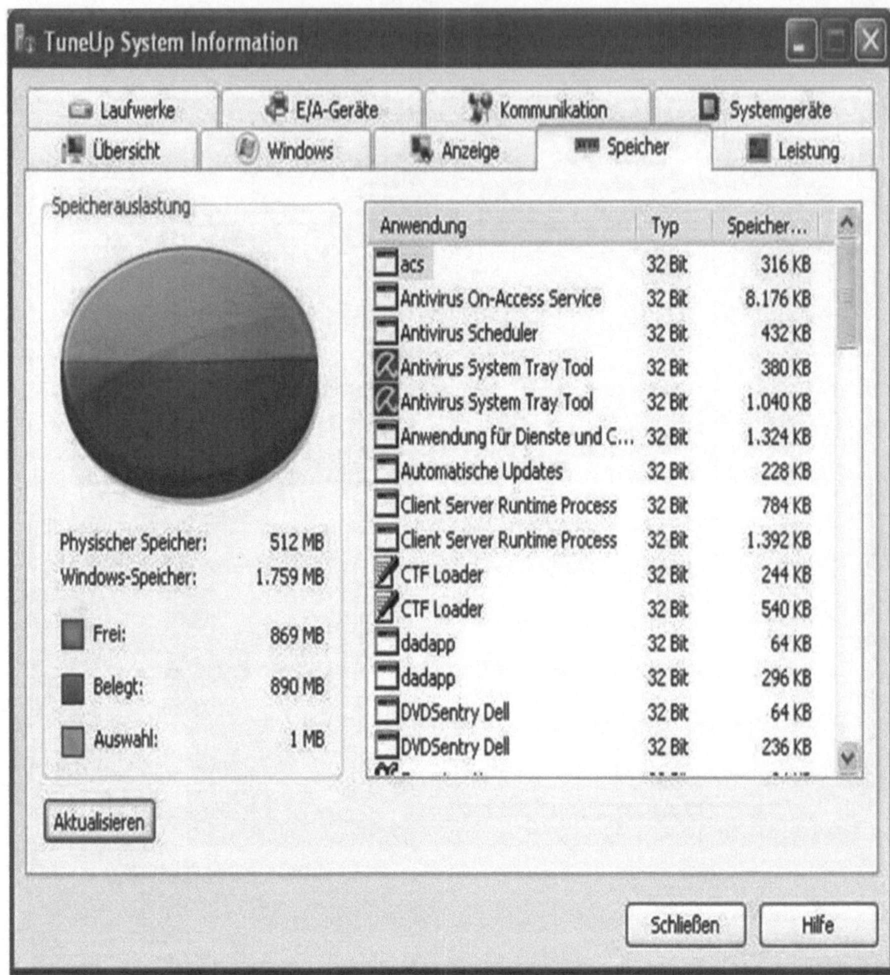

Abb. 7.7 Durchschnittliche Speicherauslastung

7.6   Analyse

Mit all den gesammelten Daten lassen sich für einen konkreten Fall Aussagen über den
tatsächlichen Zustand der Rechnerressourcen machen. Daraus leiten sich Empfehlungen
für Maßnahmen ab.

7.6.1   Rechnerressourcen

Die Messdaten lassen Rückschlüsse über die CPU-/Prozessor-Auslastung (busy, idle, overheads etc.) zu. Die statistische Verteilung der User-Zugriffe ermöglicht Erkenntnisse über

Engpasszeiten während des Tages bzw. bei Batch-Läufen des Nachts. Zusammen mit der Belegung von Speichermedien lassen sich I/O-Probleme identifizieren. Die Auslastung des Hauptspeichers gibt Hinweise über Swapping, Optimierungsbedarf von Code-Segmenten bzw. noch freie Ressourcen. Häufig sind es Kombinationen von CPU-Problemen, I/O und Memory-Größe, die die Performance bestimmen. Deshalb müssen Empfehlungen immer im Gesamtzusammenhang gesehen werden.

7.6.1.1 Systemtuning

Empfehlungen für Systemtuning beinhalten:

- Defragmentierung von Dateien
- Säuberung von „toten" Dateien
- Reorganisation von Puffern, Cache und Spool
- Säuberung von Registries und Anpassen von Systemtabellen
- Reorganisation des Schedulings
- Update des Betriebssystems, von Drivern bzw. Protokollen

7.6.1.2 Anwendungstuning

Empfehlungen über Anwendungstuning gehen bis in das Redesign von Anwendungen hinein. Dazu gehören auch:

- Aufrufe von Subsystemen
- Programmstrukturen
- Häufigkeit des Öffnens und Schließens von Dateien
- Datenbankdesign
- Tabellengrößen
- Programmgrößen und -struktur
- Design von GUIs
- Produktionsplanoptimierung

7.6.1.3 Investitionen

Aus den Erkenntnissen resultieren häufig Empfehlungen bezüglich Hardwareinvestitionen. Das scheint manchmal der einfache und schnellste Weg aus einer Engpasslage heraus. Insbesondere suggerieren solche Schnellschüsse, dass aufwendige und zeitraubende Tuningmaßnahmen im Anwendungsbereich vernachlässigt werden können. Zudem ist Hardware preiswert.

Häufig erzielt man mit einem Prozessorupgrade, zusätzlichen Servern und Speichererweiterungen kurzfristig sein Ziel. Zu bedenken sind dabei jedoch zwei Effekte:

- Abhängigkeiten unterschiedlicher Performanceprobleme untereinander
- Längerfristige Entwicklungen

Abhängigkeit bedeutet z. B., dass ein Speicherplatzproblem angezeigt wird. Nach Speichererweiterung bleibt das Problem jedoch bestehen, da durch erhöhte I/Os, die dann möglich werden, die Prozessorbelastung unverhältnismäßig ansteigt. Umgekehrt gibt es ähnliche mögliche Beziehungen bei Erhöhung der Prozessorleistung und anschließendem Speicherengpass und so weiter.

Die längerfristigen Symptome nach Hardwareupgrades sind bekannt. Schon nach einer relativ kurzen Zeit der Entspannung füllt sich die Speicherbelegung wieder auf, reicht die Prozessorleistung wieder nicht. Diese Phänomene sind ebenso aus Städte- und Trassenplanung bekannt. Wo mehr Platz ist, wird mehr belegt. Ursache sind nichtoptimierte Anwendungen. Und somit bleiben Hardwareinvestitionen und schließlich -kosten immer als begleitende Optionen dabei.

7.7 Prozessperformance

7.7.1 Ausgangslage

Bei der in diesem Zusammenhang besprochenen Prozessperformance geht es nicht um die klassischen Ansätze von Ablaufoptimierung in z. B. Unternehmen, auch nicht in erster Linie um die Nutzung von Synergieeffekten oder eine Messung nach der Balanced Score Card, sondern sozusagen um ein „Abfallprodukt" der System- bzw. Anwendungsoptimierung wie bisher besprochen.

Performance-Messungen und -Analysen geben Gelegenheit, nicht nur an Systemen Verbesserungen vorzunehmen, sondern parallel dazu auch einen kritischen Blick auf die dahinterliegenden Anwendungen zu werfen. Zu unterscheiden sind dabei Gesichtspunkte, die einmal bestehende Anwendungen in den Blick nehmen, zum anderen solche, die relevant werden, wenn neue Anwendungen eingeführt werden sollen. Bei letzteren geht es im Wesentlichen darum, den potenziellen Mehraufwand rechtzeitig zu identifizieren und entsprechende Maßnahmen zu ergreifen.

7.7.2 Identifizierung kritischer Unternehmensprozesse

Bei der Betrachtung kritischer Unternehmensprozesse geht es um zwei Dinge (Abb. 7.8):

Abb. 7.8 Optionen bei
Prozessoptimierung

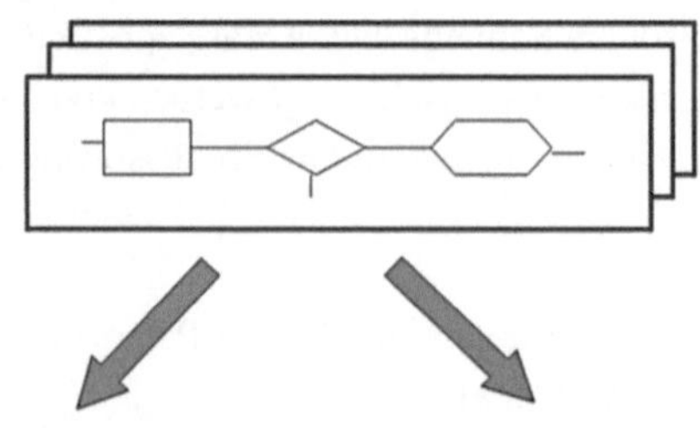

- Auffinden von Performance-relevanten Prozessen zwecks Optimierung der zugehörigen Systemstützung
- Identifizierung von Engpassanwendungen, um diese fachlich so zu entzerren, dass vom Prozess her eine Optimierung stattfinden kann

Die erstere Zielsetzung ist eng mit der Anwendungsoptimierung selbst verbunden.

7.7.3 Performance-relevante Prozesse

Oftmals ist es so, dass wenige Prozesse für den Großteil der Systemlast verantwortlich sind, z. B. 15 % der Prozesse für 75 % der Last. Hier gilt es, eine Vorauswahl der Transaktionen vorzunehmen und diese nach ihrer Lasterzeugung zu differenzieren, z. B.:

- Suchvorgänge: in der Regel durch viele Nutzer und I/O-intensiv
- Druckvorgänge: wenig User, wenig Last
- Anlegen von Bewegungsdaten: können mehrere verkettete Transaktionen erzeugen (lesen, anlegen, prüfen, ändern)

Bei der Performance-Messung sollte darauf geachtet werden, dass die wichtigsten Transaktionen in die Testphase mit einbezogen werden, um ein realistisches Bild bezüglich kritischer Unternehmensprozesse und ihres Durchlaufs zu bekommen. Bei der Auswahl sollten Keyuser, Administratoren und Entwickler hinzugezogen werden. Vorab sollten diese Transaktionen dokumentiert werden. Eine Klassifikation könnte wie Tab. 7.1 strukturiert sein.

Komplexität und Impact können subjektiv bewertet werden, z. B. mit Zahlenwerten zwischen 1 und 5. Komplexität bezieht sich auf Verkettung bzw. Rechenintensität, Impact sagt etwas auf die Lastbeeinflussung, gemessen an den übrigen Anwendungen, aus.

Eine weitere wichtige Information ist die zeitliche Verteilung der Transaktionen. Das gesamte Geschäftsgeschehen wickelt sich nicht gleichzeitig und konstant über den Arbeitstag ab – insbesondere dann nicht, wenn eine Organisation flexible Arbeitszeiten fährt. Die Abb. 7.9 zeigt eine solche Verteilung für einige wichtige Transaktionen, gemessen an der Anzahl gleichzeitiger User. Man erkennt deutlich die Spitzen kurz nach Geschäftsbeginn und am frühen Nachmittag, aber auch die Aktivitätentäler während der Mittagszeit.

Tab. 7.1 Bewertung von Transaktionen

Transaktion	Anzahl gleichzeitiger User/Zeiteinheit	Komplexität	Impact

Anzahl Userhaupttransaktionen [relative Häufigkeit]

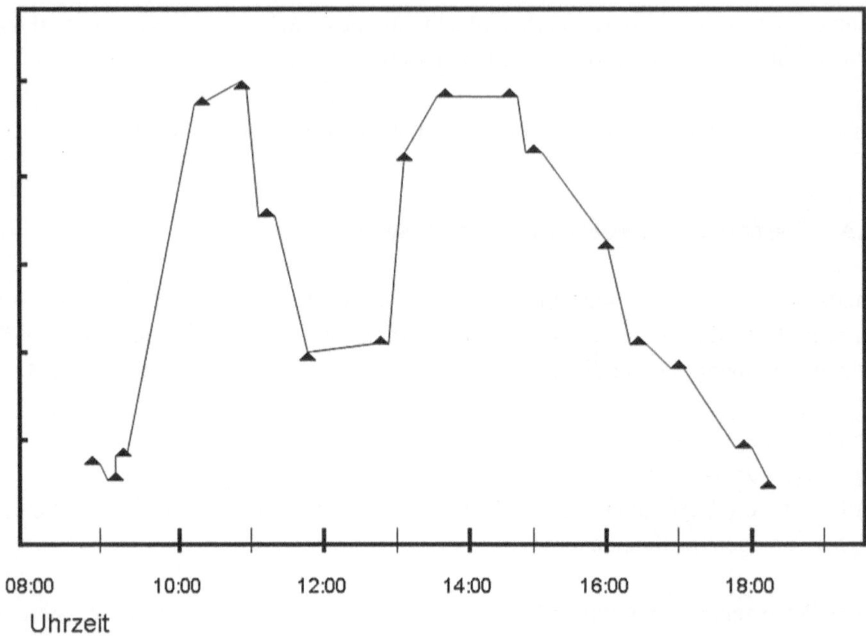

Abb. 7.9 Userhäufigkeitsverteilung

7.7.4 Vorgehensweise

Die Identifizierung von Performance-relevanten Prozessen ist eine systematische Aufgabe, deren Aufwand stark davon abhängt, welche Prozessdokumentation in einer Organisation bereits vorliegt. Ist diese Basis einmal ermittelt, können die entsprechenden Prozesse gezielt in Performance-Messungen einbezogen werden. In der Regel eignen sich dazu Massentests. Die Abb. 7.10 und 7.11 zeigen eine mögliche Vorgehensweise.

Es ist offensichtlich, dass es sich dabei um eine iterative Maßnahme handelt, die viel Zeit und Ressourcen binden wird. Deshalb ist es unabdingbar, dass im Vorfeld eine Aufwands-Nutzen-Analyse getätigt wird, die Anhalt darüber gibt, ob sich das ganze Unterfangen auch lohnt. Ist die Entscheidung einmal gefallen, sollte das Thema Prozessoptimierung als eigenständiges Projekt aufgesetzt werden, da wahrscheinlich mehrere Fachbereiche sowie IT-Verantwortliche eingebunden werden müssen. Damit das Projekt mit entsprechender Priorität vorangetrieben werden kann, ist die Rückendeckung der Hierarchie erforderlich. Dann ergibt sich eine Projektorganisation wie in Abb. 7.12.

Der Auftraggeber ist normalerweise die Geschäftsleitung; sie kann auch als Pate fungieren. Auf dieser Ebene wird letztendlich entschieden, welche Prozesse endgültig in die Untersuchung mit einbezogen werden sollen. Die Arbeitsteams gliedern sich nach Geschäftsinhalten bzw. Fachabteilungen, die zunächst die Prozesse dokumentieren sollen,

Abb. 7.10 Vorgehensweise

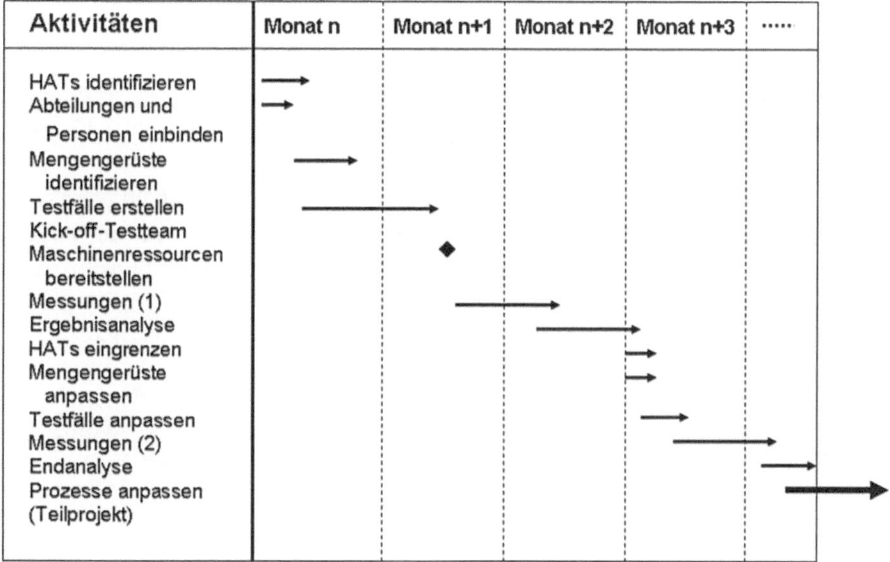

Abb. 7.11 Zeitplan

dann die Performance-Tests mitmachen und zum Schluss auch bei den Optimierungsmaßnahmen gefragt sind. Letztendlich müssen sie auch diese Entscheidungen umsetzen und damit in Zukunft arbeiten. Darüber wacht ein Lenkungsgremium, das sich um die operative Umsetzung kümmert und den Auftraggebern berichtet.

7.7.5   EPKs

Es hat sich bewährt, Prozesse im Rahmen der EPK-Konventionen darzustellen. EPK bedeutet „Ereignis getriebene Prozesskette". Ausgehend von entweder einem Vorgängerereignis

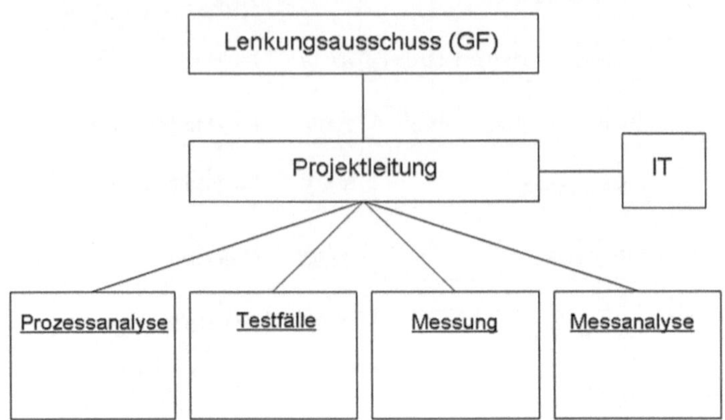

Abb. 7.12 Projektorganisation

oder einem Impuls von außen wird eine Funktion angestoßen, die entweder eine Folge-
funktion, ein neues Ereignis oder ein Ergebnis (Output) erzeugt. Die Abb. 7.13 zeigt das
beispielhaft.

In Abb. 7.14 benennt die linke Spalte den relevanten Vorgang innerhalb des Prozesses
im Klartext, in den nach rechts folgenden Spalten sind die beteiligten Systeme aufgeführt.
Jede kleine Raute bezeichnet ein Ereignis. Die Pfeile geben den Informationsfluss wieder.
Zusätzlich lassen sich Kommentare einfügen.

Die Abb. 7.15 zeigt ein konkretes Beispiel eines Geschäftsvorfalls.

Abb. 7.13 EPK-Darstellung

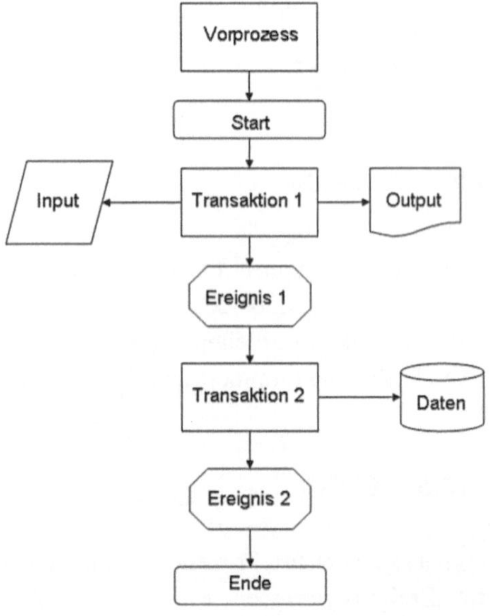

Transaktionsschritte	Modul 1	Modul 2	Modul 3
Schritt 1			
Schritt 2			
Schritt 3			
— — — ·			

Abb. 7.14 Prozessgesamtbild mit Systemen

Transaktionsschritte	Vertriebssystem	Lager	Finanzen
Kundenanfrage entgegennehmen			
Kunde identifizieren			
Verfügbarkeit prüfen			
Bestellung erfassen			
Auftrag an Versand			
Warenausgang			
— — —			

Abb. 7.15 Auftragsbearbeitung

7.7.6   HATs

Als HAT (Hauptaufwandstreiber) wird ein Prozess verstanden, der beim User einen hohen Aufwand verursacht. Dieser Aufwand kann seine Ursachen haben

- in der Zeit, die für eine einmalige Transaktion erforderlich ist, und
- im Mengengerüst, das pro Zeiteinheit abzuarbeiten ist.

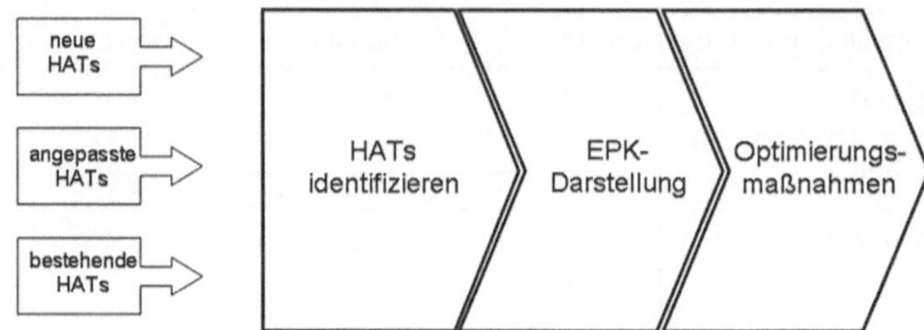

Abb. 7.16 HAT-Optimierung

In beiden Fällen spielt der Automatisierungsgrad bei der Systemstützung eine entscheidende Rolle. Es gilt also zunächst, die HATs in einer Organisation zu identifizieren, sie
dann als EPKs darzustellen und dann letztendlich Schlüsse in Richtung Optimierungsmaßnahmen zu ziehen (Abb. 7.16). Bei der Ermittlung der kritischen HATs sind zu unterscheiden (je nach Szenario „neu" oder „alt"):

- HATs, die neu hinzugekommen sind
- HATs, die angepasst wurden
- HATs, die bestehen bleiben

Alle drei Typen können Gegenstand von Optimierungsmaßnahmen sein. Bei der Klassifizierung gibt es zwei Betrachtungsebenen:

- Transaktionsaufwand
- Priorität für den Geschäftsvorfall

Nach Aufwand sortiert, lassen sich folgende Festlegungen im Sinne einer ABC-Analyse
treffen:

- Hoch (A)
- Mittel (B)
- Gering (C)

Die Gewichtung nach Prioritäten erfolgt ähnlich:

- Existenziell (Priorität 1)
- Wichtig (Priorität 2)
- Eventuell verzichtbar (Priorität 3)

Die Tab. 7.2 zeigt beispielhaft die Hauptaufwandstreiber für eine spezifische Geschäfts-
aktivität.

Tab. 7.2 Klassifizierung von Hauptaufwandstreibern

HAT	Aufwand	Priorität
Auftragsbearbeitung	A	1
Auftragsstatistik	C	2
Abrechnung	B	1
…		

Insgesamt lassen sich die HATs auch in einer Masterliste (Abb. 7.17) dokumentieren. Dabei erhalten sie jeweils ein Kennzeichen, das sich aus der ABC-Analyse und den Prioritäten zusammensetzt (z. B. B2).

7.7.7 Zielprozessmodell

Am Ende aller Bemühungen steht dann ein Gesamtprozessmodell, das die neue Organisationswelt wiedergibt. Dem gehen – wie erläutert – iterative Maßnahmen voraus, sodass sich das Gesamtvorgehen wie in Abb. 7.18 darstellen lässt.

Das bedeutet, dass nach Identifizierung der HATs und ihrer EPK-mäßigen Erfassung zunächst ein theoretisches Gesamtmodell ermittelt werden muss. Über diverse Zwischenstufen gelangt man dann schließlich zu einem endgültigen Zielprozessmodell (Abb 7.19), das für die Zukunft bindend sein wird. Dem Gesamtmodell gehören natürlich nicht nur die HATs an, sondern auch alle anderen unterstützenden Prozesse, die nicht Gegenstand der Optimierungsbetrachtungen waren.

Abb. 7.17 Masterliste

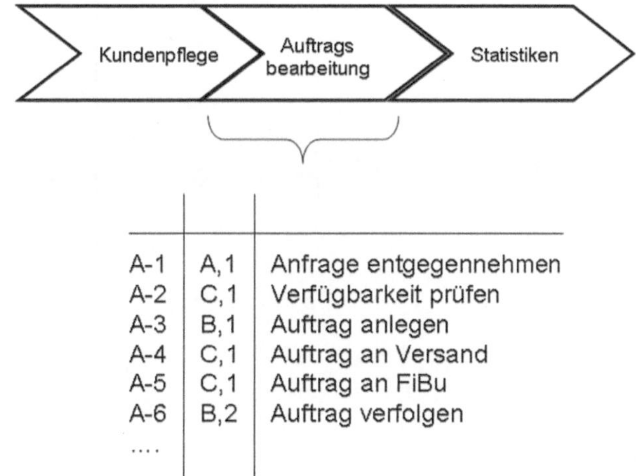

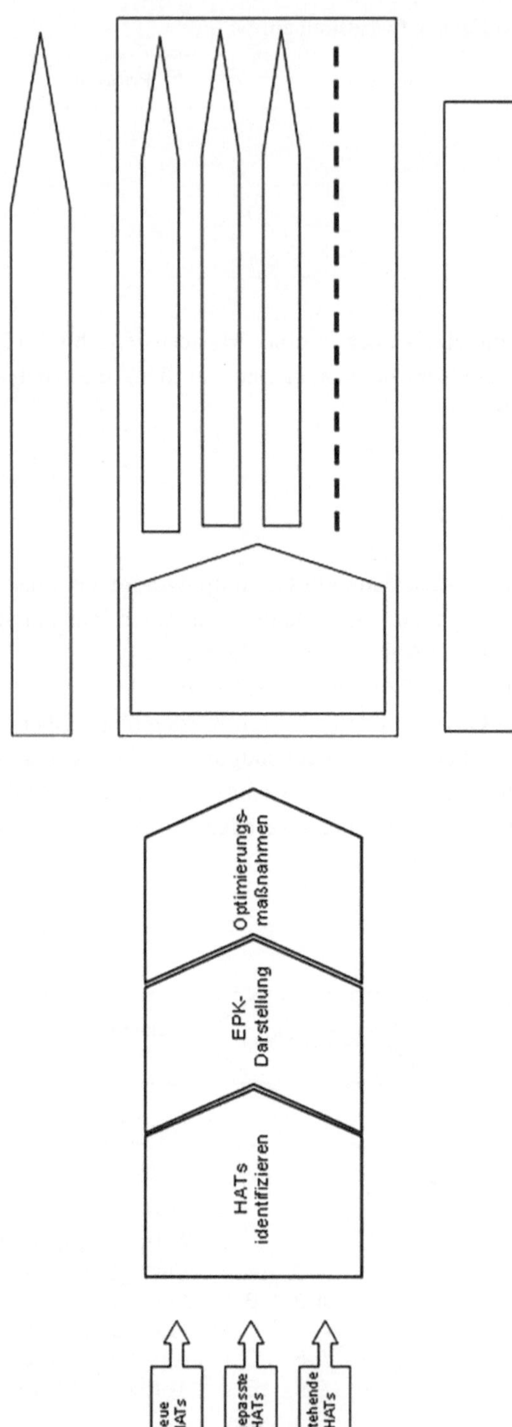

Abb. 7.18 Prozessiteration

Abb. 7.19 Zielprozessmodell

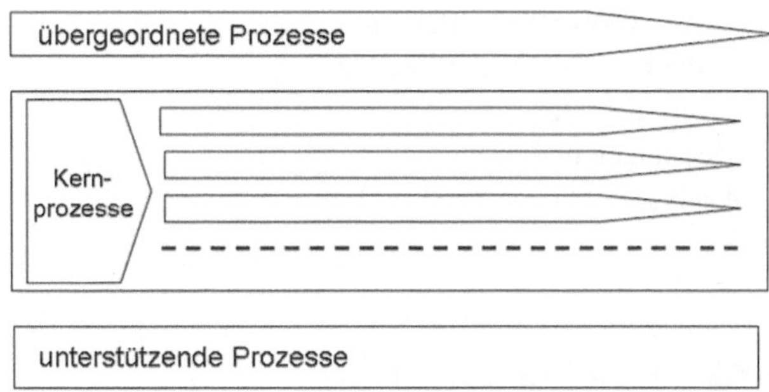

7.8 Sonderfall Cloud-Anwendungen

7.8.1 Einführung

Überlegungen zur Performance-Messung, -Analyse und -Optimierung haben sich bis in die jüngste Vergangenheit schwerpunktmäßig entweder auf Einzelrechner, dezidierte Serverlandschaften oder Maximalnetzwerke bezogen. Durch völlig neue Entwicklungen in den letzten Jahren hat sich einerseits das Thema erweitert, andererseits verkompliziert. Hintergrund ist die wachsende Anzahl von Cloud-Anwendungen.

Hier muss weiterhin differenziert werden nach den Konstellationen:

- Cloud only
- Cloud in Verbindung mit zentralen Anwendungskomponenten
- Cloud im Zusammenhang mit anderen Netzwerken

Theoretisch könnte man alle drei Arten von Cloud-Lösungen als Netzwerklösungen betrachten und somit auch im Rahmen der Netzwerkperformance-Theorie behandeln. Leider entziehen sich aber die Cloud-Anteile in diesem Zusammenhang den üblichen Performance-Kontrollen aus zwei Gründen:

- Systemplattformen der Cloud-Anbieter sind entweder nicht bekannt oder nicht zugänglich.
- Die Plattformen der Cloud-Anbieter können sich dynamisch verändern (Hardware, Vernetzung etc.).

Im Folgenden soll kurz auf diese allgemeine Problematik eingegangen werden. Dabei geht es um

- die Spezifizierung der Anwendungen selbst,
- die generelle Vorgehensweise, wozu gehören

   – das Antwortzeitverhalten,
   – die Enduser-Antwortzeiten,
- Testkonstrukte,
- Messungen und
- Analyse.

7.8.2 Cloud-Anwendungen

Bei Cloud-Anwendungen gibt es zwei grundsätzlich mögliche Szenarien:

- Alle Anwendungen laufen ausschließlich in einer Cloud-Umgebung.
- Ein Teil der Anwendungen laufen in der Cloud, andere wiederum auf zentralen Systemen (Abb. 7.20).

Bei Anwendungen, die nur in Cloud-Umgebungen existieren, wird die Performance-Messung ebenfalls nur in der Cloud stattfinden. Dazu gehört, dass dann auch alle Testpieces in der Cloud entwickelt, gespeichert und durchgeführt werden.

Bei dem alternativen Szenario – sowohl Cloud als auch zentrale Systeme – bietet es sich allerdings gleichfalls an, Messungen und Tests aus der Cloud heraus durchzuführen und zu steuern – und zwar auch für die lokalen Anwendungen, auf die von der Cloud zugegriffen wird bzw. die auf Cloud-Funktionalitäten zugreifen. Das betrifft auf jeden Fall den Messvorgang selbst. Selbstverständlich müssen zu diesem Zweck die lokalen Transaktionen wie üblich auch lokal durchgeführt werden.

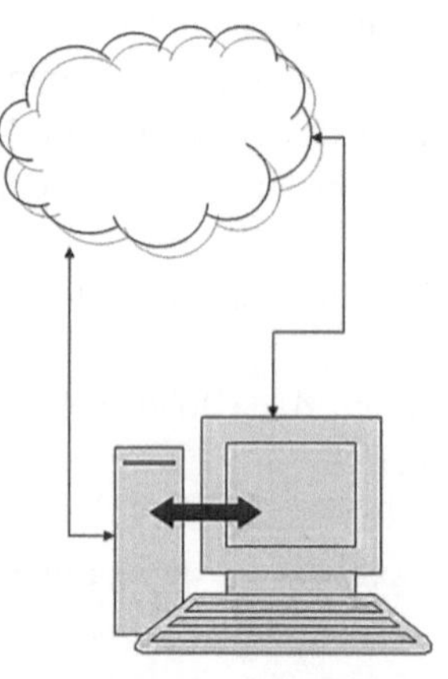

Abb. 7.20 Cloud-Szenarien

7.8.3   Vorgehensweise

Die Abb. 7.21 bis 7.23 illustrieren, welche Vorgehensweisen beim Testen möglich sind:

- Anwendungen nur lokal (zentral). Performance-Monitor in der Cloud
- Monitoring von reinen Cloud Anwendungen
- Monitoring von Anwendungen, die sich sowohl in der Cloud als auch lokal (zentral) befinden

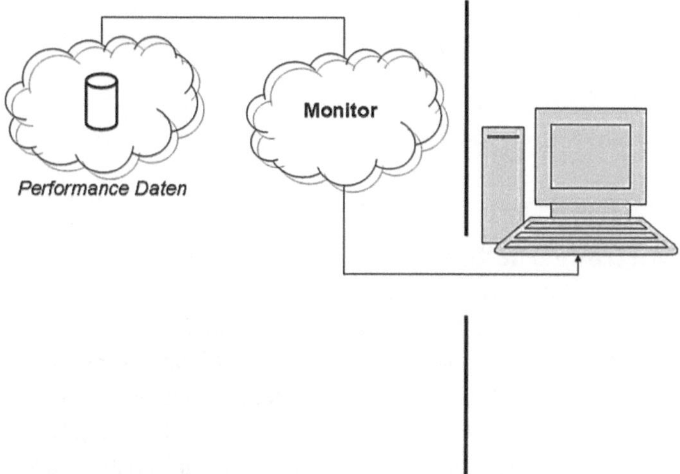

Abb. 7.21 Test lokaler Anwendungen aus der Cloud heraus

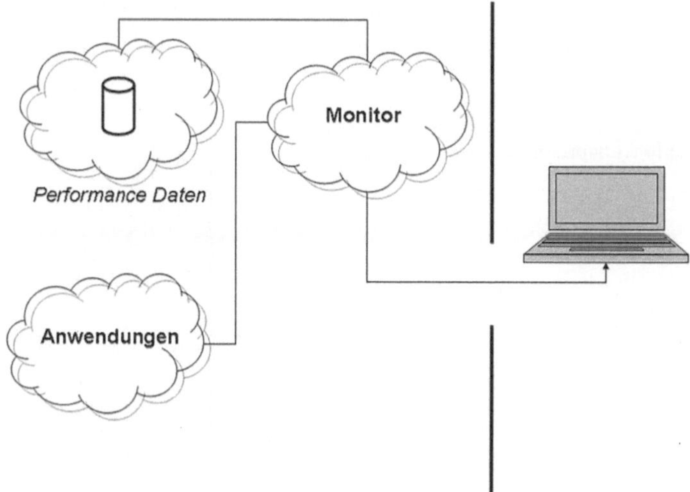

Abb. 7.22 Anwendungen und Dienste in der Cloud

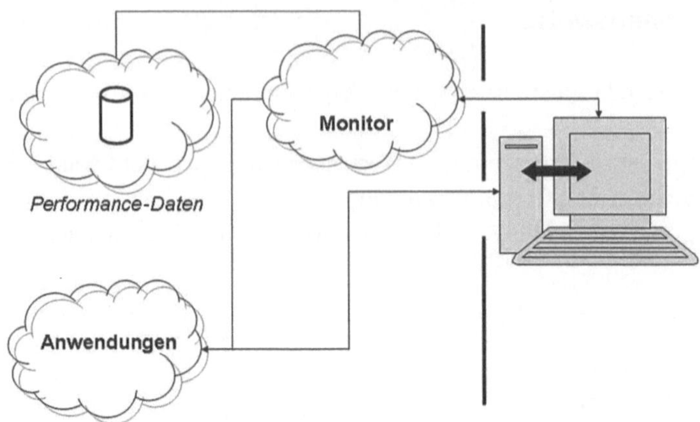

Abb. 7.23 Cloud und lokale Anwendungen

7.8.4   Antwortzeitverhalten

Cloud-Anwendungen, ob nun hybrid, d. h. im Zusammenwirken mit zentralen Kompo-
nenten, oder komplett in der Cloud, komplizieren die Einschätzung von Antwortzeiten.
Das hängt damit zusammen, dass auf externe Systemressourcen zugegriffen wird. Diese
Ressourcen sind naturgemäß außerhalb jeder lokalen Kontrolle. Deren Leistungsfähigkeit,
Umfeld, Betriebssystemeinstellungen und Anwendungslandschaft sind nicht nur unbe-
kannt, sondern auch nicht beeinflussbar. Das ist insbesondere der Fall, wenn WANs (Wide
Area Networks) im Einsatz sind. Die Overheads zur Verwaltung solcher Netzwerke führen
zu zusätzlichen Wartezeiten. Um sich ein approximatives Bild verschaffen zu können, gibt
es Methoden, realistische WAN-Wartezeiten rechnerisch zu ermitteln. Das ist sehr aufwendig und geht nur über WAN-Emulationen (Abb. 7.24).

Abb. 7.24 Anteile Antwortzeiten

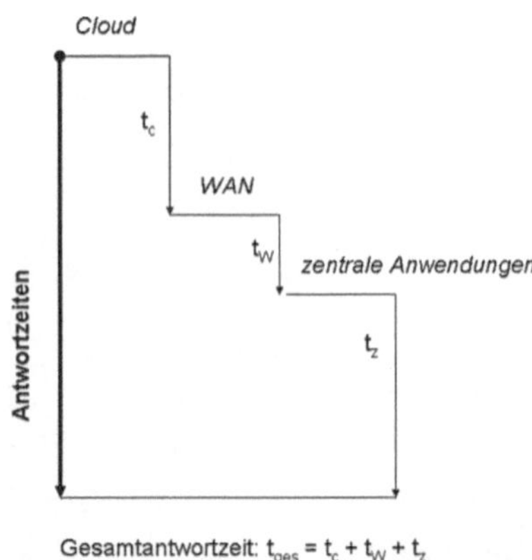

Hier bedeuten:

t_c = Cloudzeit

t_w = WAN-Zeit

t_z = zentrale Zeit

7.8.5 Enduser-Antwortzeiten

Aus den oben genannten Gründen, die die Antwortzeiten insgesamt im Blick hatten, sind auch die Enduser-Antwortzeiten schwierig zu interpretieren. Eine rein technische Messung der Performance mit dem Ziel der Ermittlung von Skalierbarkeit reicht oft nicht aus. Die Enduser-Erfahrung bezieht sich ausschließlich auf Antwortzeiten, die im End-to-End-Fenster seines Geschäftsprozesses angesiedelt sind.

Das bedeutet, dass wir hier nur über die Antwortzeiten der Client-Anwendungen reden, obwohl sie durch Zugriffe auf Webdienste bestimmt sind. Da sich solche Szenarien häufig als kritisch erweisen können, ist zu empfehlen, entsprechende Simulationen und Untersuchungen bereits im Vorfeld zur Freischaltung einer Anwendung vorzunehmen – also bevor ein Enduser-Client auf einen Web-Server gehostet wird.

7.8.6 Testkonstrukte

Testskripte, die lokal von Nutzen sind und für zentrale Anwendungen erstellt wurden, können sich als unbrauchbar erweisen, wenn Anwendungen später in die Cloud verschoben werden. Die Komplexität wird noch dadurch erhöht, dass weitere administrative und unterschiedlichen Anforderungen hinzukommen:

- Sicherheitseinstellungen
- Firewalls
- Network-Routing
- Zugriffskontrollen

Die Authentifizierungsart in der Cloud kann gegenüber internen verwendeten Zertifikaten eine völlig andere sein. Gleiches gilt für die Kombination von Username und Passwort für das Log-in. Als Folge davon müssen die alten erprobten Skripte für die neue Umgebung entsprechend angepasst oder komplett neue geschrieben werden.

Ein ganz wichtiger Aspekt liegt in der Tatsache begründet, dass Test- und Entwicklungsumgebungen in der Cloud dynamischer sind als anderswo. Ohne die Möglichkeit einer Mitentscheidung kann der Anbieter seine Konfiguration entsprechend seinen technischen oder wirtschaftlichen Kriterien umbauen, ohne die gehosteten Funktionalitäten spürbar zu stören.

Dadurch, dass man sich auf einer virtuellen Plattform befindet, können Tests sich plötzlich auf ganz andere Ausführungslokationen hinbewegen. Beanspruchte Ausführungsressourcen wechseln, werden getuned, erfahren Upgrades, ohne dass vorgewarnt wird. So etwas kann ganz automatisch geschehen, sozusagen hinter den Kulissen, gesteuert vom Service-Provider. Vor einem solchen Hintergrund sind Performance-Schwankungen zu interpretieren und der objektive Wert von Messungen zu hinterfragen.

7.8.7   Durchführung der Messungen

In der Praxis hat man mit weiteren Hindernissen zu kämpfen. Sobald die Messungen anstehen, wird man feststellen, dass es sehr schwierig ist, Anwendungen aus dem lokalen Umfeld heraus zu testen. Viele Monitorlösungen auf dem Markt benötigen spezielle Ports. Darüber hinaus können Firewalls bestimmte Messvorgänge behindern.

Grundsätzliche Schwierigkeiten liegen im Remote-Monitoring selbst begründet. Aus diesem Grund liefern einige Anbieter eigene Performance-Daten. Diese können z. B. Informationen darüber enthalten, wie viele Bytes pro Sekunde bewegt werden. Das bedeutet, dass es also ein gewisses externes Monitoring der Cloud-Infrastruktur selbst gibt, auf das man unter Umständen zurückgreifen kann (Abb. 7.25 und 7.26).

Um schließlich die beobachteten Transaktionen normalisieren zu können, kann man sich zum Beispiel einer generischen Standardtransaktion bedienen, die man durch die gesamte Architektur wandern lässt. Daraus kann man eine Vorstellung über die Wartezeiten erhalten. Genau aus dem Grund, weil die Cloud-Umgebung eben so dynamisch sein

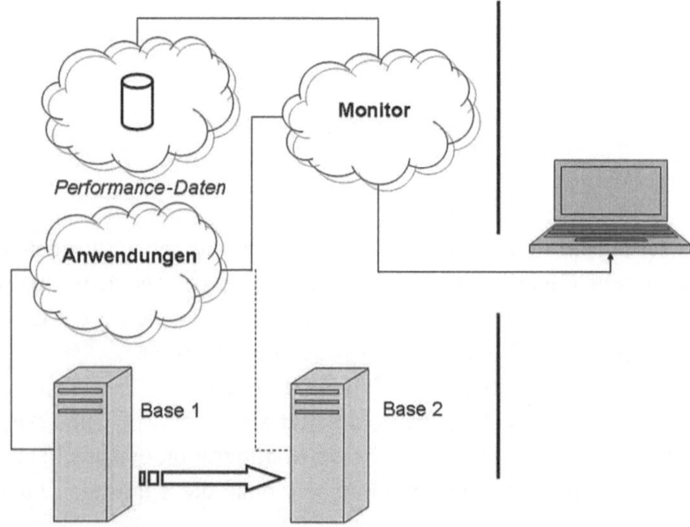

Abb. 7.25 Cloud-Dynamik

Abb. 7.26 Monitoring-Informationen

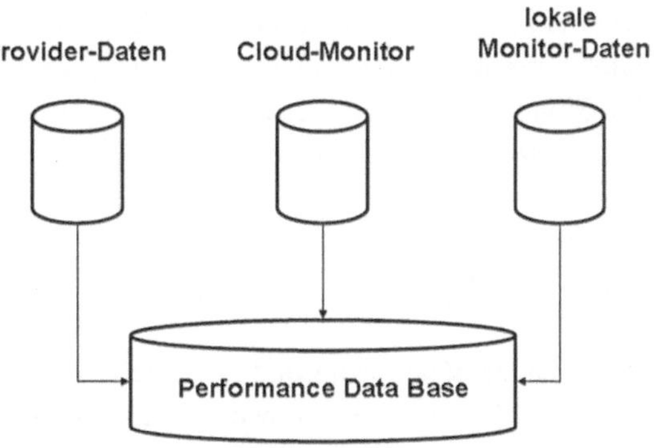

kann, benötigt man aus Vergleichsgründen wenigsten eine Standardtransaktion. Ansonsten sind absolute Ergebnisse nicht aussagefähig. Die Gründe liegen auf der Hand:

- Begrenzungen durch die Bandbreite
- Abstände und Wartezeiten zwischen den Bereichen des Cloud-Providers
- Unbekannte Lokationen der virtuellen Maschinen
- Wartezeiten in Abhängigkeit von Cloud-Bewegungen

Unter dem Strich bedeutet dieses, dass das Monitoring der Dynamik der Cloud entsprechen muss.

Gleichzeitig ist es sinnvoll, Untersuchungen und Optimierungen in Echtzeit vorzunehmen. Wird ein Flaschenhals sichtbar, muss man diagnostische Werkzeuge zur Verfügung haben, die in der Lage sind, Profile zu erstellen, tiefer in den Prozess einzudringen und z. B. herauszufinden, welche Abfragen gerade laufen, die den Engpass verursachen könnten. Echtzeit ist deshalb wichtig, weil sich Cloud-Situationen immer nur bedingt nachstellen lassen, da sich beim nächsten Mal die Randbedingungen aus den oben genannten dynamischen Gründen komplett geändert haben können.

7.8.8   Analyse von Cloud-Messungen

Dynamische Bewegungen in der Cloud können also Messergebnisse beeinflussen. Das ist dann der Fall, wenn sich – wie gesagt – während der Beobachtungen die Topologie verschiebt. Zudem ist Performance in der Cloud nicht gleich Performance in der Cloud. Für identische Anwendungen kann man häufig gravierende Unterschiede zwischen den einzelnen Anbietern feststellen. Welche Konstellation letztendlich am günstigsten ist, hängt ab von

- der Art der Anwendung,
- der Einbindung der User,
- dem Betriebssystem und
- sonstigen Plattformen und deren Konfigurationen.

Wie bei zentralen Anwendungen auch, gilt es zu beachten, dass große Mengen von Testdaten natürlich auch Kosten verursachen, wenn sie ständig oder für längere Zeiträume in der Cloud vorgehalten werden. Deshalb ist es sinnvoll, Messdaten herunterzuladen und lokal auszuwerten und zu archivieren.

7.8.9 Fazit

Performance-Monitoring und anschließende Optimierung für Cloud-Anwendungen sind komplexe Prozesse, die nur bedingt mit klassischen Szenarien vergleichbar sind. Zwar gilt die gleiche Grundsatztheorie:

- Identifizierung von Engpässen
- Kritikalität von Ein-/Ausgaben
- Antwortzeitverhalten

Allerdings beginnen Schwierigkeiten schon bei der Analyse von CPU-Leistung und Hauptspeicher-Management. Die Gründe sind offensichtlich:

- fehlende Transparenz bezüglich den angebotenen Plattformen,
- Unkenntnis von Betriebseinstellungen und Konfiguration,
- Variabilität der Cloud-Plattformen selbst,

um nur einige Aspekte zu nennen. Wichtig ist deshalb ein Abschichten der betrachteten Prozesse und Tasks auf kontrollierbare Anteile wie z. B.:

- Lokale Anteile
- Dezentrale/zentrale Datenhaltung
- I/O-Anteile

Hilfreich können maßgeschneiderte Testskripte und eine enge Kooperation mit dem Cloud-Anbieter sowie die Auswahl geeigneter Monitore sein.

7.9 Aufwand und Ertrag

Die einfache Empfehlung, der Schnellschuss und in vielen Fällen auch die garantierte Lösung findet man durch Investitionen in Hardware. Manchmal ist das kostengünstiger, oftmals ist es der einzig vernünftige Weg. Die intelligente Lösung besteht allerdings darin, durch eine Kombination zwischen Hardwareinvestment und System- und Anwendungstuning sowie Prozessverbesserungen Transaktionszeiten für den User spürbar zu senken.

Für kleine Systeme (PCs) gibt es individuelle Tools, wie TuneUp, die im Hintergrund laufen und eigenständig Performance-Schiefstände beheben. Mittlere Konfigurationen mit etwa zehn Servern und weniger als 100 Arbeitsplätzen lassen sich von ein oder zwei Spezialisten in wenigen Tagen durchchecken, manchmal braucht es längere Messungen, um Anwendungsverhalten sicher beurteilen zu können. Große Landschaften erfordern den Einsatz eines Projektteams mit externer Unterstützung und entsprechenden Laufzeiten. Allgemeine Aussagen über den Optimierungsaufwand selbst lassen sich nicht machen, da dieser stark von der Art des Problems und der Engpasssituation abhängt. Bei der gesamten Kosten-Nutzen-Betrachtung sollte man immer auch die langfristigen Effekte im Auge haben, die sich auf die gesamte Arbeit der User in ihrem Tagesgeschäft auswirken.

Sicherheit bei Funknetzen

8.1 Übergeordnete Sicherheitsaspekte

8.1.1 Netzverfügbarkeit

Störungen bei Funknetzen sind ein grundsätzliches Problem. Hierbei geht es nicht um zufällige Störungen durch Geräte, die denselben Frequenzbereich nutzen. Es gibt Störungen, die bewusst von Angreifern hervorgerufen werden, um den Funkverkehr zu sabotieren.

Zur Disposition steht dabei eines der wesentlichen Ziele beim Betrieb von IT-Anlagen: die Verfügbarkeit. Zunächst wird diese durch die konkrete Netztopologie selbst sichergestellt, d. h. die geografische Fixierung der Netzelemente. Von Bedeutung ist auch eine optimale Konfiguration unter Berücksichtigung des Betriebmodus, der Frequenzbereiche und der Übertragungsgeschwindigkeit. Wegen der Störanfälligkeit ist eine kontinuierliche Beobachtung des Netzbetriebs erforderlich. Bei Störungen sollte die Ursache möglichst zeitnah gefunden werden.

8.1.2 Problem der Datenintegrität

In Funknetzen wie auch in drahtgebundener Umgebung muss sichergestellt werden, dass alle Daten ihren Adressaten vollständig und unverändert erreichen. Falls die Daten unterwegs manipuliert worden sind, muss der Empfänger diesen Umstand wahrnehmen können, um auf eine solche Manipulation reagieren zu können. Vom Ergebnis her ist es unerheblich, ob eine solche Störung durch bewusste Manipulation oder durch technisch bedingte Übertragungsfehler hervorgerufen wird.

© Springer-Verlag GmbH Deutschland 2017
W.W. Osterhage, *IT-Kompendium*, Xpert.press,
https://doi.org/10.1007/978-3-662-52705-4_8

8.1.3   Wechselseitige Authentizität

Eine wesentliche Rolle bei der drahtlosen Kommunikation spielt die Authentizität. Jede Station muss sich der Authentizität, d. h. auch der Berechtigung, des gegenüberliegenden Kommunikationspartners sicher sein. Das gilt für Sender und Empfänger und genauso umgekehrt. Es muss sichergestellt sein, dass niemand unbefugt in das Netz eindringen kann, dadurch dass er sich als gültiges Mitglied der Netzteilnehmer verstellt. Selbstverständlich gilt diese Anforderung besonders dann, wenn sensible Daten ausgetauscht werden, die für den Geschäftsverkehr und die Unternehmenssicherheit von Bedeutung sind.

8.1.4   Anforderungen an die Vertraulichkeit

Gegenüber der Kommunikation in offenen Netzen, die gerade auf die allgemeine Teilhabe an allen zugänglichen Informationen ausgelegt sind, spielt die Vertraulichkeit des Informationsaustausches in privaten drahtlosen Netzen aus Sicht des Datenschutzes eine ganz andere Rolle. Hier müssen entsprechende Geheimhaltungsstufen tatsächlich zum Tragen kommen. Da Funksignale prinzipiell mitgehört werden können, geht dieser Weg nur über eine Verschlüsselung. Eine Verschlüsselung erfüllt dabei zwei Aufgaben:

- Sie sollte die übermittelten Informationen und
- die zugehörigen Verbindungsdaten schützen.

8.2   Risiken

Aus der Tatsache, dass bei der Funkübertragung gewissermaßen der freie Raum als Übertragungsmedium genutzt wird, ist das Abhören einfacher als bei drahtgebundenen Anwendungen. Entsprechend drastisch ändern sich die Anforderungen durch die spezifische Sicherheitslage gegenüber verkabelten LANs. LANs sind zudem geografisch fixiert. Deren Anwender sind bekannt. Bei WLANs gibt es weder Gebäudegrenzen noch ist sichtbar, welche Personen gerade zugreifen.

8.2.1   Angreifer und ihre Motive

Hier die wichtigsten Angriffsmotive und -formen:

- Technische Herausforderung: spielerische Hacker, die ausprobieren wollen, ob sie irgendwo Zugang gewinnen können, ohne bewusst Schaden anrichten zu wollen; dazu gehört auch die Intention, andere ohne deren Wissen zu belauschen und in deren Privatsphäre einzudringen. Die Tools dazu sind meist aus dem Internet bezogen.

- Kriminelle Zielsetzungen: Die Absicht ist, anderen Personen oder Unternehmen Schaden zuzufügen oder sich zu bereichern.
- Unbefugte Mitbenutzung des Internetzugangs: Hierbei besteht die Möglichkeit, den Account für Downloads von vertraulichen Daten oder für kriminelle Kontakte zu missbrauchen.
- Sich direkte materielle Vorteile verschaffen: Alle Arten des unbefugten Zugriffs sind möglich, ohne dass der Betroffene zunächst oder auch über einen längeren Zeitraum etwas davon merkt.
- Einschleusen von Daten oder Software: unbefugte Stationen in ein Netz einschmuggeln, um dort gezielt Daten abzusetzen, indem dem System eine autorisierte Identität vorgetäuscht wird; Beispiele: Implantierung von Spyware, um Kreditkartendaten auszuspionieren, Attacken mit trojanischen Pferden, die wichtige Datenbestände eines Unternehmens stehlen, Viren, die Daten zerstören können.

8.3   Sicherheitsaspekte bei WLANs

Um illegalen Zugang zu WLANs zu erhalten, muss ein Angreifer zunächst einmal wissen, wo sich ein WLAN befindet. Je ungeschützter ein WLAN ist, desto leichter wird ihm das fallen. Solche Netzwerke schicken beständig ihre Beacon-Frames in die Welt und machen so auf ihre Existenz aufmerksam. Ein sogenannter Wardriver, jemand, der Stadtviertel – häufig per Auto – danach absucht, wird schnell fündig. Alles was er braucht, ist eine Antenne. Verfügt er darüber hinaus über ein Notebook oder ein Smartphone, kann er ziemlich schnell auch die Namen der Access Points herausfinden. Jetzt steht ihm die Möglichkeit offen, die Kommunikation zu protokollieren, um daraus durch geschickte Analyse Rückschlüsse auf die Teilnehmer und Passwörter zu erhalten.

Es gibt mittlerweile ausreichend Tools im Internet zum herunterladen, mit denen man Netzstatistiken auswerten kann. Generell lässt der Schutz von WLANs sehr zu wünschen übrig. Man kann davon ausgehen, dass das für die Mehrzahl der Netze der Fall ist, sodass Eindringlinge ohne Probleme bis in die Funkzellen vordringen können.

8.3.1   Verschlüsselung knacken

Verschlüsselungen sind ein erster Schritt in die richtige Richtung, um WLANs sicherer zu machen. Man sollte aber nicht meinen, dass dadurch schon alle Sicherheitsprobleme gelöst wären. Auch verschlüsselte Daten können protokolliert werden. Um die Schlüssel zu knacken, bedarf es allerdings einer entsprechenden Masse von Daten und entsprechender statistischer Analysewerkzeuge. WEP-Schlüssel lassen sich auf Basis von Datenmitschnitten von einigen Stunden ermitteln. Das war für die erste Generation des Standards der Fall. Schon bald waren entsprechende Tools im Internet verfügbar.

Der Schutz eines WLANs auf einer bestimmten Stufe reicht für hartnäckige Angreifer häufig nicht aus. Die unmittelbare Folge wird zunächst der Versuch sein, mit mächtigeren

Tools die Absicht dennoch zu erreichen. Deshalb ist eine frühzeitige Entdeckung und damit kontinuierliche Beobachtung notwendig.

Ein weiteres Szenario ist im Vortäuschen einer legitimen Benutzeridentität zu finden. Dazu muss dem WLAN eine zugelassene Netzwerkadresse vorgetäuscht werden, um so Zugang zu erhalten.

Die vielen Möglichkeiten, in ein mehr oder weniger schlecht geschütztes WLAN einzudringen, rufen nach Gegenmaßnahmen. Diese leiten sich natürlich von den Schwachstellen selbst her ab. So kann man genau die Techniken zum Einsatz bringen, mit denen Angreifer es auch versuchen, um die Sicherheit seines eigenen Netzwerks auszuloten. Dazu muss man ein Dummy-Netzwerk aufbauen, dass den realen Gegebenheiten entspricht, aber dessen Schwachstellen absichtlich offengelassen wurden. Das Dummy-Netz kann auch ein Teilnetz sein, gegen das das reale Netz entsprechend abgeschottet ist. Über dieses Einfallstor, das gesondert überwacht wird, lassen sich Angriffsversuche feststellen – spätestens bei der Analyse von Logdateien.

8.3.2   Authentifizierung

Es liegt in der Natur drahtloser Kommunikation, dass sie erheblich anfälliger gegen Netzattacken und Spionage ist als etwa drahtgebundene Systeme, die feste Verbindungen aufweisen. Deshalb bedürfen sie besonderer Sicherheitsmaßnahmen, die bereits auf der Ebene der Authentifizierung beginnen. Dies findet auf der MAC-Schicht statt, und die IEEE hat in ihren 802.11-Standards entsprechende Vorgaben dafür gemacht. Eine Authentifizierung ist unerlässlich, bevor eine Station zum Verkehr in ein WLAN zugelassen wird. Sie muss sich sozusagen als Mitglied der Netzcommunity ausweisen. Es gibt nun zwei Arten für eine solche Authentifizierung:

- Open System
- Shared Key

8.3.2.1   Die Open-System-Variante

Der Default ist das Open-System-Verfahren. Es handelt sich dabei aber in Wirklichkeit gar nicht um ein echtes Authentifizierungsverfahren. Deshalb spricht man bei ihm auch von der „null authentication". Denn eine Station, die auf diese Methode hin konfiguriert ist, kann sich gegenüber jeder anderen Station, die im gleichen Modus betrieben wird, genauso authentifizieren und umgekehrt. Dabei handelt es sich um ein zweistufiges Verfahren:

- Anforderung
- Bestätigung

Erst nach erfolgter Bestätigung kann im WLAN gearbeitet werden. In einem System, in dem alle Stationen in diesem Modus operieren, kann jemand mit einem Laptop sich mit allen anderen Netzwerken austauschen, wenn keine Verschlüsselung vorliegt.

8.3.2.2   Das Shared-Key-Verfahren

Shared Key ist Teil des WEP-Verfahrens (s. nächster Abschn. „Wired Equivalent Privacy"). Insofern muss WEP im Einsatz sein, damit es funktioniert. Bei dieser Methode wird ein gemeinsamer Schlüssel zwischen Access Point und beteiligter Station vorhanden sein. Im Zuge des Austausches eines Testpieces muss die Station zunächst dem Access Point diesen Schlüssel mitteilen. Das Verfahren im Detail sieht so aus:

- Authentifizierungsanfrage der sendenden Station an Acces Point unter Bekanntgabe der eigenen MAC-Adresse, einer AAI (Authentication Algorithm Identification) = 1 für Shared Key und einer Sequenznummer zur weiteren Steuerung der folgenden Authentifizierungsschritte
- Antwort des Access Points mit derselben AAI, Sequenznummer +1, einer Zufallzahl von 128 Bytes Länge
- Neue Sequenznummer +1, Verschlüsselung aller drei Daten durch den Access Point unter Verwendung des gemeinsamen Schlüssels durch die Station und Rücksendung an den Access Point
- Prüfung durch den Access Point durch Entschlüsselung, ob der gemeinsame Schlüssel stimmt
- Bestätigung durch den Access Point
- Zugang der Station zum Netzwerk

Dieses Verfahren ermöglicht also den Zugang zum Netzwerk für Teilnehmer, die sich auf diese Weise authentifizieren können.

8.3.2.3   Das Wired-Equivalent-Privacy-(WEP-)Verfahren

Die Architekten vom Standard 802.11 waren sich von Anbeginn an über die besonderen Sicherheitsbedürfnisse von Funknetzen im Klaren. Deshalb wurde auch sofort an eine mögliche Sicherheitsarchitektur gedacht. Diese erste Sicherheitsarchitektur wurde unter der Bezeichnung Wired Equivalent Privacy (WEP) eingebracht. Hierbei handelt es sich um ein sogenanntes symmetrisches Verschlüsselungsverfahren gegen unbefugte Attacken. Es gibt einen geheimen Schlüssel, der nur dem Access Point und seinen zugehörigen Stationen bekannt ist. Der Standard führt allerdings nicht aus, wie das im Detail erfolgen soll. Das bedeutet, dass in einem WLAN überall nur ein gemeinsamer Schlüssel verwendet wird. Abb. 8.1 zeigt das WEP-Verfahrung im Grundschema.

Es gibt zwei Möglichkeiten, WEP einzusetzen:

- Zur Verschlüsselung von Datenpaketen
- In Kombination mit der Shared-Key-Authentifizierung

Im ersten Fall erfolgt der Einsatz wie oben beschrieben:

- Verschlüsselung der Daten durch den Sender
- Entschlüsselung durch den Empfänger mit demselben Schlüssel

Abb. 8.1 Das WEP-Verfahren

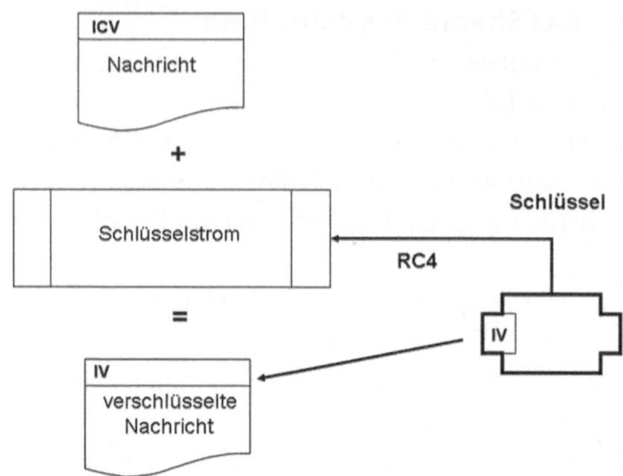

Die Schwächen von WEP sind schon bald nach den ersten Implementierungen offenbar geworden. Es ist auf keinen Fall geeignet, energischen Angreifern standzuhalten. Es gibt Computerprogramme, die Datenpakete auswerten, um an den WEP-Schlüssel heranzukommen. Die Schwachstellen von WEP haben mehrere Ursachen.

8.3.2.4   Verschlüsselungsverfahren

Eine der Ursachen für die WEP-Schwachstellen liegt im Verschlüsselungsverfahren selbst begründet. Die verwendeten Schlüssellängen betragen nach 802.11 64 oder 128 bit. Davon sind allein schon 24 bit vorbelegt, sodass nur noch 40 bzw. 104 bit für den User zur Auswahl stehen. Deshalb spricht man auch von einer 40. bzw. 104-bit-Verschlüsselung.

Im Falle einer frei verfügbaren Länge von nur 40 bit können insgesamt vier Schlüssel festgelegt werden, die aus jeweils fünf Gruppen in hexadezimaler Schreibweise bestehen. Man kann diese Werte entweder manuell eingeben oder automatisch erzeugen lassen. Bei automatisierter Erzeugung ist das Verfahren zusätzlich durch ein Passwort geschützt.

Für die WEP-Verschlüsselung kommt der RC4-Algorithmus (Rivest Cipher Nr. 4 nach dem Erfinder Ron Rivest) durch eine sogenannte Stromchiffre zum Tragen. Dabei wird durch einen Zufallsgenerator aus einem geheimen Schlüssel mit fester Länge ein Strom von weiteren Schlüsseln erzeugt.

Ein 24-bit-, ebenfalls zufälliger Initialisierungsvektor (IV) und die 40 bzw. 104 bit für den Access Point setzen sich zu dem geheimen Schlüssel zusammen. Außerdem wird vor Versendung der Userdaten in einer Nachricht noch eine CRC-Prüfsumme von 32 bit Länge generiert und als ICV (Integrity Check Value) an die Daten gehängt. Der zu generierende Schlüsselstrom muss nun die gleiche Länge wie das so erweiterte Userdatenpaket haben. Die Nachrichtenlänge nach dem 802.11-Standard darf 2304 Byte nicht überschreiten: Das schränkt auch die Größe des Frame Bodies unter WEP auf 2312 Byte ein.

Anschließend erfolgt die Verknüpfung von Schlüsselstrom und Userdaten. Das geschieht durch XOR-Operationen. Unter Voranstellung des IV wird das Ganze dann verschickt. Beim Empfang wird das Verfahren umgekehrt, sodass der unverschlüsselte Dateninhalt sichtbar wird. Danach wird die Checksumme nochmals erzeugt und mit dem ursprünglichen Wert abgeglichen. Nur wenn beide übereinstimmen, wird das Datenpaket übernommen.

Die gesamte Verschlüsselung im WEP-Verfahren bezieht sich nur auf die Userdaten, nicht auf Management- oder Steuerungsinformationen.

8.3.2.5   Schlüsselverwaltung

WEP kennt keine echte Schlüsselverwaltung. D. h., dass für alle Komponenten in einem Netzwerk nur ein einziger Schlüssel zum Einsatz kommt. Wegen der vielen Beteiligten gibt es Widerstände, diesen Schlüssel regelmäßig zu wechseln. Wird einem Gastuser dieser Schlüssel mitgeteilt, damit er arbeiten kann, so geht diese Information zwangsläufig nach außen. Adapterschlüssel sind manchmal auch über den Hersteller abzufragen. Da es sich um nur einen einzigen Schlüssel handelt, steht und fällt die Sicherheit des gesamten Netzwerkes mit ihm.

Trotz all dieser bekannten Schwächen werden von vielen Herstellern nach wie vor nur Komponenten mit WEP-Sicherheit auf den Markt gebracht. Bei der Verwendung von WEP sollte man die Schwächen dadurch zu kompensieren helfen, dass man wenigstens den Schlüssel regelmäßig wechselt.

8.3.2.6   Problem Schlüssellänge

Ein weiteres gravierendes Problem bei WEP besteht in der Länge der Schlüssel. Mit nur 64 bit sind sie viel zu kurz, um entschlossenen Angriffen zu trotzen. Selbst mit relativ einfachen Computerprogrammen lassen sich über Kombinatorik abgehörte Daten so analysieren, dass ein solcher Schlüssel entziffert wird. Bestehen die Schlüssel zudem nur aus reinen ASCII-Zeichen in hexdezimaler Schreibweise, so wie sie manche Hersteller ausliefern, wird es den Hackern noch einfacher gemacht. Neuere Lösungen mit Schlüssellängen von 128 bit sind allerdings mit einfachen Methoden nicht mehr leicht zu knacken.

8.3.2.7   Initialisierungsvektor

Die Liste der WEP-Schwachstellen wird erweitert durch den Initialisierungsvektor, der ebenfalls zu kurz ist: 24 bit. Diesen Vektor generiert der Sender. Der 802.11-Standard sieht vor, dass er spezifisch für jedes Datenpaket erzeugt wird. Jedenfalls wird erwartet, dass die Komponenten mit dieser Möglichkeit ausgestattet sind. Nicht alle Hersteller befolgen diese Vorgabe, sodass der Initialisierungsvektor nach wie vor eine bekannte Schwachstelle darstellt.

Damit die Verfahren über Stromchiffren erfolgreich und damit sicher arbeiten, muss vorausgesetzt werden, dass der erzeugte Bitstrom sich zwischen je zwei Datenpaketen unterscheidet. Bei 24 bit können maximal 10^{24} Schlüssel generiert werden. Auch bei einer zufälligen Erzeugung von Schlüsseln besteht eine endliche Wahrscheinlichkeit, dass beim Versand einer bestimmten Anzahl von Datenpaketen ein bereits vergebener Schlüssel wieder erscheint.

Findet aber ein Angreifer denselben Schlüssel in zwei unterschiedlichen Datenpaketen, kann er durch logische Operationen auf die verschlüsselten Daten eine Entschlüsselung erzielen. Er hat dann die Möglichkeit, selbst Datenpakete zu platzieren, bis der Schlüssel wieder gewechselt wird.

8.3.2.8   Unzureichende Authentifizierung

Selbst die oben erwähnten Authentifizierungsprotokolle sind vor Entschlüsselung nicht sicher. Der Grund liegt darin, dass sowohl für die Authentifizierung als auch für die Userdaten derselbe Schlüssel eingesetzt wird. Außerdem braucht ein Access Point seine eigene Identität gegenüber einer Station nicht nachzuweisen – im Gegensatz zur Station ihm gegenüber. Das eröffnet die Möglichkeit, mit vorgetäuschten Access Points Zugang zum Netz zu gewinnen.

8.3.2.9   WEP als Minimalschutz

Die Schwachstellen von WEP sind ausreichend dargestellt worden. Soll man nun ganz auf WEP verzichten? – Sind keine besseren Schutzmöglichkeiten vorhanden, kann selbstverständlich auf WEP zurückgegriffen werden. Eine Möglichkeit, dort etwas zu verbessern, liegt in der Wechselstrategie für Schlüssel. Das macht es für einen Angreifer zumindest mühsamer. Erhebungen zeigen, dass selbst WEP nicht allzu häufig genutzt wird, da der Standard das nicht zwingend vorschreibt.

Nachweisen lassen sich die ganzen Schwächen eines WEP-geschützten WLANs durch die Erfolge der Wardriver, die über ihre Endgeräte Zugang gewinnen können. Die kostenlose Mitbenutzung von Internetzugängen ist dabei ein Ziel, andere sind im Ausspionieren und der Manipulation fremder Daten zu suchen.

8.3.2.10   WPA

Um die Schwächen von WEP zu kompensieren, wurden proprietäre Verfahren entwickelt, um bessere Sicherheitsmechanismen zu implementieren, etwa WEPplus oder Fast Packet Keying. Erfolgreich war die WPA-Prozedur (Wi-Fi Protected Access) der Wi-Fi-Alliance, die seit 2002 verfügbar wurde.

8.3.2.11   TKIP-Verfahren

TKIP (Temporal Key Integrity Protocol) wurde nachträglich für den Standard 802.11i definiert. Es kam allerdings vorher bereits für WPA zum Einsatz. Statt eines stationären Schlüssels wird mit einem temporären gearbeitet. Die R4C-Prozedur wurde allerdings beibehalten, um Kompatibilität zu erreichen. Insofern ist TKIP eine Verbesserung von WEP mit

- einem erweiterten Initialisierungsvektor,
- einer dynamischen Schlüsselgenerierung und
- dem kryptografischen Message Integrity Check (MIC).

8.4   Sicherheitsaspekte bei Bluetooth

Wie andere Kommunikationsprotokolle ist Bluetooth natürlich ebenfalls anfällig für Angriffe von außen. Diese Gefährdungen sind teilweise identisch wie wir sie vom WLAN her kennen, teilweise spezifisch, da sie von der Bluetooth-Technologie bestimmt werden.

Im Folgenden werden zunächst die dem Bluetooth eigenen Sicherheitsmechanismen, die standardmäßig vorhanden sind, betrachtet. Demgegenüber werden dann die allgemeinen und konkreten Gefährdungspotenziale identifiziert, bevor wir uns den erforderlichen Gegenmaßnahmen zuwenden, die solche Gefährdungen neutralisieren helfen.

8.4.1 Instrumente

Bluetooth verwendet verschiedene systemspezifische sicherheitstechnische Einstellungen und Möglichkeiten. Dazu gehören:

- Sicherheitsbetriebsarten
- Kryptografische Mechanismen
- Authentiserung
- Verschlüsselung

8.4.1.1 Sicherheitsbetriebsarten

Bluetooth bietet unterschiedliche Betriebsarten an. Diese repräsentieren unterschiedliche Sicherheitsstufen. Es werden unterschieden:

- Modus 1 (non secure): keine speziellen Sicherheitsmaßnahmen, keine Authentifizierung erforderlich
- Modus 2 (Service Level Security): Sicherheitsmechanismen auf Dienstebene
- Modus 3 (Link Level Security): Sicherheitsmechanismen auf der Verbindungsebene – kryptografisch (Authentisierung) und/oder Datenverschlüsselung

8.4.1.2 Kryptografische Mechanismen

Grundlage des kryptografischen Verfahrens sind Verbindungsschlüssel in Zusammenhang mit dem sogenannten Pairingverfahren zwischen zwei Geräten. Dieser Verbindungsschlüssel (Länge 128 bit) setzt sich zusammen aus einer Kombination der Geräteadressen und einer Zufallszahl für jedes Gerät. Dabei werden die generierten Zufallszahlen auf das jeweils andere Gerät übertragen. Um diese Übertragung sicher zu gestalten, wird ein Initialisierungsschlüssel benötigt, der sich aus folgenden Elementen zusammensetzt (s. Abb. 8.2):

- Weitere Zufallszahl
- Adresse eines der beteiligten Geräte
- PIN

Die PIN muss für beide Geräte identisch sein (bis zu 16 Byte lang).

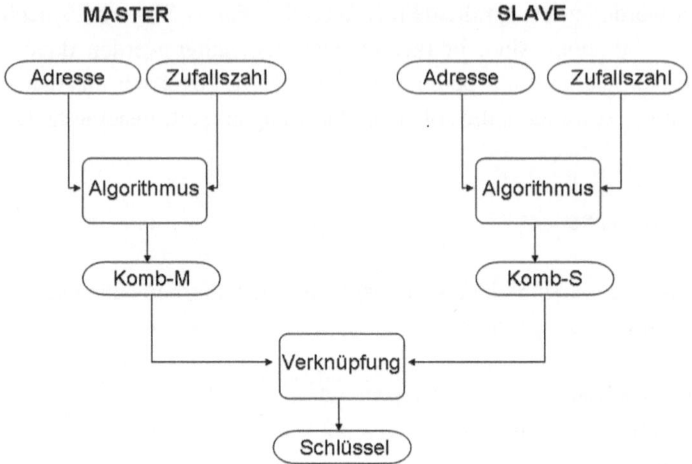

Abb. 8.2 Kombinationsschlüssel

8.4.1.3   Authentisierung

Die Authentisierung erfolgt (einseitig initialisiert) von Gerät zu Gerät (Punkt-zu-Punkt).
Hierbei greift folgender Automatismus (s. Abb. 8.3):

- Authentifizierer sendet Zufallszahl an Authenthisierer.
- Authentisierer berechnet aus Zufallszahl, Kombinationsschlüssel und eigener Geräte-
  adresse eine Antwort (32 bit).
- Authentisierer schickt Antwort an Authentifizierer.
- Authentifizierer führt die gleiche Berechnung bei sich durch.
- Bei identischen Rechenergebnissen erfolgt die gewünschte Verbindung.

Abb. 8.3 Bluetooth-Authenti-
sierungsverfahren

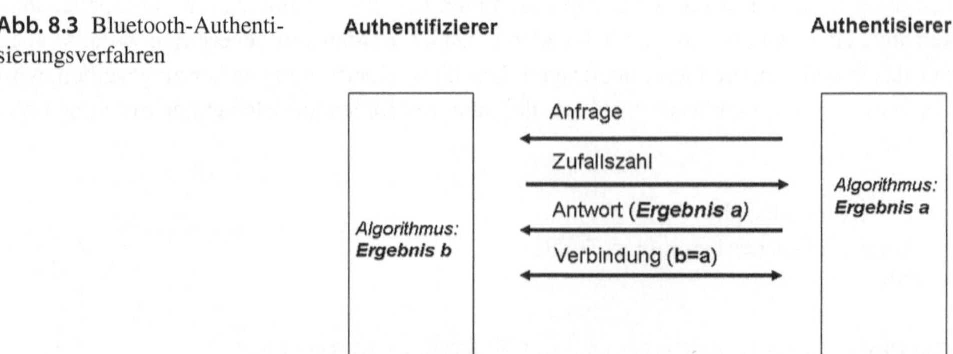

8.4.1.4   Verschlüsselung

Verschlüsselung kann erst nach Authentisierung und Herstellung einer stabilen Verbindung erfolgen. Dazu muss ein neuer Schlüssel vereinbart werden (Abb. 8.4). Er setzt sich zusammen aus

- dem Kombinationsschlüssel,
- einem Offset und
- einer Zufallszahl.

Für die Verschlüsselung werden zwei Betriebsarten angeboten:

- Punkt-zu-Punkt
- Punkt-zu-Mehrpunkt (Master zu mehreren Slaves im Piconet)

Die Verschlüsselung wird lediglich für den Datentransport selbst über eine Stromchiffre hergestellt aus:

- Geräteadresse
- Verschlüsselungsschlüssel
- Zeittakt des Masters

Die Verschlüsselung auf den Endgeräten ist davon unbenommen.

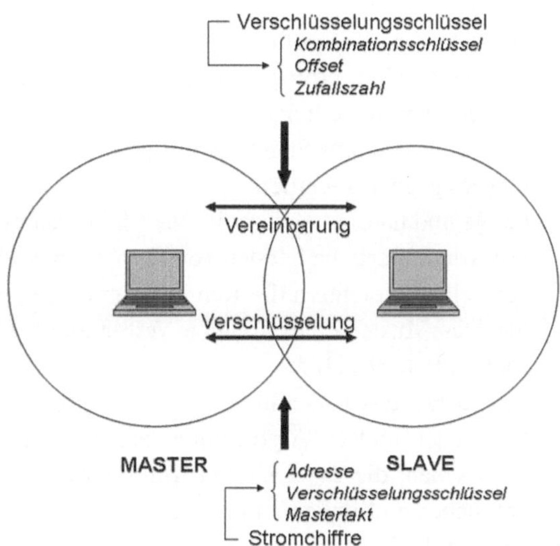

Abb. 8.4 Bluetooth-Verschlüsselung

8.4.2 Gefährdungspotenziale

Die Gefährdung des Bluetooth-Traffics, der zugehörigen Endgeräte und Anwendungen deckt sich teilweise mit denen, die aus der WLAN- bzw. Mobilfunknutzung bekannt sind. Es kommen aber noch zusätzliche Quellen hinzu, die mit dem Bluetooth-Betrieb und seinen Sicherheitsmechanismen zusammenhängen. Im Einzelnen handelt es sich um folgende Problemfelder:

- Man-in-the-Middle Attacken:
  Jemand schaltet sich unbemerkt zwischen zwei kommunizierende Geräte. Das wird erleichtert, wenn keine Datenverschlüsselung im Einsatz ist.
- PINs:
  Das Hauptproblem besteht in der Benutzung einfach zu erratender PINs.
- Tracking:
  Bei eingeschalteten Geräten und aktiver Inquiry sind diese wegen des Suchvorgangs leicht zu orten.
- DoS-Attacke:
  Durch intensiven Versand von ungewünschten Informationen an immer die gleiche Adresse kann ein Gerät komplett blockiert werden.
- Ausspähen von Daten auf Endgeräten:
  Nach erfolgreichem Ausspähen können lokale Daten gelesen, manipuliert oder gelöscht werden.
- Ändern von Konfigurationen:
  Es gibt spezielle Hacking-Software, die in die Konfiguration eingreifen und Parameter ändern kann.
- Fehler in der Bluetooth-Software:
  Bekannte Fehler ermöglichen unbefugten Zugang von Angreifern.
- Standardvoreinstellungen:
  Geräte werden mit Standardvoreinstellungen geliefert. Diese sollten unmittelbar nach Erwerb geändert werden.
- Lange und häufig wiederholte Verbindungen mit demselben Schlüssel:
  Das kontinuierliche Senden von Verbindungsschlüsseln bzw. lang stehende Verbindungen selbst erleichtern die Kenntnisnahme dieses Schlüssels durch hartnäckige Angreifer. Das Muster eines solchen Verbindungsverhaltens weist einen Angreifer auf ein solches Potenzial hin.
- Schwächen des Verschlüsselungsalgorithmus:
  Wie jeder andere Algorithmus haben auch die Bluetooth-Möglichkeiten gewisse Schwächen, die es versierten Angreifern ermöglichen, sich in das Kommunikationsgeschehen einklinken zu können.
- Diebstahlgefahr:
  Wie auch sonst ist die Diebstahlgefahr erhöht, da es sich um mobile Geräte handelt.
- Kein Passwortschutz am Gerät:
  Bei fehlendem Passwortschutz sind gestohlene Geräte von Angreifern direkt nutzbar.

- Malware:
  Wie für jedes andere Netzwerk auch sind Piconets Zielscheibe für Viren, Trojaner und
  Verwandte.

Hinzu kommen Bluetooth-spezifische Risiken, die sich aus Sicherheitslücken im Standard
selbst ergeben. Diese seien an dieser Stelle nur kurz angerissen:

- **BlueSnarf**: ermöglicht es einem Angreifer, Daten aus dem Adressverzeichnis oder
  dem Kalender einzusehen, ohne dass der Eigentümer des Gerätes dies bemerkt. Mit
  den geeigneten Werkzeugen ist dieser Angriff bei Geräten auch im „Invisible"-Modus
  möglich. Gewöhnlich ist der BlueSnarf-Angriff nur im Umkreis von rund 10 m zum
  Opfer durchführbar.
- **BTChaos**: liest Daten mit AT-Befehlen aus den Mobiltelefonen aus. Zum Ausführen
  des Angriffs werden ein spezielles C-Programm sowie diverse frei erhältliche Software
  benötigt.
- **BlueBug**: funktioniert ähnlich wie BlueSnarf. Das Besondere von BlueBug ist, dass
  AT-Kommandos an das Opfergerät gesendet werden können. Mit diesen AT-Befehlen
  ist es beispielsweise möglich, eine SMS zu versenden. Zudem kann mit dem BlueBug-
  Angriff dank der Möglichkeit, Kurzmitteilungen zu versenden, die Telefonnummer des
  Opfergerätes ausfindig gemacht werden.
- **Bluejacking**: wird an stark frequentierten Orten wie Bahnhöfen, Flughäfen oder
  Messen eingesetzt. Bluejacker definieren die Kennung eines Gerätes mit einem spe-
  ziellen Namen, der mittels einer Verbindungsanforderung auf dem Display des Opfer-
  gerätes dargestellt wird.
- **Backdoor**: Bei diesem Angriff kann der Angreifer sein gepaartes Angriffsgerät auf dem
  Opfergerät manuell „unsichtbar" schalten. Danach kann der Angreifer eine Bluetooth-Ver-
  bindung ohne Paarungsaufforderung und somit für das Opfer nicht erkennbar aufbauen.
- **BlueSmack**: Ein einziges Bluetooth-PING-Paket lässt gewisse Handymodelle oder
  bestimmte PDAs abstürzen. BlueSmack ist ein Denial-of-Service-Angriff, wie er vom
  Internet her bekannt ist.
- **Bluetooth-Scanner**: Das Werkzeug btxml.c kreiert ein Backup von persönlichen
  Daten, die sich auf dem Mobiltelefon befinden. Das Auslesen der Daten funktioniert
  mit einigen Mobiltelefonen vollumfänglich. Bei diesen Telefonen können das Tele-
  fonbuch, die Versionsnummer, die IMEI und alle Kurznachrichten ausgelesen werden.

8.4.3   Gegenmaßnahmen

Folgende Gegenmaßnahmen erhöhen die Sicherheit von Bluetooth-Anwendungen:

- Beschaffungskriterien
  Es gibt bestimmte Kriterien, die bei der Beschaffung von Bluetooth-Geräten zu beachten sind. Dazu gehören

- minimale Schlüssellänge,
- Änderungsmöglichkeit der Voreinstellungen und
- zusätzliche Sicherheitssoftware im Angebot des Herstellers.
- Voreinstellungen
Alle ausgelieferten Voreinstellungen sollten vor dem Einsatz jeden Gerätes geändert werden.
- Dienste
Nicht benötigte mitgelieferte Dienste sollten deaktiviert bzw. deinstalliert werden.
- Sendeleistung
Um die Tracking-Gefahr gering zu halten, sollte die Sendeleistung auf das minimal Nötigste gehalten werden.
- Sicherheitsmodus
Der Sicherheitsmodus sollte 2 oder besser 3 sein. Sicherheitsmodus 1 ist indiskutabel.
- Verschlüsselung
Jede Kommunikation sollte grundsätzlich verschlüsselt werden. Es ist darauf zu achten, dass auf den Geräten selbst zumindest verbindungsrelevante Daten verschlüsselt abgelegt sind. Für die lokale Datenverschlüsselung muss es eigene Richtlinien geben.
- PIN
PINs sollten aus allen verfügbaren Zeichenkombinationen erstellt werden (nicht nur Buchstaben oder Zahlen, sondern auch aus Sonderzeichen mit Upper- und Lower-Case-Varianten). Die maximal angebotene Länge sollte ausgenutzt werden.
- Tracking
Tracking ist schwierig zu unterbinden, solange Geräte aktiv sind. Durch eine Kombination von Maßnahmen, lässt sich allerdings die Sicherheit erhöhen:
  - Schalten des Geräts auf „unsichtbar",
  - Wechsel der Gerätenummer,
  - Deaktivierung der Geräte, wenn diese nicht genutzt werden.
- Firewalls
Um sicher vor Hacking-Software zu sein, sollten Bluetooth-Geräte mit Firewalls und sonstigem Virenschutz versehen werden, sofern das technisch machbar ist.
- Diebstahl/Verlust
Bei Diebstahl müssen alle Verbindungsschlüssel in den im Piconet verbliebenen Geräten gelöscht werden.
- Authentisierung
Eine Authentisierung auf Geräteebene sollte eingerichtet sein, sofern technisch machbar.
- Zugriff
Nach Möglichkeit sollten Geräte durch physische Maßnahmen vor unbefugtem Zugriff geschützt sein.

8.5   Sicherheitsaspekte bei IrDA

Die Prüfmechanismen, die seitens des IrDA-Standards vorgesehen sind, betreffen ausschließlich technische Absicherungen auf der Protokollebene, wie z. B. Übertragungsfehler. Authentisierungsverfahren, Passwortschutz und Verschlüsselung sind auf dieser Ebene nicht vorgesehen. Das bedeutet theoretisch, dass IR-Kommunikation eine Schwachstelle gegenüber Mitschnitt und Abhören besitzt. Insofern sind hier höhere Sicherheitsrisiken vorhanden als etwa bei klassischen LAN-Anwendungen. Wenn überhaupt, müssten entsprechende Sicherheitsmechanismen auf der Anwendungsebene eingeführt werden.

Eine Konsequenz daraus ist, dass ein ständiger Betrieb der IR-Schnittstellen zu vermeiden ist, da ansonsten auch Unberechtigte Daten über diese Schnittstelle an ein Gerät senden können. Je nach Gerätetyp gibt es unterschiedliche Risiken:

- Laptop: Daten und Programme
- Mobiltelefon: SMS, Daten und Programme

All diese Informationen können theoretisch mit Malware versehen sein.

Ein zusätzlicher Sicherheitsaspekt, der sich positiv auswirkt, liegt in der Tatsache begründet, dass die IR-Kommunikation nur über einen eingeschränkten Bereich und auf kurzer Reichweite möglich ist. Das Restrisiko wird höchsten durch Streustrahlung der Kommunikationskomponenten aufrechterhalten.

8.6   Sicherheitsaspekte beim Mobilfunk

Die Sicherheitsrisiken, die durch Mobiltelefone entstehen, gehen weit über die klassischen Risiken bei typischen WLAN-Anwendungen hinaus. Das gilt unabhängig davon, ob sie für WLAN-Anwendungen selbst oder für reine Telefonie verwendet werden. Dabei ist ein Großteil der Gefährdungen gar nicht einmal so sehr abhängig von der Art der Nutzung, sondern liegt in der Natur des Gerätes begründet. Aus all diesen Gründen sind Gegenmaßnahmen erforderlich, die weit darüber hinausgehen, was über die Gefährdung im reinen WLAN-Umfeld gesagt worden ist. Diese zusätzlichen Gefährdungspotenziale werden im Folgenden zunächst identifiziert. Wie immer, sind erste Maßnahmen auf der strategischen Ebene zu treffen. Dazu sei auf die Sicherheitspyramide in Organisationen hingewiesen (s. Abb. 8.5).

Nur das eingespielte Zusammenwirken von organisatorischen und technischen Maßnahmen führt letztendlich zu einer Minimierung von Gefährdungen.

Für Mobiltelefone ist der übergeordnete Katalog in Tab. 8.1 von Gefährdungen maßgebend.

Neben generellen Maßnahmen für alle gängigen Mobilfunkanwendungen gibt es herstellerspezifische Strategien. Generell gilt für Mobiltelefone:

Abb. 8.5 Sicherheitspyramide

Tab. 8.1 Gefährdungspotenziale Mobilfunk

Szenarien	Angriffsziele	Angriffsart
Angreifer im Besitz des Gerätes	Anwendungen	Diebstahl
	Hardware	
	Gerätemerkmale	
	Infektion	
Angreifer nicht im Besitz des Gerätes	Dienste	Manipulation
	DoS	
	Betriebssysteme	
	Kommunikation	
	Infrastruktur	

- Im Gegensatz zu drahtgebundenen können mobile Endgeräte viel häufiger in unsicheren Umgebungen betrieben werden.
- Neben den technischen Möglichkeiten des Ausspionierens gibt es eine Schwachstelle, die in der Natur eines Mobiltelefons begründet liegt: das akustische Abhören.
- Die Authentifizierungsverfahren von Mobiltelefonen sind einfach. Häufig genügt ein vierstelliger Code, um Zugang nicht nur zum Netz unter der eingetragenen Nutzerkennung zu erhalten, sondern auch zu den lokal gespeicherten Daten auf dem Gerät.
- Daneben existieren dann die üblichen Angriffsflächen wie vom WLAN und den klassischen drahtgebundenen Netzen her bekannt.

8.6.1   Allgemeine organisatorische Maßnahmen

Zu den organisatorischen Maßnahmen, die insbesondere die Eigenarten des Mobilfunkbereichs betreffen, gehören:

- Regelung der Nutzung von Mobilfunkgeräten durch Richtlinien
- Festlegung sicherheitsrelevanter Beschaffungskriterien im Vorfeld zusätzlich zu den rein funktionalen und kostenmäßigen
- Durchsetzung der Sicherheitspyramide in der Organisation, sofern noch nicht erfolgt (eine solche oder ähnliche Strategie sollte ohnehin im Bereich klassischer Anwendungen in jeder Organisation existieren)
- Entwickeln eines Berechtigungskonzepts mit Passwortstrategie auch für Mobiltelefone
- Verschlüsselungskonzepte für Datenhaltung und für den gesamten Datenverkehr
- Einführen eines Alarmierungsprozesses bei Diebstahl oder Verlust eines Endgerätes sowie bei Aufdeckung von Versuchen, illegalen Zugang zu gewinnen

8.6.2   Allgemeine technische Maßnahmen

Zu den allgemeinen technischen Maßnahmen gehören:

- Kontrolle der privaten Endgeräte bezüglich ihrer Nutzung für Unternehmensfunktionen – insbesondere im Unternehmens-WLAN
- Freigabeverfahren für Anwendungen auf den Endgeräten
- Verschlüsselungsvorgaben für Kommunikation und Daten
- Verpflichtung zur körperlichen Beaufsichtigung der mobilen Endgeräte
- Richtlinien zur Datensicherung
- Restriktive Nutzung außerhalb des Unternehmens
- Inventarisierung der Geräte
- Entwicklung einer Authentisierungsstrategie
- Verschlüsselung von Daten und Speichermedien
- Entwicklung eines Berechtigungskonzeptes
- Synchronisierung durch sichere Protokolle
- Einbindung der Geräte in vorhandene Betriebssysteme ohne Plug-ins
- Überwachung von Identifizierung und Authentisierungstransaktionen
- Einsatz von Network Control Software
- Alarmierungsmechanismen
- Regelmäßige Überprüfung der Infrastruktur
- Aktualisierung von Synchronisationsprogrammen, Kommunikationsprotokollen und Betriebssystemen.

8.6.3   Konkrete Gefährdungsszenarien im Mobilfunkbereich

Im Folgenden wird Bezug genommen auf die Potenziale, die in der Tab. 8.1 vorgestellt wurden. Im Einzelnen werden die beiden Blöcke

- „Angreifer im Besitz eines Endgeräts" und
- „Angreifer nicht im Besitz eines Endgeräts" differenziert.

Angriffe aus beiden Szenarien heraus haben Auswirkungen auf:

- Anwendungen
- Dienste
- Betriebssystem
- Kommunikation
- Infrastruktur
- Hardware
- Gerätemerkmale
- Infektion und DoS

Die jeweils relevanten mobilfunkspezifischen Szenarien werden im Folgenden abgearbeitet.

8.6.3.1   Angreifer im Besitz eines Endgerätes

Dies ist das folgenschwerste Szenario. Hier eine Zusammenfassung der Gefährdungsszenarien:

Angriffsziel Anwendungen:

- Ausspionieren von Daten: persönliche Daten, sicherheits- und konfigurationsrelevante Daten, Geschäftsdaten
- Manipulation von Daten inklusive Löschen: durch Verfälschung und Sabotage die Wettbewerbsfähigkeit eines Unternehmens untergraben
- Informationen von Unternehmensprozessen erhalten: über den Workflow, über Datenbankstrukturen, E-Mail-Ordner
- Betriebssystemanalyse, Sicherheitseinstellungen: Kenntnis dieser Informationen ermöglicht das tiefere Eindringen in die Unternehmensdatenwelt
- Manipulation des Registry: Systemeinstellungen im LAN so ändern, dass eine Benutzung erschwert, wenn nicht gar unmöglich wird
- Einschleusen von Viren etc.

Hinzu kommen hier noch folgende Gesichtspunkte:

Zunächst einmal hat der Angreifer eine Palette von technischen Möglichkeiten, Authentisierungsroutinen zu umgehen. Damit ist er nicht nur „im" Gerät, sondern ihm stehen jetzt weitere Möglichkeiten offen, in interne und externe Anwendungen einzudringen – zumindest besitzt er eine neue Ausgangsbasis, auch in Netzwerkanwendungen der zugehörigen Organisation zu gelangen. Er hat eine erste Hürde überwunden. Mit weiteren technischen Mitteln kann er dann versuchen, seinen illegalen Zugriff durch entsprechende Manipulationen zu kaschieren, sodass den Netzwerkadministratoren bzw. Kommunikationsverantwortlichen seine Verbindung nicht als illegal auffällt. Durch entsprechende Löschvorgänge kann er auch lokale Aufzeichnungen so manipulieren, dass dem Besitzer, sollte diesem das Gerät wieder zugespielt werden, der illegale Zugriff zunächst nicht auffällt (spätestens bei der Rechnungsstellung mit Einzelverbindungsnachweis wird das Ganze auffallen, wobei es dann allerdings zu spät ist).

Angriffsziel Dienste und Betriebssystem:

- Betriebssystemanalyse, Sicherheitseinstellungen (s. o.)
- Manipulation des Registry (s. o.)
- Einschleusen von Viren etc.

Angriffsziel Infrastruktur:

- Manipulation des Endgerätes, sodass sein Missbrauch zunächst nicht erkannt wird
- Zerstörung des Gerätes
- Kopieren und Einsatz fremder Geräte: Vortäuschen eines legalen Zugriffs

Hardware:

Im primitivsten Falle kann eine einfache Zerstörung/Vernichtung des Gerätes erfolgen. Bei einem einzelnen Gerät böte das kaum strategische Vorteile. Lediglich um Spuren zu verwischen, käme ein solches Verhalten infrage. Ansonsten hätte ein Angreifer kaum Gewinn davon. Viel ertragreicher wäre eine zielgerichtete Hardwaremanipulation. Diese könnte sein:

- Vernichtung von lokalen Speicherinformationen
- Manipulation von lokalen Daten (neben Löschen auch Verändern)
- Manipulation von Anwendungen (Deinstallieren, Einschleusen von Malware)
- Einrichten einer Hintertür zum späteren Zugriff auf angeschlossene Systeme

Gerätemerkmale:

Im Grunde handelt es sich beim Ausspionieren bzw. Manipulieren von Gerätemerkmalen um eine Fortsetzung des Hardwareangriffs. Zusätzliche Gefährdungen entstehen durch

- Vertauschen des echten gegen ein Dummy-Gerät mit identischen Merkmalen, um später an die Authentisierung zu gelangen. Danach stehen dann alle weiteren bereits beschriebenen Möglichkeiten offen.

- Einbringen von zusätzlichen Speichermedien, um Nutzungen aufzuzeichnen. Hierbei kann sich ein Nutzungsprofil ergeben, das aus verschiedenen Gründen für den Spion interessant sein kann, aber auch die Kenntnisnahme von zusätzlichen Passwörtern für externe Anwendungen. Damit Gerätemanipulationen Erfolg haben, muss der Täter allerdings zurückkehren und durch einen möglichen weiteren Diebstahl an die Zusatzinformation gelangen bzw. einen Tausch rückgängig machen. Dieses ist eigentlich nur möglich bei systematischen Sicherheitslücken oder völlig sorglosem Umgang.

Infektion:
Hierbei geht es um das Einbringen von Schadsoftware (Malware) in ihrer unterschiedlichen Ausprägung (Viren, Würmer, Trojanische Pferde). Durch den Besitz des Gerätes entfällt der klassische Weg, eine Firewall oder einen Virenscanner innerhalb eines Kommunikationsnetzes überwinden zu müssen. Der Angreifer kann in Ruhe seinen Schädling einpflanzen. Beim nächsten Zugriff über WLAN oder durch Versenden von Nachrichten an E-Mail-Accounts gelangt dieser dann ins Netz der Organisation und kann sich dort ausbreiten.

8.6.3.2   Angreifer nicht im Besitz eines Endgerätes

Für den Angreifer ist diese Ausgangslage schwieriger. Ein technisch versierter Angreifer kann aber dennoch Schaden anrichten, indem er sich mit anderen Methoden über ein fremdes Gerät Zugang zu zentralen Anwendungen verschafft. Hier eine Zusammenfassung der Gefährdungsszenarien:

Angriffsziel Anwendungen:

- Ausspionieren von Daten
- Manipulation von Daten inklusive Löschen
- Informationen von Unternehmensprozessen erhalten
- Betriebssystemanalyse, Sicherheitseinstellungen
- Manipulation der Registry
- Einschleusen von Viren etc.

Angriffsziel Dienste und Betriebssystem:

- Hacking der Authentifizierung: durch Abhörtechniken des Funkverkehrs in den Besitz der Authentifizierungscodes gelangen
- Über Einschleichmethoden in Sessions eindringen; dann:
  - Betriebssystemanalyse, Sicherheitseinstellungen
  - Manipulation der Registry
  - Einschleusen von Viren etc.
- Denial-of-Service: durch massive Belastung des Servers, über den eingehende Nachrichten verarbeiten werden, das System wegen Überlast zum Stillstand bringen – eine beliebte Methode, um Internetseiten unverfügbar zu machen.

Durch akustisches oder elektronisches Abhören kann ein Angreifer in den Besitz wichtiger notwendiger Informationen gelangen, die ihm zunächst Zugang zum Betriebssystem und den dort gespeicherten Einstellungen verschaffen. Dazu gehören z. B.

- Authentisierungsparameter
- Zugangscodes zu Anwendungen
- Man-in-the-middle-Angriffe, um sich in Anwendungen einzuklinken, ohne identifiziert zu werden

Über die Nutzung von Diensten stehen nun weitere Kanäle offen, um Schaden anzurichten.

Angriffsziel Kommunikation:

- Spoofing: alle Methoden, um an Authentifizierungscodes, Netzwerkprotokolle, Systemadressen zu kommen
- Man-in-the-middle-Tarnung: sich unbemerkt zwischen zwei Kommunikationspartner einzuschleusen, um auf diese Weise alle wichtigen Informationen zum Eindringen bzw. Ausspionieren zu erhalten
- Protokoll-Angriffe: Veränderung von Protokollen und Mappings, die Systeme untauglich machen
- Abhorchen, Sniffing

Angriffsziel Infrastruktur:

- Diebstahl des Endgerätes
- Abhören des Datenverkehrs mit Rückschlüssen auf die Infrastruktur

DoS:
Ähnlich wie im Internet gibt es auch im Mobilfunkbereich die Möglichkeit, eine Denial-of-Service-Situation zu provozieren, indem durch Fluten des Geräts mit Datenpaketen oder Pufferüberläufen eine kontinuierliche Nutzung des Geräts verhindert wird. Die Kommunikation muss unterbrochen und neu gestartet werden, wobei Datenverluste unvermeidlich sind.

Kommunikation:
Unterschieden wird zwischen passiven und aktiven Aktivitäten. Zu den passiven gehören:

- Abhören
- Sniffing

Die Möglichkeiten des Abhörens sind oben bereits erwähnt worden. Beim Sniffing unterscheidet man den legalen und vereinbarten Einsatz eines Netzwerk-Sniffers, der zur Analyse eines LANs oder WLANs eingesetzt wird. Für die Sicherheitsdiskussion interessant ist an dieser Stelle natürlich der Missbrauch. Passive Sniffer sind nicht in den Logdateien der angegriffenen Systeme nachweisbar. Abgefangen werden können:

- Informationen über Access Points
- Datenverkehr
- Authentifizierungscodes

Sniffer werden von Wardrivern eingesetzt.

Zu den aktiven Angriffsvarianten sind zu rechnen:

- DoS (s. o.)
- Man-in-the-Middle (s. o.)
- Spoofing

Da mit Mobiltelefonen auch das Internet erreicht werden kann, ist Spoofing auch hier relevant. Unter Spoofing versteht man das Vortäuschen einer falschen Identität, z. B. einer Webseite, von der man glaubt, ihr vertrauen zu können – beispielsweise der Homepage einer Bank. Ein Angreifer versucht nun, über geschicktes Abfragen z. B. Informationen über Kontendaten zu erhalten.

Infrastruktur:

Die wesentliche Möglichkeit, auf die Infrastruktur eines Kommunikationsnetzwerkes Einfluss zu nehmen, ohne im Besitz eines Gerätes zu sein, besteht in der Störung der notwendigen Kommunikationsmöglichkeiten durch eine oder mehrere der oben genannten Maßnahmen. Indem ein Angreifer in den Besitz von Zugangscodes gelangt und sich in eine Session einschleichen kann, stehen ihm alle Möglichkeiten offen, Einfluss auf die Netzwerksicherheit und Verfügbarkeit zu nehmen.

8.6.4 Generelle Vorsichtsmaßnahmen

8.6.4.1 Daten

Die erste Regel lautet: Nur das speichern, was absolut notwendig ist! Viele Daten, die auf mobilen Geräten herumgetragen werden, sind nur von Nutzen im Büro, und dort sind sie häufig auf anderen Medien gespeichert. Je mehr Informationen nach draußen getragen werden, desto größer die Wahrscheinlichkeit, dass Unbefugte davon Kenntnis erhalten oder gar solche Daten zerstören oder manipulieren.

8.6.4.2 Datenverschlüsselung

Wenn es tatsächlich notwendig sein sollte, sensible Daten über öffentliche WLANs oder andere Protokolle zu übermitteln, sollten solche Daten nur verschlüsselt versendet werden. Wenn möglich, sollten auch geschäftliche (und private) E-Mail-Abfragen per Mobiltelefon über SSL-Verbindungen getätigt werden (Secure Sockets Layer). Hierbei wird überprüft, ob auf dem Berichtsserver, auf den zugegriffen werden soll, ein Sicherheitszertifikat hinterlegt worden ist.

8.6.4.3   Firewalls

Auch für Mobiltelefone gibt es mittlerweile die Möglichkeit, Firewalls einzurichten. Daneben gibt es weitere Schutzmöglichkeiten über Bluetooth (wird an dieser Stelle nicht weiter behandelt).

8.6.4.4   Verschlüsselung auf dem Gerät

Wenn möglich, sollten auch Daten, die lokal gespeichert sind, verschlüsselt sein.

8.6.4.5   Backup

Kritische Informationen sollten auf einem separaten Gerät oder Medium gesichert sein. Das wird seit den ersten Tagen der IT gefordert, ist aber immer noch nicht Standardreflex. Da die Diebstahls- oder Verlustwahrscheinlichkeit bei mobilen Geräten ungleich höher ist als in traditionellen Konfigurationen, ist ein solches Verhalten umso dringlicher geworden. Auch nach einem Diebstahl muss normal weiter gearbeitet werden können.

8.6.4.6   Gefährdung durch E-Commerce

Durch die Möglichkeiten der Internetnutzung oder der Verwendung von i-mode oder WAP sind ganz neue Gefährdungen aufgetaucht. Diese sind analog zu denen, wie sie z. B. beim Internetbanking auch auftreten können: Ein Angreifer kann mit technischen Mitteln Bankdaten ausspähen und später missbrauchen. Ohne Verschlüsselung sollte hier gar nichts laufen.

8.7   Soziale Netze

Soziale Netzwerke bergen Sicherheitsrisiken, die wegen des komplexen Zusammenspiels unterschiedlicher möglicher Angriffsvarianten technischer Art oder im Zusammenhang mit der Nutzung selbst eines besonderen Augenmerks bedürfen.

8.7.1   Virtuelle Identität

Obwohl eine Identität im Netz grundsätzlich virtuell ist, ist sie jedoch häufig bezogen auf eine reale Identität. Es besteht nun technisch bzw. organisatorisch gesehen die Möglichkeit, eine solche virtuelle Identität missbräuchlich zu nutzen, um zunächst virtuelle Handlungen durchzuführen, ohne dass der ursprüngliche Identitätsinhaber davon weiß. Das kann aber auch zu Konsequenzen für die reale Identität führen – insbesondere, wenn materieller Schaden entsteht oder strafbare Handlungen begangen werden. Unter Umständen kann eine reale Identität durch solchen Missbrauch diskreditiert werden (Cybermobbing).

8.7.2 Persönliche Informationen

Ein Ziel Sozialer Netzwerke besteht darin, Menschen miteinander in Kontakt zu bringen.
Dazu gehört dann auch die Weitergabe persönlicher Daten, wie

- realer Name
- Fotos von sich selbst
- Fotos von Erlebnissen
- Fotos mit anderen Menschen
- Email-Adresse
- Wohnadresse
- persönliche Interessen
- berufliche Interessen

und vieles andere mehr. Diese Informationen können explizit einer vereinbarten Benutzergruppe zugänglich gemacht werden. Mitglieder dieser dezidierten Benutzergruppe können aber auch wiederum Mitglieder einer anderen Benutzergruppe sein, deren Mitglieder wiederum Kenntnis über Informationen aus der ersten Gruppe über die Doppelmitgliedschaft eines einzigen Mitglieds zugänglich gemacht werden können etc.

Unabhängig davon besteht immer noch die Möglichkeit, dass jeder Account in einem sozialen Netz gehackt werden kann.

8.7.3 Social Engineering

Unter Social Engineering versteht man die Vorbereitung und Durchführung eines Angriffs auf eine Einzelperson mit dem Ziel, diese Person in gewisser Weise zu kontrollieren, indem man ein Maximum an Einzelinformationen über diese Person sammelt, um diese Informationen dann geschickt einzusetzen. Das Opfer soll dann so manipuliert werden, dass es bestimmte Aktionen ausführt, die vom Angreifer gewollt werden.

8.7.4 Das Soziale Netz als Einfallstor

Mitglieder von Sozialen Netzen nutzen ja nicht nur das Soziale Netz selbst, oftmals auch mehrere, sondern nutzen ihre IT-Ressourcen – seien es PCs, Tablets oder Smartphones auch für andere Anwendungen:

- Internetbanking
- Abrechnungen
- Vertrauliche Kommunikation
- Sonstige geschäftliche Transaktionen

Für viele solcher Anwendungen werden separate Passwörter benötigt, z. B. wenn der Zugriff auf bestimmte Datenbanken erfolgen soll. Mithilfe der im Sozialen Netz verfügbaren persönlichen Danten lassen sich unter Umständen Passwörter herleiten, wenn der Nutzer selbst nicht stringent sichere Passwörter verwendet.

8.8 Malware

8.8.1 Einleitung

Im Jahre 2007 sind durch den Gesetzgeber in Deutschland Situationen geschaffen worden, die zu einer potenziellen Kriminalisierung von IT-Managern bzw. IT-Sicherheitsbeauftragten führen können. Die Problematik steht im Zusammenhang mit der Nutzung von Malware im Rahmen von Sicherheitsüberprüfungen von Rechnerinstallationen. Malware kann sowohl für schädliche (daher der Name) als auch für sicherheitsrelevante Zwecke eingesetzt werden. Der Gesetzgeber unterscheidet aber zunächst nicht nach diesen Zielsetzungen. Im Folgenden soll die Problematik in ihren Konsequenzen dargestellt werden. Dabei wird folgende Betrachtungsreihenfolge eingehalten:

- Gesetzestext
- Definition von Malware
- Sicherheitsprüfungen
- Dual Use

8.8.1.1 Gesetzestext

Der Gesetzestext, um den es hier geht, lautet:

§ 202c

Vorbereiten des Ausspähens und Abfangens von Daten

(1) Wer eine Straftat nach § 202a oder § 202b vorbereitet, indem er
    1. Passwörter oder sonstige Sicherungscodes, die den Zugang zu Daten (§ 202a Abs. 2) ermöglichen, oder
    2. Computerprogramme, deren Zweck die Begehung einer solchen Tat ist, herstellt, sich oder einem anderen verschafft, verkauft, einem anderen überlässt, verbreitet oder sonst zugänglich macht, wird mit Freiheitsstrafe bis zu einem Jahr oder mit Geldstrafe bestraft.

Dazu:

§ 202a

Ausspähen von Daten

(1) Wer unbefugt sich oder einem anderen Zugang zu Daten, die nicht für ihn bestimmt und die gegen unberechtigten Zugang besonders gesichert sind, unter Überwindung

der Zugangssicherung verschafft, wird mit Freiheitsstrafe bis zu drei Jahren oder mit Geldstrafe bestraft.

(2) Daten im Sinne des Absatzes 1 sind nur solche, die elektronisch, magnetisch oder sonst nicht unmittelbar wahrnehmbar gespeichert sind oder übermittelt werden.

und

§ 202b

Abfangen von Daten

Wer unbefugt sich oder einem anderen unter Anwendung von technischen Mitteln nicht für ihn bestimmte Daten (§ 202a Abs. 2) aus einer nichtöffentlichen Datenübermittlung oder aus der elektromagnetischen Abstrahlung einer Datenverarbeitungsanlage verschafft, wird mit Freiheitsstrafe bis zu zwei Jahren oder mit Geldstrafe bestraft, wenn die Tat nicht in anderen Vorschriften mit schwererer Strafe bedroht ist.

8.8.2 Malware

Die angeführten Gesetzestexte geben bereits deutliche Hinweise auf das, was Malware können muss, um als solche kategorisiert zu werden:

- Ausspähen
- Abfangen von Daten
- Überwinden von Sicherheitsbarrieren

Dabei werden zunächst die klassischen Schädlinge wie Viren, Würmer, Trojaner ausgelassen (obwohl sie Daten vernichten oder andere Malware transportieren können). Das fokussierte Spektrum des Gesetzgebers umfasst im Wesentlichen Sniffer und Cracker als Malware selbst. Hinter Phishing z. B, verbirgt sich auch eine Methode zum Ausspähen von vertraulichen Informationen (wie PIN-Codes von Bankkonten). Damit fällt diese Vorgehensweise auch unter die oben angeführten Paragraphen, ebenso wie Wardriving oder Man-in-the-Middle-Attacken für Funknetze. An dieser Stelle soll allerdings nur die Malware an sich betrachtet werden – nicht der kriminelle Vorgang selbst. Der Grund liegt in der Dual-Use-Möglichkeit eben auch im nicht kriminellen Bereich von Sicherheitsprüfungen.

8.8.3 Dual Use

Der Begriff Dual Use erlangte Bekanntheit aus dem strategisch-militärischen Bereich. Er bezieht sich auf Technologien, die sowohl militärisch als auch zivil genutzt werden können. Das trifft insbesondere auf Computertechnologien zu. Chips in der Steuerung von Cruise Missiles sind die gleichen, wie sie eventuell auch in einer Waschmaschine zur Anwendung kommen.

Ganz ähnlich verhält es sich bei Malware. Wäre Malware so konzipiert, dass sie bei jedem Einsatz zerstörerisch wirkte, wäre sie zu Testzwecken nicht zu gebrauchen. Das ist allerdings nicht der Fall. Insofern eignet sich Malware auch ganz vorzüglich zu Sicherheitstests mit dem Ziel, genau diese Malware unschädlich zu machen. Der Vorteil des Dual Use wird aber gesetzgeberisch dadurch aufgehoben, dass die Verwendung von Malware grundsätzlich als strafbar angesehen wird. Die positive Umkehr der kriminellen Intention wird dadurch verhindert.

Zwischenzeitlich hat es eine Reihe von Urteilen im Zusammenhang mit dieser Problematik gegeben. Teilweise sind diese Urteile durch Selbstanzeigen von Sicherheitsexperten oder -firmen zustande gekommen. Die Urteile fielen einhellig dahingehend aus, dass kein Straftatbestand vorliege, da eine kriminelle Intention in den behandelten Fällen jeweils nicht nachgewiesen werden konnte.

Notfallmanagement

9.1 Notfallmanagementsysteme

Notfallmanagementsysteme kommen nicht nur zum Einsatz, wenn der Ernstfall eingetreten ist, sondern dienen ebenso der Prävention zur Vorbereitung auf Krisen- und Notfallszenarios. Dabei werden im Vorfeld Maßnahmen festgelegt, die Auswirkungen durch plötzlich eintretende Notfälle auf Kernprozesse einer Organisation (Behörde, Unternehmen) minimieren sollen und ein zeitnahes Wiederaufnehmen normaler Aktivitäten voranbringen. Um diese planerischen Vorbereitungen für alle Eventualitäten sinnvoll gestalten zu können, muss man diese Prozesse und die betroffenen Mitarbeiter und System zuerst einmal identifizieren.

9.1.1 Warum Notfallmanagement?

Neben dem reinen Interesse an der Fortführung des Tagesgeschäfts und damit der existenziellen Erhaltung z. B. eines Unternehmens, gibt es andere handfeste Gründe für die Konzeptionierung eines Notfallmanagements. Obwohl grundsätzlich gesetzlich nicht explizit vorgeschrieben, gibt es dennoch gesetzliche und vertragliche Verpflichtungen, die sich aus dem Geschäftsgegenstand ergeben können.

Dazu gehören z. B. alle vertraglichen Verpflichtungen zur Erfüllung von Lieferungen und Dienstleistungen, die ein Unternehmen mit Kunden eingegangen ist. In ganz bestimmten Branchen wird die Notwendigkeit für solche Maßnahmen aus anderen gesetzlichen Vorgaben abgeleitet. Das ist z. B. bei den Banken der Fall, aber auch bei börsennotierten Kapitalgesellschaften, die dem Gesetz zur Kontrolle und Transparenz im Unternehmensbereich unterliegen. Für letztere ist ein Risikomanagement vorgeschrieben. Daneben gibt es eine Reihe anderer gesetzlicher Vorschriften im Geschäftsbereich, die ein Notfallmanagement erforderlich machen (Kreditwesen, Arbeitsschutz etc.).

© Springer-Verlag GmbH Deutschland 2017
W.W. Osterhage, *IT-Kompendium*, Xpert.press,
https://doi.org/10.1007/978-3-662-52705-4_9

9.1.2   Was ist Notfallmanagement?

Auf den Punkt gebracht kann man Notfallmanagement folgendermaßen definieren:
Notfallmanagement ist

- ein systematischer, an den Geschäftsprozessen orientierter Ansatz
  - zur Begrenzung von Ausnahmesituationen
  - zur Begrenzung von Schadensauswirkungen, die durch unvorhergesehene Einwirkungen von außen oder innen entstehen können;
- der Aufbau organisatorischer Voraussetzungen; dazu gehören
  - eine Strukturorganisation, die teilweise im Vorfeld schon bei der Definition von Präventivmaßnahmen aktiv ist, aber teilweise erst im Ernstfall zum Leben erweckt wird,
  - eine Prozessorganisation, die beim Eintreten eines Notfalls aktiviert wird;
- die Entwicklung von entsprechenden Konzepten in Anlehnung an die strategischen Ziele einer Organisation und deren Kernprozesse;
- eine rasche Reaktion auf Notfälle unter Zuhilfenahme der vordefinierten Maßnahmen und
- die Ermöglichung der Fortsetzung der wichtigsten Geschäftsprozesse im Rahmen der durch den Notfall entstandenen Randbedingungen.

9.2   Standards

9.2.1   BSI

Das Bundesamt für Sicherheit in der Informationstechnik veröffentlicht regelmäßig detaillierte Empfehlungen und Erfahrungsberichte zu Fragen der IT-Sicherheit (wie sein Name es besagt) u. a. in seinem Grundschutzkatalog, nach Veröffentlichung der ISO 22301 jetzt auch ein eigenes Regelwerk für das IT-Notfallmanagement: den Standard 100-4.

9.2.1.1   Der Standard 100-4

Hierbei handelt es sich um ein echtes Regelwerk für den Aufbau und die Dokumentation eines Notfallmanagements mit den Zielen,

- systematische Wege für adäquate Reaktionen im Vorfeld aufzubauen, um für den Notfall gerüstet zu sein,
- schnelle Wiederaufnahme von Geschäftsprozessen
  - einmal durch die Bereitstellung eines Notbetriebs während der Notfallsituation,
  - zum anderen durch eine systematische Vorgehensweise beim Wiederanlauf der Prozesse nach Beendigung der Notsituation,
- Vermeidung von Notfällen durch entsprechende Vorsorgemaßnahmen sowie
- die Minimierung von Schäden, ebenfalls durch entsprechende Vorsorgemaßnahmen.

**BSI Standards zur
Informationssicherheit**

- 100-1: ISMS: Managementsysteme für
  Informationssicherheit
- 100-2: IT-Grundschutz-Vorgehensweise
- 100-3: Risikoanalyse auf der Basis von IT-
  Grundschutz
- **100-4: Notfallmanagement**

Quelle: BSI

Abb. 9.1 BSI-Standards

Historisch gesehen vollzieht sich dabei ein Trendwechsel von der Notfallplanung zum
Notfallmanagement, d. h. um die Konzeptionierung eines eigenständigen Management-
systems. Wie bereits erwähnt, fügt sich dieser neue Standard nahtlos in die Grundschutz-
vorgehensweisen des BSI mit Methoden, die aus unterschiedlichen Standards, unter
anderen den BS 25999, gewachsen sind, ein (Abb. 9.1).

9.2.1.2   Weitere Standards und Methodologien zur IT-Sicherheit

Da ist zunächst die 2700x-Reihe, die zwar grundsätzliche Richtlinien und Empfehlungen
vorgibt, aber hinter den Details zurückbleibt. Durch den ISO 22301 kann man sie als
obsolet betrachten.

Im Grunde findet man in jeder Methodologie (ITIL und andere) irgendwelche Hinweise, zum Teil ganze Abschnitte, zu dem Thema Notfallmanagement. Wer solche Methoden nutzt, und wenn diese bereits in einer Organisation eingeführt sind, sollte zunächst
dort nachsehen, ob ein Notfallmanagement sinnvoll darauf aufgebaut werden kann. Eventuell sind die dort vorgeschlagenen Maßnahmen durch Elemente aus dem BSI 100-4 zu
ergänzen.

9.2.2   ISO 22301

Die Norm ISO 22301 steht für die neueste internationale Richtlinie zum IT-Notfallmanagement (Business Continuity Management) und wurde im Mai 2012 freigegeben. Ihre
Zielsetzung besteht darin, Hilfestellung bei der Reduzierung von Betriebsunterbrechungen durch unvorhergesehene Notfälle zu gewährleisten. Im Prinzip ist die Norm eine Fort-
schreibung der Standards ISO 31000 und ISO 27001. Sie gilt als universell in dem Sinne,
dass sie anwendbar ist auf Unternehmen jeglicher Größe und unabhängig ist von den eingesetzten Technologien.

Der Standard stellt Anforderungen an eine Organisation, fordert grundlegende analytische Vorbereitung, eine ausgefeilte Planung und steckt innerhalb bestimmter Geltungsbereiche Verantwortlichkeiten ab.

9.3   Anforderungen an Unternehmen

Bei einem IT-Notfallsystem handelt es sich um ein ganzheitliches Managementsystem und weniger um eine Sammlung von Vorschriften. Deshalb ist es unabdingbar, dass die Leitungsebene einer Organisation nicht nur eingebunden wird, sondern das Vorhaben aktiv vorantreibt, wozu auch die Bereitstellung von personellen und materiellen Ressourcen gehört. Zur Überwachung und regelmäßigen Überprüfung werden gesonderte Verantwortlichkeiten benannt (s. u.), die nach oben berichten.

Die oberste Leitungsebene sollte ebenfalls eingebunden werden, wenn es um das Business Continuity Management (BCM) – also die Weiterführung der wichtigsten Geschäftsprozesse – geht, weil nur sie letztendlich die Prioritäten vorgeben kann. Ein Notfallmanagementsystem ist einerseits wichtig für die Existenz einer Organisation, andererseits aber auch ein Ausweis nach draußen, um das Vertrauen von Geschäftspartnern und Kunden zu erhalten, dass man unter allen Umständen in der Lage sein wird, sein Geschäft weiterzubetreiben. Zu diesem Zweck kann man sich sein Notfallmanagement auch zertifizieren lassen.

Wie andere Managementsysteme auch, unterliegt ein Notfallmanagement einer Art Deming-Zyklus, auch als PDCA-Zyklus bekannt (s. Abb. 9.2). Alles beginnt mit der Planung. Dabei werden festgelegt:

- Organisatorische Einbettung
- Managementverantwortlichkeiten
- Prozess-Planung
- Ressourcen

Bei der Durchführung müssen folgende Aspekte erledigt werden:

- Business-Impact-Analyse
- Risikoanalyse
- Geschäftsfortführungsstrategie
- Tests und Übungen

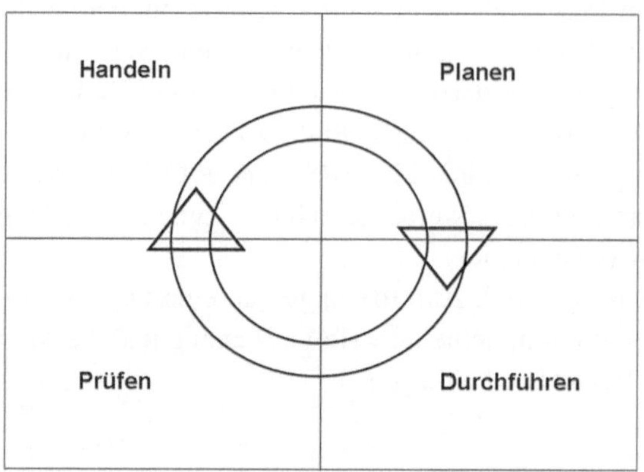

Abb. 9.2 Kontinuierlicher Verbesserungsprozess

Das Prüfen dient

- der Bewertung der einzuleitenden Maßnahmen,
- als Basis für interne Audits und
- als Managementreview.

Daraus folgen Konsequenzen für das weitere Handeln als eigentlicher Anstoß zum kontinuierlichen Verbesserungsprozess.

9.3.1 Analyse vor der Planung

Bevor man nun eine (Detail-)Planung für ein Notfallmanagement in Angriff nimmt, muss sorgfältig analysiert werden, wie die strategische Grundausrichtung des Unternehmens ist, und wie andere Grundvoraussetzungen der Organisation sich darstellen. Dazu gehört eine Erfassung aller Unternehmensaktivitäten, wie sie beispielsweise in den ERP-Prozessen abgebildet sind.

Wichtig sind auch die Schnittstellen zu bereits bestehenden anderen organisatorischen Voraussetzungen, wie z. B. ein schon existierendes Risikomanagement, das Überschneidungen mit einem Notfallmanagement haben kann. Zu berücksichtigen sind zudem die Erwartungen aller am Gesamtprozess Beteiligten sowie die Beachtung gesetzlicher Vorschriften.

9.3.2 Verantwortlichkeiten des Managements

Die oberste Leitungsebene muss dafür sorgen, dass das Business Continuity (BC) Management nicht zu einem Fremdkörper innerhalb einer Organisation wird, sondern in die übergeordnete Strategie passt. Dazu gehört die Einbindung der BCM-Prozesse in die existierende Prozesslandschaft. Am besten geschieht das dadurch, dass eine BC-Strategie formuliert wird, die folgende Gesichtspunkte berücksichtigt:

- Dokumentation von Zielen und Notfallplänen: Unter den strategischen Zielen sind diejenigen geschäftlichen Aktivitäten zusammenzufassen, die auch im Notfall erforderlich sind, um das Geschäft am Laufen zu halten; die Notfallpläne haben das zu berücksichtigen.
- Bereitstellung von den erforderlichen Kommunikationsstrukturen: Das Kommunikationsverhalten in Notfällen gestaltet sich anders als im Normalbetrieb. Entsprechende Kanäle sind zu definieren.
- Festlegen von Verantwortlichkeiten: Für eine funktionsfähige Notfallorganisation sind eigene Hierarchien zu schaffen.

Eine so erstmalig formulierte Strategie mit den zugehörigen Zielen ist nichts statisches, sondern lebt mit den Veränderungen des Geschäftsbetriebs, ist somit Gegenstand von regelmäßigen Überprüfungen und Überwachungen.

9.4   Business Continuity Management (BCM) im Überblick

9.4.1   Phasen und Schritte der BCM-Umsetzung

Die Phasen der BCM-Umsetzung sind in der Abb. 9.3 schematisch dargestellt.

Nach einer BIA (Business-Impact-Analyse, s. u.) erfolgt die Risikobeurteilung unter Hinzuziehung der Fachleute und der Unternehmensleitung. Auf dieser Basis werden die BCS (Business Continuity Strategy) sowie die Verfahren entwickelt, die einen Notgeschäftsbetrieb gewährleisten sollen. Nach Vorliegen dieser Konzepte sind daraus Übungshandbücher zu schreiben. Nach diesen Handlungsanweisungen können dann Notfälle als Gesamtszenarien oder in Teilen geübt und die Verfahren getestet werden.

9.4.2   Business-Impact-Analyse (BIA)

Die Business-Impact-Analyse ist ein aufwendiges Unterfangen, das als Vorsorgemaßnahme punktuell wichtige Unternehmensressourcen binden wird: Fachspezialisten, Führungskräfte, Unternehmensleitung. Zu einer solchen Analyse gehören:

- Die Sammlung und Identifizierung von Prozessen und Funktionen: Dazu gehören sämtliche Abläufe – nicht nur die kritischen oder zu den Kernprozessen gehörenden Abläufe.

Abb. 9.3 BCM-Umsetzung

- Zugrunde liegende Ressourcen: Dazu gehören das Personal, aber auch Hardwareressourcen wie IT-Einrichtungen, Gebäude, Lagerhallen mit ihrer technischen Ausrüstung.
- Abhängigkeiten von IT-Prozessen: Die kritische Frage hinter diesem Aspekt ist letztendlich: Welche Prozessanteile lassen sich sinnvoll auch ohne direkte IT-Stützung aufrechterhalten?
- Priorisierungen: Spätestens hier muss die Entscheidung über die Kernprozesse fallen.
- Auswirkungen und Wiederanlaufzeiten: Auswirkungsszenarien variieren offensichtlich mit dem angenommenen Notfallszenario, ebenso die projizierten Wiederanlaufzeiten; deshalb müssen unterschiedliche Szenarien durchgespielt werden.

Dies alles sind Voraussetzungen, um eine Risikoanalyse und -beurteilung durchführen zu können.

9.4.2.1 BIA und Risiken

Zusammenfassend lässt sich sagen, dass die Business-Impact-Analyse

- eine Methode zur Identifizierung von kritischen Geschäftsprozessen ist,
- sie die Auswirkungen von Prozessausfällen ermittelt,
- sie die Abhängigkeiten von Prozessen untereinander aufzeigt und
- die benötigten Wiederanlaufzeiten generiert.

BIA und Risikoanalyse sind sozusagen das Rückgrat des Notfallmanagements. Sie

- sind Basis für das gesamte Notfallkonzept,
- legen fest, was ein Notfall ist,
- identifizieren die Zusammenhänge und Bedrohungen.

Die Erkenntnis, dass Prozesse eines Unternehmens logisch miteinander verknüpft sind, und kaum ein Geschäftsbereich ohne IT-Prozesse auskommt, bedingt die Notwendigkeit, diese Prozesse bei der BIA zu erfassen, um im Nachhinein die kritischen Systeme zu identifizieren (s. Abb. 9.4).

Bei der Bewertung dieser Prozesse sind bestimmte Gesichtspunkte zu beachten. Da geht es um

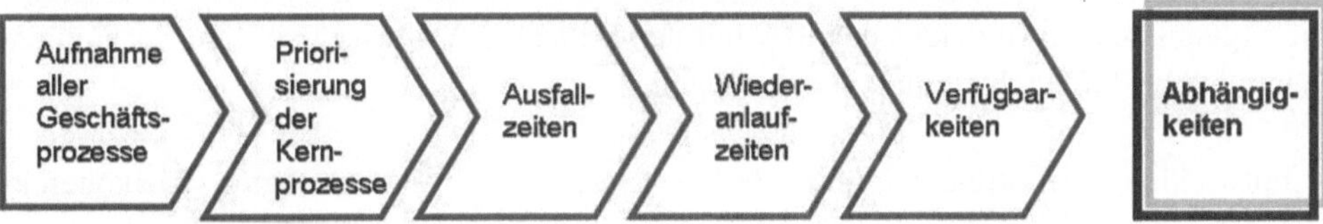

Abb. 9.4 Schrittfolge bei der BIA

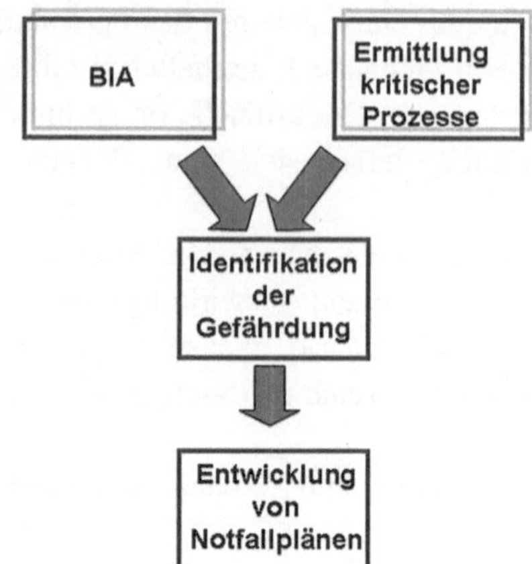

Abb. 9.5 Risikoanalyse

- alle Auswirkungen (deshalb „Impact") (z. B. logistische, finanzielle, gesetzliche etc.),
- Behinderungen oder die Unmöglichkeit, Aufgaben und Tätigkeiten durchzuführen,
- Imageschäden nach innen und in den Markt hinein und nicht zuletzt
- Leib und Leben der Mitarbeiter.

Risikoanalyse

Das Vorgehen bei der Risikoanalyse ist in der Abb. 9.5 schematisch dargestellt. Erst nach BIA und der Ermittlung kritischer Prozesse kann die wirkliche Gefährdung identifiziert werden, und – darauf aufbauend – die Entwicklung von Notfallplänen.

Damit ist allerdings noch nichts gesagt über die Akzeptanz bzw. Toleranz gegenüber einem erkannten Risiko. Hier spielen noch einmal andere Gesichtspunkte eine Rolle:

- Gefährdung der Strategie
- Kosten
- Risikobereitschaft der Unternehmensleitung
- Praktische Möglichkeiten der Vermeidung

9.4.3   Business-Continuity-Strategie zusammengefasst

Die Ergebnisse des Abgleichs der BIA mit den kritischen Prozessen sind im Zusammenhang mit Abb. 9.6 noch einmal zusammengefasst:

- Entwicklung von Strategien unter Berücksichtigung des oben Gesagten (Risikobereitschaft etc.).
- Identifikation von Maßnahmen: Die BIA-Ergebnisse beschränken die Handlungsoptionen auf das notwendig Leistbare.

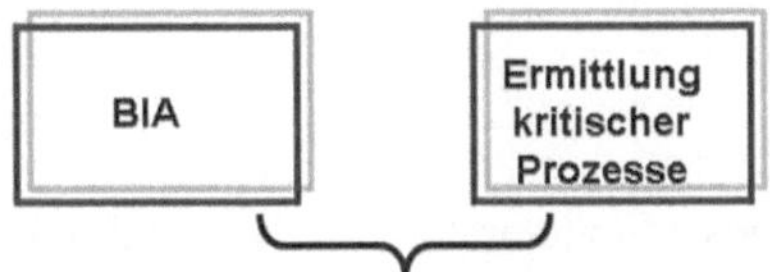

Abb. 9.6 Zusammenspiel von BIA und Prozessermittlung

- Schutz kritischer Aktivitäten – und später Wiederherstellung im Rahmen der angestrebten Wiederherstellungszeiten innerhalb festgelegter Ziele, die durch die Notfallstrategie vorgegeben sind.
- Integraler Bestandteil der Unternehmensstrategie: Notfallstrategie darf der grundsätzlichen Unternehmensstrategie auf der Zeitachse nicht entgegenstehen.

9.5 Üben und Testen

Die Norm 22301 verlangt regelmäßige Tests und Übungen. Nur Tests können aufzeigen, wie realistisch z. B. theoretische Annahmen für Wiederanlaufzeiten wirklich sind. Somit sind Übungskonzepte integraler Bestandteil des Notfallhandbuchs. Während der Übungsphasen sollte geprüft werden, wie die Performance der Notfallprozesse aussieht, möglichst quantifiziert mit Zeitvorgaben. Dabei sollten Standardprozesse aus dem Normalbetrieb mit den Notfallprozessen verglichen werden.

Man kann und sollte die entwickelten Verfahren auch ohne akuten Notfall testen – und zwar aus zwei Gründen:

- Sicherstellen der Konsistenz der Business-Continuity-Verfahren mit den Business-Continuity-Zielen
- Gewährleistung, dass die gewählten Strategien in Krisensituationen die richtigen Antworten und Wiederherstellungsergebnisse liefern

9.6 Inhalte eines Notfallkonzeptes (Dokumentation)

Es müssen eine Reihe von Schlüsseldokumenten entwickelt werden:

- Notfallpläne

Hierbei handelt es sich um ausgefeilte Prozessdokumentation, die die Verfahren vom Zeitpunkt der unmittelbaren Auslösung des Notfallalarms bis zur Wiederherstellung des Normalbetriebs beschreibt – mit der zugehörigen Organisation und den Verantwortlichkeiten sowie Zeitplänen.

- Leitlinie
- Handbuch

Bevor aber all diese Detaildokumente erstellt werden können, muss zunächst ein übergeordnetes generelles Notfallkonzept entwickelt werden. In dieses Master-Dokument fließen dann die Ergebnisse der Analysephase ein. Das sind insbesondere:

- Wichtigste IT-gestützte Prozesse: die Kernprozesse des Unternehmens
- Ergebnisse der Impact-Analyse
- Zeitliche Vorgaben für den Wiederanlauf
- Grobstruktur für eine Notfallorganisation (Notfallverantwortlicher, Notfallkoordinatoren, Krisenstab)
- Kriterien für die Notfalldefinition (Vorfall, Notfall, Krise, Katastrophe)
- Vorsorgemaßnahmen zusätzlich zur Notfallorganisation: z. B. technische und logistische Redundanzen

Nach dem bisher Gesagten unterscheiden wir im Rahmen des Notfallmanagements also die beiden Fälle

- Notfallvorsorge und
- Notfallbewältigung.

9.6.1 Leitlinie

Eine Leitlinie gemäß *BSI 100-4* sollte die folgenden Aspekte beschreiben:

- Definition des Notfallmanagements:
    - Bedeutung für die eigene Organisation
    - Zuständigkeiten
    - Zusammenwirken mit anderen Unternehmensbereichen
- Geltungsbereich des Notfallmanagements:
    - Bereiche
    - Objekte
    - Lokalitäten
    - Zeitliche Gültigkeit
- Vereinbarkeit mit den übrigen Unternehmenszielen
- Wesentliche Aspekte der Notfallstrategie:
    - Ausgewählte strategische Ziele
    - Bedrohungsszenarien
    - Risikobereitschaft
    - Schadensszenarien
    - Prioritäten innerhalb des Geschäftsbetriebs

◈ **gewähltes Vorgehensmodell**
  – hier *ISO Norm 22301*

◈ **Verpflichtung zur Optimierung des Notfallmanagements**

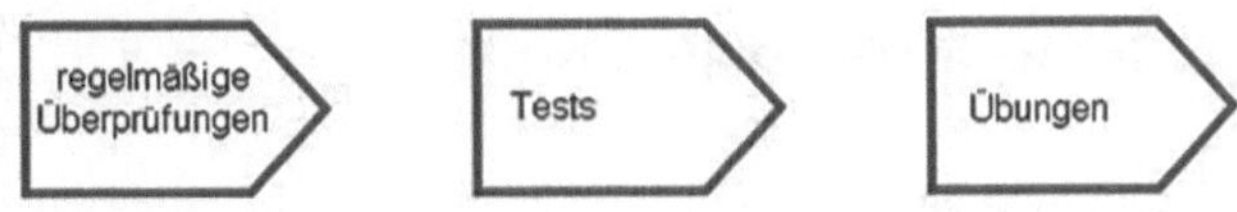

durch die Leitung

Abb. 9.7 Verantwortlichkeiten der Leitungsebene

- Vorgehensmodell (hier *ISO Norm 22301*)
- Sicherstellung der Notfallfunktionen (s. Abb. 9.7):
  - Rechtlicher Rahmen
  - Formelle Verantwortung durch die Unterschriften der Geschäftsführung

9.7   Zwischenfazit

Im Gegensatz zu den strategischen Überlegungen, die ja weitestgehend auf definierte Ziele ausgerichtet sind, die dann durch konkrete Maßnahmen erreicht werden sollen, sind die Verfahren, die dazu entwickelt werden müssen, sozusagen das entsprechende Kleingedruckte. Dazu gehören zuallererst Kommunikationsrichtlinien innerhalb der Notfallorganisation, aber auch nach außen, die im Ernstfall unmittelbar funktionieren müssen. Auch Sofortmaßnahmen müssen praktisch aus der Schublade gezogen werden können, um akute Gefahren abzuwenden – selbst im Falle von Bedrohungen, die nicht vorhersehbar gewesen wären. Aber auch hypothetische Szenarien und deren Auswirkungen auf periphere Prozesse sind zur Schadenseingrenzung zu entwickeln.

Die Notfallstrategie legt die Minimalziele fest, an denen für einen sinnvollen Geschäftsbetrieb unbedingt festgehalten werden muss. Dazu gehören:

- Festlegung der Wiederherstellungszeiten für kritische Aktivitäten, die sich aus den Kernprozessen ableiten lassen.
- Frühzeitige Verfügbarkeiten: werden aus den Wiederherstellungszeiten abgeleitet; ergeben diese inakzeptable Werte, muss über Alternativstrategien nachgedacht werden, bis brauchbare Zielvorgaben erreicht sind.
- Ausrichtung auf die gesamte Geschäftsstrategie und somit integraler Bestandteil der Unternehmensstrategie: obwohl Notfallstrategie – selbstverständlich muss diese, wenn auch in reduzierter Form, auf die ursprüngliche Unternehmensstrategie abbildbar sein.

All die gerade beschriebenen Überlegungen haben ein übergeordnetes Ziel in sich:

▶ Die Organisation muss adäquate Verfahren dokumentieren, um die Kontinuität von Aktivitäten und die Bewältigung von Betriebsunterbrechungen sicherzustellen!

9.7.1 Fortführung der Geschäftsprozesse

Wie bereits erwähnt, dienen Notfallpläne dazu, den Geschäftsbetrieb – wenn auch eingeschränkt – fortzuführen. Diese Pläne sollten enthalten:

- Handlungsschritte nach Krisen und Notfällen
- Handlungsschritte zur Inbetriebnahme von Ausweichlösungen

Dabei sind zu beachten:

- Geltungsbereiche (für welche Organisationseinheiten, für welche Jahreszeiten, für welche Lokalitäten und eventuell Beteiligungsgesellschaften?)
- Verantwortlichkeiten auf allen Ebenen und innerhalb der Notfallorganisation selbst
- Beteiligte Personen (namentlich zu nennen, was die Notfallorganisation betrifft, ansonsten die Position in der Organisationsstruktur des Unternehmens)
- Eskalationspfade (innerhalb der Notfallorganisation, zur Leitungsebene, nach außen zu Hilfsorganisationen)
- Triggerkriterien für Anlauf und Ende der Notfalloperationen (Wann sprechen wir über einen Notfall? Welche Bedingungen müssen erfüllt sein für eine Entwarnung – ohne Berücksichtigung eventueller Nacharbeiten?)
- Nacharbeitsmaßnahmen: Hierbei ist zu bedenken, dass nach dem Notfall zwar wieder der Normalbetrieb eingetreten ist, häufig aber dieselben Ressourcen auch die Nacharbeiten erledigen müssen. In manchen Fällen muss man überlegen, ob bestimmte Tätigkeiten durch temporäre Zusatzkapazitäten erledigt werden können.

Eine besondere Rolle nehmen dabei die Wiederanlaufpläne ein. Sie beinhalten:

- Handlungsschritte zum Wiederanlauf (richtige Reihenfolgen wegen Abhängigkeiten von Prozessen untereinander)
- Handlungsschritte zur Wiederherstellung (Wiederanlauf ist nicht gleich Wiederherstellung; Wiederherstellung kann z. B. auch die Neuerrichtung zerstörter Gebäude bedeuten)
- Zyklus: Fehlerbehebung, Aufnahme des Notbetriebs, Inbetriebnahme von Übergangslösungen, Rückkehr zum Normalbetrieb (s. Abb. 9.8)

Abb. 9.8 Notfallzyklus

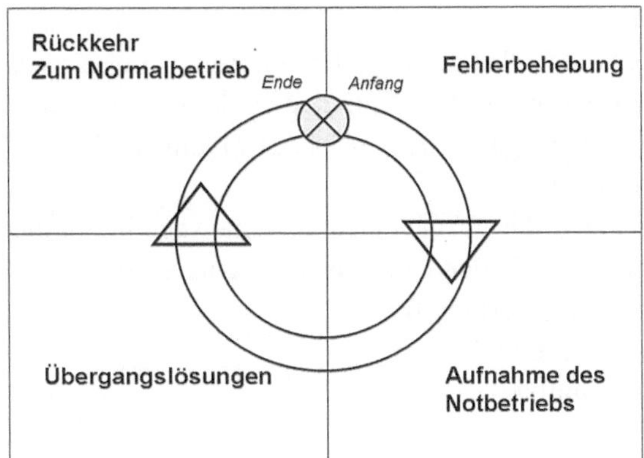

9.7.2   Schrittfolge

Schritt1:	*Welcher Standard wird gewählt?*
Schritt2:	*Was bedeutet Business Continuity Management für das Unternehmen bezogen auf die Kernprozesse?*
Schritt3:	*Durchführen der Business-Impact-Analyse*
Schritt4:	*Vorbereitung von Tests und Übungen*
Schritt5:	*Konsolidierung des Notfallkonzeptes*

9.8   Der Notfallprozess

Entscheidend für den Erfolg eines auf lange Sicht geplanten Notfallprozesses ist der richtige Zeitpunkt für seine Initiierung, wenn der Notfall eintritt. Dazu gehört die Zuweisung von Verantwortlichkeiten, wer diesen Prozess initiieren soll bzw. darf. In der Regel trägt die oberste Leitungsebene dafür die Verantwortung. Sollte diese nicht mehr funktionsfähig sein, müssen in der Planung bereits Sicherheitsstufen eingebaut sein, die es ermöglichen, dass befugte andere Instanzen diese Aufgabe übernehmen. Für unsere weiteren Betrachtungen gehen wir aber zunächst davon aus, dass die oberste Leitungsebene noch funktioniert. Dann bestehen ihre Aufgaben aus:

- Initiieren
  Offiziell erklären, dass ein Notfall vorliegt – und zwar schon möglichst mit der Feststellung, welche Notfallkategorie angenommen wird (Störfall, Notfall, Krise etc.). Bei der Erklärung des Zustandes „Notfall" sollten nach Möglichkeit bereits Aussagen über die Eingrenzung gegeben werden (Lokalitäten, Einrichtungen, Opfer etc.).

- Leiten
  Obwohl die Rollen des Notfallbeauftragten, des Krisenstabes und der Notfallkoordinatoren im Vorfeld festgelegt und jetzt aktiviert werden, muss die Leitung auf der strategischen Ebene ganz oben angesiedelt bleiben.
- Kontrollieren
  Durch die vorher festgelegten Berichtswege bleibt die Leitung aktuell informiert und kann fallweise in den Notfallprozess eingreifen.
- Gesamtverantwortung für
  – Ressourcen und
  – Finanzmittel.

Das alles bedeutet in der Praxis:

- Leitungsebenenmitglieder sind *Eigner des Notfallprozesses.*
- Sie delegieren an *Notfallbeauftragte und nach geordneten Organisationseinheiten.*

9.8.1 Konzeption und Planung

Abb. 9.9 zeigt im groben Aufriss die wichtigsten Schritte zur Etablierung einer Notfallkonzeption. Daraus wird bereits folgendes ersichtlich:

- Der Notfallmanagementprozess ist ein Projekt.
  Die Notfallprophylaxe kann nicht von einer kleinen Gruppe oder beauftragten Mitarbeitern sozusagen neben dem Tagesgeschäft erledigt werden, sondern muss wie ein

Abb. 9.9 Entwicklung einer Notfallkonzeption

aufwendiges Projekt initiiert und durchgeführt werden – mit all den organisatorischen Mitteln und Tools, die ein Projektmanagement verlangt (Meilensteinplan, Projektorganisation etc.)

- Ziele müssen festgelegt werden.

Zu den Zielen gehören:

- Zeit- und Ressourcenplanung (Wer muss von den Fachbereichen abgestellt werden, wie viel Zeitaufwand pro Projektmitarbeiter wird eingeplant, welche Fachkompetenzen müssen vertreten sein?)
- Festlegung des Geltungsbereichs (Lokalitäten, Organisationseinheiten, Beteiligungen)
- Rahmenbedingungen schaffen (Räumlichkeiten, Freistellungen, evtl. IT-Ausstattung, Kommunikationsmittel)
- Strategie festlegen.

Strategische Festlegungen leiten sich aus den Kernprozessen, aus der Risikoanalyse und den Eintrittswahrscheinlichkeiten her.

9.8.1.1   Geltungsbereich

Die Fragestellung nach dem Geltungsbereich für eine Notfallkonzeption muss aus unterschiedlichen Blickwinkeln betrachtet werden:

- Ist die gesamte Institution miteinbezogen oder nur einzelne Standorte bzw. nur einzelne Abteilungen (kritisch für das Weiterfunktionieren der Institution als solche)?
- Sind sämtliche Prozesse miteinbezogen oder nur bestimmte (kritische, Kernprozesse)?
- Liegen Einschränkungen und Grenzen vor? Müssen diese beschrieben und begründet werden?
- Selbst bei Vollständigkeit aller Prozesse müssen die wichtigsten hervorgehoben und mit einem bestimmten Gewicht versehen werden.

Bei diesen Überlegungen sind rechtliche Anforderungen zu beachten. Die Liste in Tab. 9.1 gibt einige wichtige Gesetze wieder ohne Anspruch auf Vollständigkeit.

9.8.1.2   Anforderungen

Es ist grundsätzlich zu überlegen, welches die ausschlaggebenden Geschäftsziele sind, die trotz Notfall weiterhin erreicht werden sollen. Vor diesem Hintergrund sind mögliche Schadensszenarien zu entwickeln, die diese Ziele beeinträchtigen können. Daraus ergeben sich Simulationen für die Unterbrechung kritischer Prozesse, die das weitere Funktionieren einer Organisation unmöglich machen würden (Abb. 9.10).

Fernerhin ist auf Basis dieser Überlegungen auszuloten, welches Risiko man bereit ist zu gehen und wo Maßnahmen anzusetzen sind, um ein Überschreiten der Risikogrenze zu verhindern. Das führt letztendlich zu der Schlussfolgerung, welche konkreten Ziele der

Tab. 9.1 Gesetzliche Anforderungen

Gesetz zur Kontrolle und Transparenz im Unternehmensbereich *(KonTraG)*
Baseler Eigenkapitalvereinbarungen *(Basel II)*
Aktiengesetz *(AktG)*
Post- und Telekommunikationsicherstellungsgesetz *(PTSG)*
Börsengesetz *(BörsG)*
Arbeitsschutzgesetz *(ArbSchG)*
Störfallverordnung *(12. BlmSchV – StörfallV)*
Gefahrstoffverordnung *(GefStoffV)*
Betriebssicherheitsverordnung *(BetrSichV)*

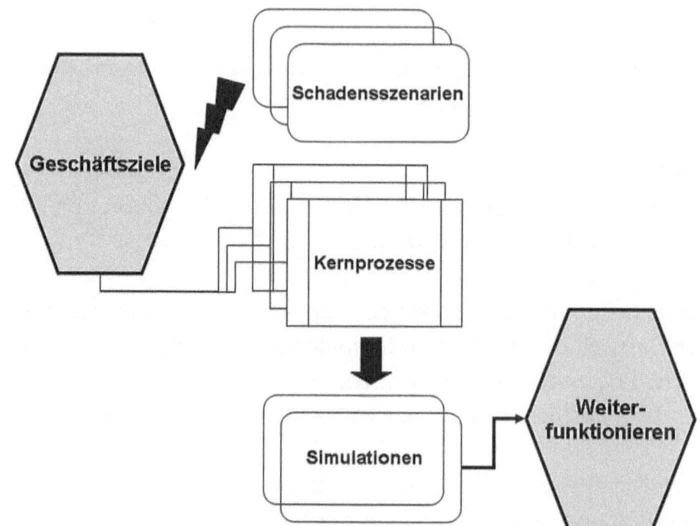

Abb. 9.10 Aufrechterhaltung der Geschäftsziele

Notfallprozess erreichen will. Daraus folgt ferner, von welchen Interessen welche Stakeholder betroffen sein könnten. Zu den potenziellen Stakeholdern gehören:

- Anteilseigner
- Mitarbeiter
- Angehörige
- Investoren
- Kunden
- Lieferanten

* Versicherer
* Aufsichtsbehörden
* Branchenverbände
* Gesetzgeber

Die organisatorischen Voraussetzungen zur Bewältigung gliedern sich in

* Notfallvorsorge und
* Notfallbewältigung.

Für beide Aspekte wiederum gibt es drei Ebenen:

* die strategische Ebene,
* die taktische Ebene und
* den operativen Bereich.

Abb. 9.11 zeigt schematisch die Verteilung von Rollen, auf die jetzt eingegangen werden soll, und die Verantwortungsbereiche:

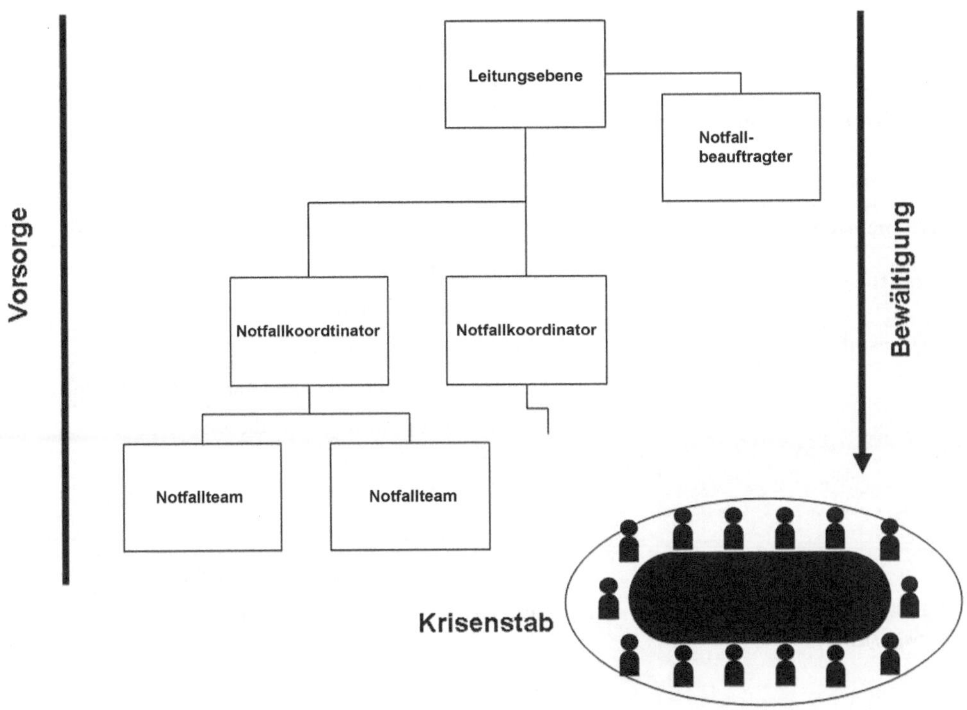

Abb. 9.11 Verantwortlichkeiten in der Hierarchie

9.8.1.3　Rollen

Aus Tab. 9.2 sind die Rollen mit ihren Verantwortlichkeiten zu entnehmen.

Tab. 9.2 Rollen und Verantwortlichkeiten

Leitung	Sicherstellung des Notfallmanagements institutionsweit
Notfallbeauftragter	Steuert alle Aktivitäten rund um die Notfallvorsorge
	Koordiniert die Bereitstellung von Ressourcen
	Analysiert den Gesamtablauf der Notfallbewältigung nach dem Schadensereignis
	Benennt und kontrolliert Verantwortliche für die Umsetzung von Maßnahmen
	Berichtet an die Leitung
	Benötigt entsprechende Qualifikationen
Notfallkoordinatoren	Unterstützung des Notfallbeauftragten
	Für jede größere logische Einheit einer Institution
	Bindeglied zwischen Notfallbeauftragtem und Organisationseinheit
	Mitwirkung an Tests und Übungen
	Analyse der Ergebnisse
	Berichten an Notfallbeauftragten
Notfallvorsorgeteam	Ausgewählte Experten
	Beraten Notfallbeauftragten und Notfallkoordinatoren
Krisenentscheidungsgremium	Strategische Verantwortung und Entscheidungen
	Leitungsmitglieder sind vertreten
	Verbindung zu Interessengruppen
Krisenstab	Plant, koordiniert, berät, unterstützt
	Erfassung der aktuellen Situation und Bewertung
	Erteilung von Aufträgen an die zuständigen Instanzen
	Koordination der erforderlichen Aktivitäten
	Krisenkommunikation
	Abstimmung der einzelnen Maßnahmen
Leiter und Kernteam des Krisenstabs	Ein Leiter plus bis zu fünf Funktionsträger
	Mit Stellvertretung
	Lokal angesiedelt

Tab. 1.2 (Fortsetzung)

Mitglieder	Beauftragter für Öffentlichkeitsarbeit
	Sicherheitsbeauftragter
	IT-Betriebsmitglied
	Entsprechende Kompetenz und Erfahrung
Erweiterter Krisenstab	IT-Administration/IT-Leiter
	Standortsicherheit (Brandschutz, Umweltschutz, Anlagensicherheit, Rettungsdienst)
	Justitiariat
	Personalvertretung
	Ansprechpartner der Abteilungen
	Datenschutzbeauftragter
	Geheimschutzbeauftragter
Unterstützendes Zusatzpersonal (z. B. Betriebsarzt)	
Externe Spezialisten	
Notfallteams	Operative Bewältigung
	Notfallteamleiter berichten an Krisenstab

Tab. 9.3 Aufgaben der Notfallteams

Infrastrukturteam	Wiederherstellung von Gebäuden und Arbeitsplätzen
IT-Team	Wiederherstellung von Daten
	Ausweichsysteme bereitstellen
	Beheben von Störungen der Kommunikationseinrichtungen
Fachbereichsteams	Wiederaufnahme der Geschäftsprozesse

Tab. 9.3 stellt die Aufgaben der Notfallteams dar.

Aus den Tabellen wird der hohe Koordinationsaufwand ersichtlich. Das bedeutet, dass die Rollen

- klar definiert und
- gut dokumentiert

sein müssen. Jeder qualifizierte Teilnehmer muss nicht nur wissen, wie er konkret in einem Notfall zu handeln hat. Er muss auch wissen, mit wem er zu kommunizieren hat, wie seine Berichtslinien aussehen und welche Eskalationspfade zur Verfügung stehen.

9.8.2   Schrittfolge

Schritt1:	*Notfallmeldeprozess festlegen*
Schritt2:	*Initiierung des Notfallvorsorgeprojekts*
Schritt3:	*Geltungsbereich festlegen*
Schritt4:	*Ziele und Anforderungen für den Notbetrieb definieren*
Schritt5:	*Rollen und Verantwortlichkeiten definieren*

© Springer-Verlag GmbH Deutschland 2017
W.W. Osterhage, *IT-Kompendium*, Xpert.press,
https://doi.org/10.1007/978-3-662-52705-4